JN110860

日本語の
「伝わらない」を
解決する
108のヒント

ていねいな[文章大全]

石黒圭

ダイヤモンド社

はじめに　「ていねいな文章」の四条件

Q 文章を書くときに大事なことは何ですか？

A 最後まで読んでもらえる文章を書くことです。

　文章は読んでもらうために書くもので、読んでもらえなければ価値はありません。文章は、読んでもらえなければ、紙の上のインクのしみ、ディスプレイのドットの集合です。そのため、自分の書いた文章を、読者が途中で投げださずに最後まで気持ちよく読んでもらうように全力を尽くす必要があります。本書は、そのように最後まで読んでもらえる文章の書き方を徹底的にトレーニングする本です。

　では、読んでいて途中で読むのをやめたくなる文章とはどんなものでしょうか。本書では、それを**「不正確な文章」「わかりにくい文章」「不快な文章」「退屈な文章」**の四つに分けて整理します。

不正確な文章

　一つ目は「不正確な文章」です。不正確な文章は、読んでいてどことなく違和感が残ります。次の文を読んでみてください。

Before

▶ 私の趣味は、音楽を聴いたり弾いたりすることです。

「音楽を聴いたり」するのはふつうですが、「音楽を弾いたり」するのはふつうではありません。弾くのは楽器だからです。もし音楽で統一するのであれば「演奏したり」のほうがよいでしょうが、「演奏する」と「聴く」の相性がかならずしもよくありません。「音楽を聴いたり楽器を弾いたり」と直すこともできますが、そう直すと、「音楽」と「楽器」

でバラバラ感が出ます。

　次のように音楽の部分の意味を限定すると落ち着きがよくなります。

After

　▶ 私の趣味は、ゲーム音楽を聴いたり弾いたりすることです。

　▶ 私の趣味は、ヒット曲を聴いたり弾いたりすることです。

　読んでいて引っかかりを覚える文章は、読者の誤読を招いてしまったり集中力をそいでしまったりします。書いた文章を最後まで読んでもらえないだけでなく、きちんとした文章が書けない人だというレッテルを貼られると、読者の信用を損ねます。

　そこで、本書では「正確な文章」の書き方を提案します。日本語としての正確さは文章の質を保証するもので、読者に安心感を与えることにつながります。

わかりにくい文章

　読者にストレスを感じさせる文章の二つ目は「わかりにくい文章」です。文章を読んでくれる読者が理解しにくい文章を書いてしまうと、読者の心が離れます。

　園内の立て看板に次のような文が書かれていた場合、花火をしに来た来訪者はどう解釈するでしょうか。

Before

　▶ この公園では、他人に危害を及ぼすおそれがある花火は禁止です。

　この文は、花火はすべて禁止という全面禁止の解釈、花火のなかで他人に危害を及ぼすおそれのあるものは禁止という条件付禁止の解釈、二つの解釈が成り立ちます。公園側としては全面禁止のつもりでも、来訪

者は自分の都合のよいように条件付禁止と解釈して花火を行うでしょう。もしそれをとがめられても「自分の花火は、他人に危害を及ぼすおそれのない安全な花火だ」と反論するのではないでしょうか。

解釈の揺れによるそうしたトラブルを避けるには、全面禁止と条件付禁止を次のように表現し分けることが必要です。

After

> ▶ この公園では、花火は、他人に危害を及ぼすおそれがあるのですべて禁止です。（全面禁止）
>
> ▶ この公園では、打上花火や噴出花火など、他人に危害を及ぼすおそれがある花火は禁止です。線香花火のような手持ち花火のみ可能です。（条件付禁止）

読んでいて意味があいまいだったり難しかったりするところがあると、読者は文章を自分の都合に合わせて解釈したり読むのを放棄してしまったりします。

そうしたわかりにくさを解消するには、「わかりやすい文章」を書くことが大事です。読者の立場にたってわかりやすく書くと、きちんと読んで理解してくれるはずです。

不快な文章

読者にストレスを感じさせる文章の三つ目は「不快な文章」です。文章の内容が無理なく理解できるものであっても、そこに人の気持ちをいらだたせるような表現や内容が含まれていると、やはり読者の心が離れます。

次のような文面のメールが、休みの日や平日でも夕方に届いたらどう感じるでしょうか。

はじめに

▶ 今日中にかならず返信をください。

　読者は、自己都合を押しつけてくる身勝手なメールだと感じるはずです。もし急ぎで返信がほしいとしても、次のように書くのが礼儀ではないでしょうか。

After

▶ お忙しいところ恐縮ですが、このメールをご覧になったら、折り返しご返信をいただけないでしょうか。

　失礼な内容や無神経な内容を含み、読んでいて不快感を覚える文章は、読者の強い反発を招きます。
　そこで必要になるのは読者への思いやりです。こう書いたら読者はどんな気持ちになるのか。それを想像したうえで内容や表現を調整した「配慮のある文章」を書くことで、読者の反発心は和らぎます。

退屈な文章

　読者にストレスを感じさせる文章の四つ目は「退屈な文章」です。高校生が次のような作文を書いてきたらどう思いますか。

Before

▶ サッカーは魅力的なスポーツです。みんなで力を合わせて戦うからです。チーム一丸となって勝利を目指し、仲間同士で協力することがサッカーの最大の魅力です。

　間違ったことは書かれていないのですが、読者は当たり前だと感じるでしょう。誰にでも書けそうな、書いた人の顔が見えない文章ですし、

もし「サッカー」のかわりに「野球」が入っていても「バスケットボール」が入っていても、同じような文章が書けるでしょう。

　読者が期待しているのは、執筆者が生みだす新たな発見です。**その人にしか書けないことを読者は読みたい**のです。

　次の文はどうでしょうか。これでもまだありきたりかもしれませんが、言葉を尽くして書こうという姿勢が見え、その人らしさやサッカーらしさが出ているはずです。

After

▶ サッカーは魅力的なスポーツです。みんなで力を合わせて戦う過程で、人として成長できるからです。サッカーはポジションが多く、ポジションによって役割を分担し、状況に応じて互いの長所を生かし、互いの短所を補う助け合いのチームスポーツです。また、サッカーでは勝つための戦術が重要であり、仲間同士で試合に勝てる戦術を考え、その戦術が実現できるように練習中も試合中も力を合わせます。つまり、勝利を目指して異なる適性を持つ仲間が深く関わりあう結果、コミュニケーション能力が養われ、豊かな人間形成ができるのがサッカーの最大の魅力です。

　読者にとって知っていることを書かれてもそこに驚きはありません。執筆者独自の発見があって初めて文章は面白くなります。義務感で書かされた文章は退屈で単調さが目立ち、続きを読みたいという読者の意欲を喚起しません。

　そうしたときに大事なのが、執筆者の創意工夫です。読んでほしいという強い意欲を持つ文章は、読んでもらおうとするさまざまな工夫に満ちた「工夫を凝らした文章」です。

ていねいな文章

　本書のタイトルは『ていねいな文章大全』です。ここで言う「ていねい」には、四つの意味を込めました。上で見たように、

　①「ていねいに書かれた正確な文章」
　②「ていねいに書かれたわかりやすい文章」
　③「ていねいに書かれた配慮のある文章」
　④「ていねいに書かれた工夫を凝らした文章」

　です。

　本書では、論文やレポート、ビジネス文書やメール、Web記事やエッセイ、SNSなど、どんな種類の文章を書くときにも必要となるこの四つの柱に沿って、文章執筆の勘どころをレクチャーします。本書を熟読することで、読者に気持ちよく読んでもらえる文章の書き方を習得し、学校で、職場で、さらにはプライベートで、文章の達人として活躍される方が誕生することを心から願っています。

　本書は、文章をていねいに書く方法を学ぶことによって

①不正確な文章を、正確な文章に
②わかりにくい文章を、わかりやすい文章に
③不快な文章を、配慮のある文章に
④退屈な文章を、工夫を凝らした文章に

　変え、自分の書いた文章を読者に最後まで気持ちよく読んでもらえる
スキルを身につける本です。
　①〜④の四つのスキルを身につけるために、本書では日本語の書き方
に徹底的にこだわります。本書の筆者は、現在所属している国立国語研
究所を含め、日本語を30年以上研究してきた日本語一筋の研究者だか
らです。
　日本語の書き方を考える場合、次の五つの単位に考えて分けるとわか
りやすいでしょう。単位は小さいものから大きいものへと並んでいます。

- 　**表記**：文字や記号の使い方　　　　**小**
- 　**語彙**：一つひとつの言葉の選び方
- 　**表現**：まとまった言葉の選び方
- 　**文法**：文の組み立て方
- 　**構成**：文章の全体的な構成の仕方　**大**

　各項目はQ＆Aで始まり、「Point」で終わっています。Qは文章を書
くときによく抱く疑問で、その疑問に答えるように本文は書かれていま
す。本文中には、ていねいさに欠ける文章をていねいに書き直した具体
例としての「Before」と「After」を多数掲載しており、最後に来る
「Point」はその項目の内容のまとめです。

₁ Part 正確な文章

正確な表記

2 Part わかりやすい文章

わかりやすい表記

Part 3 配慮のある文章

配慮のある語彙

4 Part 工夫を凝らした文章

工夫を凝らした表現

工夫を凝らした文法

1

正確な
文章

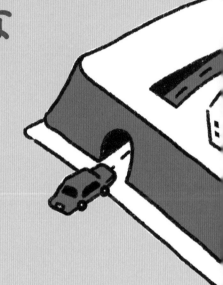

私たちが自動車を運転するとき、交通ルールを守らなければなりません。赤信号では止まらなければなりませんし、決められた制限速度を守って走行しなければなりません。スマートフォンを操作しながらの運転はしてはいけませんし、とくに高速道路では十分な車間距離を取らなければなりません。もしそうしたルールを守らなければ、重大な事故につながります。

　私たちが文章を書くときもじつは同じです。書き言葉のルールを守らなければなりません。命に関わるような事故につながることはないかもしれませんが、ルールの無視は、コミュニケーションの事故を引き起こします。書かれた文章を読んでも理解できなかったり、誤解してしまったりするという事故です。また、たとえ誤解なく理解できたとしても、ルールを無視して書かれた文章は、読み手を不安にさせ、書き手の印象を下げてしまいます。

　言葉にはルールがあり、みんながそのルールを守っているから言葉は伝わります。ひらがな・カタカナ・漢字といった文字のルールも、句読点や段落といっ

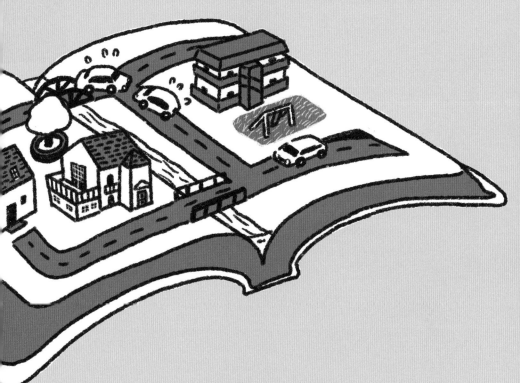

た表記のルールも、みんな学校の国語の授業で教わるルールです。しかし、自動車を運転する人の多くが運転免許の学科試験で満点を取れないのと同じように、文章を書く人の多くが言葉のルールを守って文章を書けるわけではありません。しかも、文章のルールは運転免許の学科試験よりもはるかに複雑なルールでできています。

　また、制限速度を守るというルールを知っていても、そのルールを無視して走る自動車が少なくないように、文章のルールを知っていても、そのルールをいい加減に考えて守らない人が多いという現実もあります。だからといって、スピードの出しすぎはたいへん危険です。同じようにルール違反の著しい文章もそのまま放置しておくと、コミュニケーションに重大な支障を来します。まずは、私たちは文章のルールを学ぶところから始める必要があります。

　本章では、正確な文章の書き方について考えます。

Section 1　正確な表記

Part1　正確な文章

「おうさま」と「おおさま」

同じ音に複数の文字

Q 平仮名を使うとき、間違えやすいのはどんなときですか？

A 同じ音に複数の文字があるときです。伸ばす音の「う」と「お」の区別、濁る音の「じ」「ず」と「ぢ」「づ」の区別にとくに注意が必要です。

「こんにちは」と「こんにちわ」

平仮名は日本語のなかでもっとも易しい文字です。原則として発音のとおりに表記しますから、平仮名で間違えることはまずない。多くの人はそう考えるでしょう。

しかし、ときどき間違いを目にします。間違えるのは、同じ音にたいして複数の書き方があるときです。「わ」は助詞の場合は「は」、「え」は助詞の場合は「へ」、「お」は助詞の場合は「を」となります。

大人になって間違える人は少ないでしょうが、「こんにちわ」「こんばんわ」と書く人はいます。意識的に書いているのであれば問題ないのですが、「こんにちは」「こんばんは」が正式とされているので、フォーマルな文章では「こんにちは」「こんばんは」を選んだほうが安全です。

「う」と「お」

この種の使い分けでややこしいものは、長音と濁音です。とくに伸ばす音の「う」と「お」の区別、濁る音の「じ」「ず」と「ぢ」「づ」の区

24

別には注意が必要です。

たとえば、次の例でおかしなところはないでしょうか。

Before

▶ 今回の募集のあらましは、以下の**とうり**である。
▶ 長い髪の毛が**うっとおしい**。

　幼いころ、なぜ「王様」が「おおさま」ではなく「おうさま」となるのか、疑問に思った人はいないでしょうか。伸ばす音の「う」と「お」については原則として「う」が選ばれます。「おとうさん（お父さん）」「とうだい（灯台）」「おうぎ（扇）」「きょう（今日）」などがその典型です。ただし、**歴史的仮名遣いの影響**で、「こほろぎ」のように以前は「ほ」で表記されていたものなどは「こおろぎ」となり、慣用的に「お」で表記されます。「おおかみ（狼）」「こおり（氷）」「おおきい（大きい）」「とおい（遠い）」などです。

　先ほどの例の「とうり」は歴史的仮名遣いでは「とほり」であるために「とおり」、「うっとおしい」は歴史的仮名遣いでは「うつたうしい」であるために「うっとうしい」となります。

After

▶ 今回の募集のあらましは、以下の<u>とおり</u>である。
▶ 長い髪の毛が<u>うっとうしい</u>。

「じ」と「ぢ」に「ず」と「づ」

　濁音の「じ」と「ぢ」、「ず」と「づ」の区別もやっかいなものです。次の例はどうでしょうか。

> ▶ ガスの臭いがして、異変にきずけた。
> ▶ 私の学力の基礎は高校できづかれた。

　濁る音の「じ」と「ぢ」、「ず」と「づ」の区別では、原則としてサ行の「じ」と「ず」を使うと覚えておいて問題はありません。ただし、「ちぢむ」「つづく」「つづる」のように同音が連続する場合や、「はなぢ（鼻血）」「底力（そこぢから）」「まぢか（間近）」「みかづき（三日月）」「たづな（手綱）」「かたづく（片付く）」のように**二語が組み合わさって音が濁る場合**には例外的に「ぢ」「づ」が使われます。「おこずかい」は「おこづかい（お小遣い）」、「食べずらい」は「食べづらい（食べ辛い）」がそれぞれ正しい表記です。

　上記の例では、「異変に気付く」ですから平仮名で書くなら「きづけた」でしょう。一方、「高校できづかれた」は漢字で書くと「築かれた」ですが、「きづかれた」と書くと「気付かれた」になってしまいます。「きずかれた」と書く必要があるでしょう。

> ▶ ガスの臭いがして、異変に<u>きづけた</u>。
> ▶ 私の学力の基礎は高校で<u>きずかれた</u>。

　とはいえ、「いちじるしい」「いちじく」などは同音連続でも「じ」が使われ、二語が組み合わさっているような感覚でも「うなずく」「きずな」などと「ず」が使われるなど、かなり複雑な印象があります。「少しずつ」も「少しづつ」とつい書きたくなってしまいます。この種の使い分けは「現代かなづかい」としてルールが決まっており、文化庁のサイトで観ることができます（PointのURL参照）。迷った場合にはインターネットで調べて確認するようにしてください。

1 　平仮名の使い分けでは、伸ばす音の「う」と「お」の区別、濁る音の「じ」「ず」と「ぢ」「づ」の区別が問題になる。

2 　伸ばす音は「おとうさん」のように「う」にするのが原則であるが、「おおきい」のように歴史的仮名遣いの影響で「お」になるもののみ例外として覚える必要がある。

3 　濁る音は「じ」「ず」を選ぶのが原則であるが、「ちぢむ」「つづく」のように同音が連続する場合「まぢか」「みかづき」のように二語が組み合わさって音が濁る場合は例外的に「ぢ」「づ」が使われる。

4 　こうしたルールは「現代かなづかい」として決まっているので、文化庁のサイトなどで確認する必要がある。
https://www.bunka.go.jp/kokugo_nihongo/sisaku/
joho/joho/sisaku/enkaku/enkaku5.html

「アーチスト」と「アーティスト」

本来は日本語にない音

Q 日本語にない「f」の音は片仮名でどのように表わしますか？

A 「ファ」「フィ」「フュ」「フェ」「フォ」で表します。

小さな文字の活用

　片仮名は平仮名以上に複雑で、ときどきどう表記してよいかわからなくなります。外来語の中心は英語であるため、日本語の片仮名表記ではできるだけ英語に近づけようとするのですが、そうすると、日本語ではふだん使わない音を何とか片仮名で書き表すために、複雑な表記法を編みださないといけなくなるからです。

　そこで活躍するのが小さいア行の文字「ァ」「ィ」「ゥ」「ェ」「ォ」、拗音を作りだすヤ行の文字「ャ」「ュ」「ョ」です。次の文を読んで、どこか変だと感じないでしょうか。

Before

　▶ 成功するかどうかは、ヒフティ・ヒフティだ。
　▶ 暑い夏にぴったりのピーチセークが飲みたい。

　ぱっと見てわかるように、「ヒフティ・ヒフティ」は「フィフティ・フィフティ」でしょうし、「ピーチセーク」は「ピーチシェイク」と書くところです。今でも残っているのは、「ミルクシェイク」が和製語化した「ミルクセーキ」ぐらいでしょう。

▶ 成功するかどうかは、**フィフティ・フィフティ**だ。
▶ 暑い夏にぴったりの**ピーチシェイク**が飲みたい。

　日本語にない「f」の音を「ファ」「フィ」「フュ」「フェ」「フォ」で
書くのは、**日本語では発音できない「f」の音を代用し、「h」の音であ
る「ハ」「ヒ」「フ」「ヘ」「ホ」と区別するため**です。こうした「f」の
音の代用を使って書くと、「ファクト (fact)」「フィクション (fiction)」
「フューチャー (future)」「フェンス (fence)」「フォーマル (formal)」
となります。「スマートフォン」は略されるときは「スマホ」となりま
すが、略さないときの「スマートホン」はあまり使われません。

「ウイーク」と「ウィーク」

　同様に、「sh」の音は「シャ」「シュ」「シェ」「ショ」で表され、「シャ
ンプー (shampoo)」「シューズ (shoes)」「シェパード (shepherd)」
「ショート (short)」となります。
　また、「j」の音は「ジャ」「ジュ」「ジェ」「ジョ」で表され、「ジャン
プ (jump)」「ジュニア (junior)」「ジェラシー (jealousy)」「ジョギング
(jogging)」となり、「ch/t」の音は「チャ」「チュ」「チェ」「チョ」で表
され、「チャンス (chance)」「チューナー (tuner)」「チェック (check)」
「チョコレート (chocolate)」となります。このうち、「シェ」「ジェ」
「チェ」が日本語では聞き慣れない音です。
　「tea/ti」の音を表す「ティ」はティーチャー (teacher)」「アクティブ
(active)」などに、「di」の音を表す「ディ」は「ディズニー (Disney)」
などに、「du」の音を表す「デュ」は「デュアル (dual)」などに使われ
ます。「アクティブ」を「アクチブ」、「ディズニー」を「デズニー」と
すると、やや古い印象を与えます。「アーチスト」などは今でも使いま
すが、それでも「アーティスト」に取ってかわられつつあります。

「w」の音は「ウィ」「ウェ」「ウォ」で表され、「ウィーク（week）」
「ウェイト（weight）」「ウォーク（walk）」となります。「ティ」「ディ」
「デュ」「ウィ」「ウェ」「ウォ」も日本語のなかでは本来は使われません。
ただし、発音はさほど難しくはないので、「ウイーク」「ウエイト」「ウ
オーク」とかつては大きな「イ」「エ」「オ」で表されていた表記も、最
近では「ィ」「ェ」「ォ」が主流になりつつあります。

日本語の限界

　しかし、日本語は英語ではありませんので、子音の「l」と「r」の区
別、たとえば光の「ライト（light）」と右の「ライト（right）」の区別は
できませんし、子音の「s」と「th」の区別、たとえばネズミの「マウ
ス（mouse）」と口の「マウス（mouth）」の区別もできません。線の
「コード（cord）」と記号の「コード（code）」のような母音の区別もで
きません。**外来語も日本語ですので**、日本語の音として違いがないもの
は区別できないという限界があることは知っておく必要があります。
「v」の音も日本語にはありませんので、「バ」「ビ」「ブ」「ベ」「ボ」で
置き換えられます。そのため、“とても”の「ベリー（very）」は果物の
「ベリー（berry）」と同じ表記になり、やはり区別できません。そこで
「ヴェリー」のような表記が用いられることもあります。「ヴェリー」は
あまり見かけませんが、「ヴァイオリン（violin）」「ヴィジョン（vision）」
「ヴェトナム（Viet Nam）」「ヴォーカル（vocal）」などの「ヴァ」「ヴィ」
「ヴェ」「ヴォ」は使われることがあります。
　個人的には、日本語で発音できないものを無理に表記を作って当てる
ことには賛成できません。この「ヴ」は母音に濁点を付けたものであり、
平仮名は存在しない、無理のある表記だからです。ただし、慣用として
定着しているものや固有名詞の場合は、使わざるをえないケースもあり
そうです。

1 英語をはじめとする外来語を片仮名で表記する場合、日本語には本来ない音でも、書き表せる範囲で書き表すように努める傾向がある。

2 「f」の音は「ファ」「フィ」「フュ」「フェ」「フォ」で、「sh」の音は「シャ」「シュ」「シェ」「ショ」で、「j」の音は「ジャ」「ジュ」「ジェ」「ジョ」で、「ch/t」の音は「チャ」「チュ」「チェ」「チョ」で、それぞれ表す。

3 「tea/ti」の音は「ティ」で、「di」の音は「ディ」で、「du」の音は「ドゥ」で、「w」の音は「ウィ」「ウェ」「ウォ」で、それぞれ表す。

4 日本語で区別できない子音の「l」と「r」、「s」と「th」、「b」と「v」の区別は無理にしなくてかまわない。「v」は「ヴァ」「ヴィ」「ヴェ」「ヴォ」を使うこともあるが、使用は最小限に留める。

Part

1

2

3

4

正確な文章

「マネージャー」と「マネジャー」
片仮名語の長音

Q 外来語の語末の伸ばす音は、どう考えたらよいですか？

A 長音記号「ー」を付けるのが基本ですが、慣用的に「ー」なしで安定している語や専門的に使われる語は「ー」を付けません。

「ー」を付けるか付けないか

　英語のつづりで語末に「er」や「or」が付くもの、たとえば、ウォーター（water）、センター（center）、タイマー（timer）や、ディレクター（director）、フレーバー（flavor）、マイナー（minor）などは、長音記号「ー」が語末に付くのが原則です。

　しかし、すべての語に「ー」が付くわけではありません。スリッパ（slipper）、プロペラ（propeller）、リニア（linear）や、アウトドア（outdoor）、ジュニア（junior）、ドア（door）などがその例です。何が違うかと言われると、**多くの人がこのように使っているという慣用による**としか言いようがありません。例外として覚えておくことになるでしょう。

　次の例を見て、違和感を覚えるところがありますか。

Before

▶ トラック運転手など、ドライバの求人に特化したサイトが人気を集めている。

▶ ファッション雑誌の読者モニタ募集に応募してみた。

「ドライバ」「モニタ」でも誤りではないのですが、コンピュータ用語に見えてしまうため、「ドライバー」「モニター」と書かれるのが一般的です。**人間の場合、長音が使われることが多いようです。**

After

> ▶ トラック運転手など、ドライバーの求人に特化したサイトが人気を集めている。
>
> ▶ ファッション雑誌の読者モニター募集に応募してみた。

　一方で、人間ではなく、**ものにたいして使う場合、「ー」が削られる傾向**があり、上述のようにコンピュータ関連の用語で顕著です。「エディタ」「サーバ」「フォルダ」「ブラウザ」「ルータ」などがそれに当てはまります。

　長音の問題は語末以外でも起こります。たとえば「マネージャー」と「マネジャー」。「マネージャー」は体育会系のクラブで練習や試合の環境を整えるサポートをする人のイメージがあり、「マネジャー」は企業において高度な経営・管理活動に携わっているイメージがあります。

　つまり、**長音がないほうがより専門性が高いイメージ**があり、「マネージメント」と「マネジメント」においても後者のほうが専門用語らしくなります。

「ー」と「イ」のどちらを選ぶか

　長音記号「ー」と「イ」の選択の余地がある場合、**「イ」のほうが専門性が高く感じられます。**たとえば、次のような例はどうでしょうか。

Before

> ▶ 雰囲気がよく、これからも通いつづけたくなるネールサロンです。
>
> ▶ アンチエージングに役立つ、お勧めの食べ物を教えてください。

間違いというわけではありませんが、「ネールサロン」や「アンチエージング」はどことなく間延びした印象を与えてしまいます。「ー」よりも「イ」のほうが落ち着くでしょう。

After

▶ 雰囲気がよく、これからも通いつづけたくなる<u>ネイルサロン</u>です。

▶ <u>アンチエイジング</u>に役立つ、お勧めの食べ物を教えてください。

　ビューティの世界では、ほかにも「メーク」と「メイク」、「フェース」と「フェイス」であれば、後者の「イ」が選ばれそうです。「イ」を使ったほうが引き締まった印象があるため、「テークアウト」よりも「テイクアウト」、「デーサービス」よりも「デイサービス」、「メーンテーマ」よりも「メインテーマ」、「ネーティブスピーカー」よりも「ネイティブスピーカー」が選ばれます。

Point

1　外来語の語末の長音は「タイマー」や「マイナー」のように長音記号「ー」を付けるのが基本である。

2　ただし、「スリッパ」や「ドア」のように慣用的に「ー」が使われない語や、「サーバ」「フォルダ」のようなコンピュータをはじめとする専門語では長音記号「ー」を付けない。

3　「メーク」と「メイク」、「メーン」と「メイン」のように、「ー」と「イ」で選択の余地があるもので「イ」の使用率のほうが一般的に高い語は、「イ」を選んだほうが引き締まった印象を与えることができる。

「ホットドック」と「ホットドッグ」

片仮名語の濁音の問題

Q 外来語の表記で間違いやすいのは何ですか？

A 濁点を伴う表記です。

「バック」「バッチ」「ベット」

外来語は原語に近い表記を再現しようとする一方、日本語ですので、使っているうちに日本人が発音しやすいように音が変わってくる傾向があります。次の例を見てください。どこかおかしなところがあるでしょうか。

Before

- ▶ 急にホットドックが食べたくなった。
- ▶ 校庭ではドッチボール大会が行われている。

「ホットドック」はダックスフントに形が似ていることから付いた名称なので、イヌ、すなわち「ホットドッグ」でなければなりません。「ドッチボール」もふつうはこう発音してしまいがちですが、正確には「ドッジボール」であることは多くの人がご存じでしょう。

After

- ▶ 急にホットドッグが食べたくなった。
- ▶ 校庭ではドッジボール大会が行われている。

濁音が落ちるこの種の現象は、促音「ッ」のうしろで起こります。たとえば、「バッグ」「バッジ」「ベッド」などは「バック」「バッチ」「ベット」などと語末の濁音が消えた発音が定着しています。しかし、「エッグ」「キッズ」「マッド」の場合は語末の濁音が残りやすく、「エック」「キッツ」「マット」とはなりません。なぜこのような違いが起きるのでしょうか。

　この違いを考えるには、「バック」「バッチ」「ベット」の促音「ッ」のまえの音に注目する必要があります。**「ッ」のまえが濁音だと、「ッ」のあとの濁音の点々が落ち、清音になりやすくなります。**「バッチ」などは他の語と混同しないので問題は小さいのですが、「バック（bag）」は「バック（back）」と、「ベット（bed）」は「ベット（bet）」と間違える可能性があるので注意が必要です。

　また、野球のチーム名の語末で出てくる「s」でも似たような現象は見られます。「スワローズ」「ドラゴンズ」「ベイスターズ」などは「ズ」ですが、「タイガース」「ヤンキース」「ドジャース」は「ス」になっています。英語では直前が有声音の場合は「ズ」と濁るのがルールですので、英語の発音では「タイガーズ」「ヤンキーズ」「ドジャーズ」です。ただし、これらはすでに定着しているので、日本語としては誤りではありません。なお、直前が無声音の「レッドソックス」「アスレチックス」「ダイヤモンドバックス」などは英語でも「ス」となります。

　この種の濁点問題は微妙で、語末にかぎらず、起きる問題です。1992年バルセロナ五輪の日本代表だったバドミントン選手の陣内貴美子さんの名台詞「私たちがやっていたのはバドミントン、一般の人たちがやっているのはバトミントン」というのがありますが、「アボガド」がじつは「アボカド」だった、「カピパラ」がじつは「カピバラ」だった、「ギブス」がじつは「ギプス」だったなど、この種の覚え違いは枚挙に暇がなく、細かいところまで覚えなければならないので大変です。

> 「シュミレーション」と「シミュレーション」

　他にも間違えやすいものをいくつか見ておきましょう。次の外来語の表記を正しいものにしてください。

Before

- ▶ 事前のシュミレーションがうまくいかなかった。
- ▶ アタッシュケースをもって営業に出かけた。
- ▶ 近くの公民館では高齢者でも楽しめるレクレーションをやっている。
- ▶ 最近のショッピングモールは複合エンターテイメント施設のようだ。
- ▶ ファーストフード店のライバルは、ウーバーイーツのような出前かもしれない。

「シュミレーション」は「シミュレーション（simulation）」が正しく、「アタッシュケース」は「アタッシェケース（attaché case）」が正しく、「レクレーション」は「レクリエーション（recreation）」が正しくなります。「エンターテイメント」は誤りとは言いきれないかもしれませんが、公の場では「エンターテインメント（entertainment）」が使われます。「ファーストフード」も誤りとは言いきれませんが、「ファースト（first）」は「最初」の意味で使われるので、「速い」の意味の「ファスト（fast）」であることを明示する意味で「ファストフード」が通常選択されます。

After

- ▶ 事前の<u>シミュレーション</u>がうまくいかなかった。
- ▶ <u>アタッシェケース</u>をもって営業に出かけた。
- ▶ 近くの公民館では高齢者でも楽しめる<u>レクリエーション</u>をやっている。

▶ 最近のショッピングモールは複合エンターテインメント施設の
ようだ。
▶ ファストフード店のライバルは、ウーバーイーツのような出前
かもしれない。

「ボウリング」と「ボーリング」

外来語で気をつけたいのは意味の取り違えです。少々の表記の誤りは
仕方がないと思うのですが、表記の違いが意味の違いにつながるものは
とくに注意が必要です。次のものの意味の違いはわかりますか。

● 「ボウリング」と「ボーリング」
● 「プレイヤー」と「プレーヤー」
● 「プラットホーム」と「プラットフォーム」

「ボウリング（bowling）」は重いボールで10本のピンを倒す球技のこと、
「ボーリング（boring）」は地面に穴を掘る掘削作業のことで、英語のつ
づりも違います。「ショーウィンドー」とマイクロソフトの「ウィンド
ウズ」にも似たような違いがみられますが、最近では「ショーウィンド
ウ」や「ショウウィンドウ」も市民権を得つつあるようです。一方、
「プレイヤー」と「プレーヤー」はいずれも"player"で意味は微差ですが、
「プレイヤー」はテレビゲームやオンラインゲームをする人、「プレー
ヤー」はテニスやゴルフなどのスポーツ選手というイメージがありそう
です。「プラットホーム」と「プラットフォーム」もつづりは同じ
"platform"ですが、「プラットホーム」は鉄道の駅のホームのことを指し、
「プラットフォーム」は「プラットフォームサイト」のように製品や
サービスの基盤となるものを指します。

1 「バック」「バッチ」「ベット」など、語末の清音は、日本語の発音に引きずられている可能性がある。

2 「アボカド」「シミュレーション」「アタッシェケース」など、間違って覚えやすい語はまとめて頭に入れておく。

3 「ボウリング」と「ボーリング」のように、表記の差が意味の差に結びつくものはとくに注意が必要である。

「破綻」か「破たん」か
常用漢字表という考え方

Q　難しい漢字はどこまで使ってよいですか？

A　改定常用漢字表の範囲内に収めるのが原則です。

「常用漢字表」と「改定常用漢字表」

　漢字の難しさはどこにあるでしょうか。字形が複雑であること、読み方がいくつもあることなども、理由として挙げられると思うのですが、最大の理由は文字の種類が多すぎることです。

　漢字は意味を表すことができる表語文字で、文字から意味の想像ができる点が特長ですが、半面、表音文字でない分、字体が複雑になり、数が多くなってしまうのが難点です。JIS漢字コードのうち、JIS第1水準は2965字、JIS第2水準は3390字であり、合わせて6355字になります。これだけの漢字を覚えるのは大変なことで、実際は2000字前後の漢字の習得が目安になります。

　1945年の終戦を機に、日本の民主化の一環として日本語の民主化が進みました。その中心が漢字制限であり、終戦直後の1946年には1854字からなる当用漢字表が内閣告示として示されました。その後、漢字制限色は薄められ、1981年には1945字からなる常用漢字表が、さらには、2010年には2136字からなる改定常用漢字表がそれぞれ示されています。

　したがって、現状では**改定常用漢字表にある2136の漢字が義務教育の対象であり、読者が成人であれば、使っても問題なく読める範囲である**と考えられます。

2136字というのは数としては多すぎるように思えますが、ここまで増えた背景には二つの理由があります。一つの理由は、日本語には、語の区切りに空白を挟んで記述する分かち書きがないため、「だ液」「ほ乳類」「語い」「破たん」といった、一部が平仮名で一部が漢字になる表記が読みにくくなることがあり、そうした読みにくさを改善するために難しめの漢字も改定常用漢字表に入りました。比較的よく使われる「唾液」「哺乳類」「語彙」「破綻」が漢字表記になったことで、文章のなかに入っても一つの語として意味が取りやすくなった面はありそうです。

改定常用漢字表の漢字が増えたもう一つの理由は、義務教育上の理由です。埼玉県の「埼」、神奈川県や奈良県の「奈」、大阪府の「阪」などが常用漢字表にありませんでした。鎌倉市や鎌倉時代の「鎌」も、韓国の「韓」も常用漢字表外でした。そのため、改定常用漢字表では、すべての都道府県名を含む基本的な地名を小学校・中学校の義務教育で学べるよう、こうした漢字が加えられました。

このように数が増えた改定常用漢字表ですが、入っていそうで入っていないものもあり、その判断は直感的には困難です。次の文で改定常用漢字表に入っていない「表外漢字」が三つあります。どれでしょうか。

Before

▶ 顧客に嘘をついて架空の儲け話を持ち掛ける詐欺集団がネットで叩かれている。

「顧」や「架」、「詐」や「欺」を表外漢字と判断した人もいるかもしれませんが、答えは「嘘」「儲」「叩」です。これが改定常用漢字表で確認が必要なゆえんです。改定常用漢字表にない文字は読み手が読めない可能性がありますので、次のように平仮名にするのが基本です。

After

▶ 顧客にうそをついて架空のもうけ話を持ち掛ける詐欺集団がネットでたたかれている。

　また、改定常用漢字表にあっても、表のなかに当該の読み方が載っていない「表外読み」というものもあります。次の漢字は常用漢字表の範囲内ではどのように読むでしょうか。

- 棺　　●匠　　●鶏
- 酷い　●哀しい　●頑なな
- 扇ぐ　●企む　●憶える

　「棺」では「ひつぎ」という読みは表外ですので「かん」と読みます。同様に、「匠」では「たくみ」という読みが表外、「鶏」では「とり」という読みが表外ですので、それぞれ「しょう」「にわとり」と読むしかありません。

　一方、形容詞の「酷い」は「ひどい」という読みが表外、「哀しい」は「かなしい」という読みが表外、「頑なな」は「かたくなな」という読みが表外ですので、読めないことになります。動詞の「扇ぐ」も「あおぐ」という読みが表外、「企む」は「たくらむ」という読みが表外、「憶える」は「おぼえる」という読みが表外となり、やはり読めないことになります。

　これぐらい読めて当たり前だと思う向きもあるでしょうし、高い水準の読者を想定している場合は表外の文字や表外の読み方を用いても問題ないときもあります。

　しかしながら、公的な文書を作るときは改定常用漢字表の範囲内に留めるというのは原則です。また、2010年以前に義務教育を受けた人は改定常用漢字表の漢字さえわからないこともありますし、近年では日本語を母語としない方が日本語の文章を読むこともあります。自分の感覚を頼りにせず、常用漢字表、改定常用漢字表を参考にして文章を書くことをお勧めする次第です。

1 公的な文章では、小学校・中学校で学ぶ2136字の改定常用漢字表にしたがって書くのが原則である。

2 改定常用漢字表に漢字自体はあっても、読み方のない「表外読み」というものもあるので注意が必要である。

3 自分の書いた文章に「表外漢字」や「表外読み」がないかどうか、改訂常用漢字表を文化庁のサイトなどで確認する習慣が大切である。

https://www.bunka.go.jp/kokugo_nihongo/sisaku/joho/joho/kijun/naikaku/kanji/

「当った」か「当たった」か
送り仮名の送り方

Q 動詞の送り仮名はどのように送ればよいですか？

A 活用する部分（活用語尾）を送るのが基本ですが、読み誤りを防ぐために多様な例外規定があります。

送り仮名の基本

　和語を漢字で表記したときに読みやすくする送り仮名の規則について、自信を持って説明できる人はいますか。小学生のころ勉強したけれども、忘れてしまった。現在では日本語入力アプリに従っているという人が多いのが現状かもしれません。

　送り仮名でまず問題になるのは動詞です。送り仮名のルールでは、「活用を表すために、次に述べるものを除き、活用する部分（活用語尾）を送る」となっています。活用語尾は、五段動詞と一段動詞（上一段・下一段）で違います。

　五段動詞の活用語尾は母音の音が変わる文字の部分です。たとえば、「飲む」で言えば、「飲まない」「飲みます」「飲む」「飲めば」「飲もう」と活用しますから、母音の音が変わる「ま」「み」「む」「め」「も」の部分が活用語尾で、ここから平仮名を送るわけです。

　一方、一段動詞の活用語尾は母音の音がイ段（上一段）かエ段（下一段）のところです。たとえば、「食べる」で言えば、「食べない」「食べます」「食べる」「食べれば」「食べよう」と活用し、エ段の「べ」の音は変わりません。一段動詞の場合は、ここから平仮名を送ります。

　ここまではよいのですが、「次に述べるものを除き」という例外規定がある点が送り仮名の規則を複雑にしています。**「派生・対応の関係にある語は、その関係を考慮して、活用語尾の前の部分から送る」**というのがその例外規定です。

　たとえば、「動かす」。「動かさない」「動かします」「動かす」「動かせば」「動かそう」となる五段動詞ですから、「動す」が本来の送り仮名です。しかし、「動く」という動詞があり、こちらの「動」には「うご」という読みが振られているため、「動かす」となるわけです。次の文で見慣れない送り仮名を確認してください。

Before

> ▶ 夏祭りのビンゴ大会で一等賞が当った。
> ▶ 屋根裏にいたアライグマを無事に捕えた。

「当った」は五段活用、「捕えた」は一段活用であり、両方とも問題ないように見えます。しかし、「当った」は「当たった」としないと「当てる」と合いませんし、「捕えた」も「捕らえた」としないと「捕る」と合いません。次のようにすることで、「当」は「あ」、「捕」は「と」と統一的に読めるようになります。

After

> ▶ 夏祭りのビンゴ大会で一等賞が<u>当たった</u>。
> ▶ 屋根裏にいたアライグマを無事に<u>捕らえた</u>。

　同様のものには次のようなものがありますので、まとめておきます。

正しい送り仮名

「集める」にたいする「集まる」	「浮く」にたいする「浮かぶ」
「生む」にたいする「生まれる」	「起きる」にたいする「起こる」
「押す」にたいする「押さえる」	「落ちる」にたいする「落とす」
「及ぶ」にたいする「及ぼす」	「変える」にたいする「変わる」
「聞く」にたいする「聞こえる」	「定める」にたいする「定まる」
「積む」にたいする「積もる」	「連ねる」にたいする「連なる」
「冷える」にたいする「冷やす」	「混ぜる」にたいする「混ざる」
「交える」にたいする「交わる」	「向く」にたいする「向かう」

　そのほか、読み間違えないように例外として送り仮名を多めに送るものには、動詞の**「味わう」「教わる」「関わる」「逆らう」「和らぐ」**や、形容詞や形容動詞の**「明るい」「危ない」「危うい」「大きい」「小さい」「幸いだ」「幸せだ」**などがあります。これらは、「味う」「教る」「関る」「逆う」「和ぐ」「明い」「危い」「大い」「小い」「幸だ」と書くと誤りになります。

「多めに送る」送り仮名の許容

　また、読み間違いを防ぐために、許容として認められているものに「断る」にたいする**「断わる」**のようなものもあります。本則は「断る」でこちらが正しいのですが、「ことわる」と確実に読んでもらうために「断わる」と多めに送ることもあります。「お酒を断って」は「お酒を断（ことわ）って」以外に「お酒を断（た）って」とも読めるので、それを防ぐために「断わって」という表記も可能にしているわけです。こうした許容には「表す」にたいする**「表わす」**、「著す」にたいする**「著わす」**、「現れる」にたいする**「現われる」**、「行う」にたいする**「行なう」**、「賜る」にたいする**「賜わる」**などがあります。

このように、漢字に意味を担わせながらも発音もできるようにするという工夫が日本語では随所に見られますが、限界はあります。たとえば、「開く」は「あく」か「ひらく」か、「空く」は「あく」か「すく」かというのは、漢字にしてしまうと読みがわからなくなってしまいます。しかし、平仮名で「あく」とすると「開く」か「空く」かがわかりません。この二つを両立する方法は、振り仮名を振る以外ないのです。

　動詞を訓読みにして、表語文字の漢字で意味を表すという方法は、発音も意味も同時に表せるという点で日本語の優れた発明ですが、発音と意味という二兎を追いかけた結果、表記体系が複雑になり、例外が増えるという弊害も生んでしまっています。京都大学人文科学研究所の出身者を中心とした、いわゆる京都学派の研究者たちがこうした和語動詞を好んで平仮名書きしたのも、こうした表記体系の複雑さによる読みにくさを嫌ったものと思われます。

Point

1　動詞の送り仮名は活用する部分（活用語尾）を送るのが基本であるが、読み誤りを防ぐために多様な例外規定がある。

2　「動く」にたいする「動かす」のように派生・対応の関係にある語は、もとの「動く」の送り仮名を優先する。

3　そのほか、読み間違いを防ぐために「味（あじ）」を優先して「味わう」としたり、「断る」を本則としつつ「断わる」も許容として認めたりする場合もある。

正確な表記

「趣味は熱帯魚鑑賞です。」

誤解を招く変換ミス

Q 文字遣いでとくに注意すべきことは何ですか？

A 一見すると、意味が通ってしまう変換ミスです。

現代病としての変換ミス

　現代は文字を手で書く時代ではなく、スマホ、パソコン、タブレットで打ちこむ時代です。そのため、「達」の棒が1本足りないなどということに気を遣う必要はなくなりましたが、日本語変換ソフトによる漢字の変換ミスに悩まされるようになりました。

　最近の日本語変換ソフトは文脈を考慮して変換するようになっているので、以前よりも変換の精度は上がっていますが、それでも文章をよく読むと、おかしな変換ミスが残っています。しかも、文脈にそれなりに合っている変換ミスが残っているので、かえって発見しにくいのが難点です。

　気づくコツは地道な方法があるだけです。**「きっと変換ミスが残っているはず」という疑いのまなこを持って自分の文章を見直すこと**、それしかないのです。ただ、この種の変換ミスというのは、「同音異義語」と「異字同訓」という日本語の二つの特性に由来するので、変換ミスが隠れていそうなところを探すことはできます。

変換ミスに気づく目を鍛える

同音異義語は二字漢語がほとんどですので、二字漢語に注意して見ることで、変換ミスを発見できます。次の①〜⑮はよく見かけるものですので、一度修正を体験しておくと、ありがちな変換ミスを発見しやすくなります。

Before

① 今度、人事係に移動になりました。
② いただいたご提案に意義があります。
③ お客さまアンケートにご解答ください。
④ 趣味は熱帯魚鑑賞です。
⑤ 契約違反の既製事実化に気をつける。
⑥ ご好意に感謝申し上げます。
⑦ 文章の構成をお願いできますか。
⑧ グローバル市場に打って出る時期が到来した。
⑨ 修士過程を無事に終了した。
⑩ 難問に小数精鋭で挑んだ。
⑪ Web 製作会社に発注をかける。
⑫ このロゴマークは左右対照になっている。
⑬ 専門家同志で検討したほうが早い。
⑭ 真夏日の連続で食欲不審になった。
⑮ 年金は老後の生活を保証するものだ。

①は人事ですから「移動」は「異動」、②は提案にたいする反論ですから「意義」ではなく「異議」、アンケートには正解はありませんから③の「解答」は「回答」、④の「鑑賞」は音楽や映画などの芸術作品に使うものですから「観賞」、⑤の「既製」は出来合いの商品の意味になりますから「既成」、⑥は心遣いですから「好意」は「厚意」、⑦の「構成」では文章の全体構造の設計になってしまいますから「校正」、⑧は

「時期」では弱く、好機到来ということで「時機」、⑨はじつは二つあり、「過程」は「課程」、「終了」は「修了」、⑩の「小数」では1より小さい数字の世界になるので「少数」、⑪の「製作」だと機械で実物を作りそうなので「制作」、⑫の「対照」は対比を表すので、バランスの良さならば「対称」、⑬の「同志」は志を同じくする仲間になるので「同士」、⑭の「不審」には疑いの意味が入るので「不振」、⑮の「保証」だと社会保障ではなくなるので「保障」がそれぞれ正しくなります。

After

① 今度、人事係に異動になりました。
② いただいたご提案に異議があります。
③ お客さまアンケートにご回答ください。
④ 趣味は熱帯魚観賞です。
⑤ 契約違反の既成事実化に気をつける。
⑥ ご厚意に感謝申し上げます。
⑦ 文章の校正をお願いできますか。
⑧ グローバル市場に打って出る時機が到来した。
⑨ 修士課程を無事に修了した。
⑩ 難問に少数精鋭で挑んだ。
⑪ Web 制作会社に発注をかける。
⑫ このロゴマークは左右対称になっている。
⑬ 専門家同士で検討したほうが早い。
⑭ 真夏日の連続で食欲不振になった。
⑮ 年金は老後の生活を保障するものだ。

「一括変換」を「一括返還」とすると、文章問題が領土問題に拡大し、「お礼は三行以上」から「お礼は産業以上」へとすると、文字の話がビジネスに拡大してしまいます。このように、誤変換はとんでもない誤解の世界に私たちを引っ張っていくおそれがあります。明らかな誤変換はもちろんですが、一見筋が通っているように見える誤変換こそが誤解の

温床で、とくに注意する必要があります。

Point	
1	文字を手で書く時代から機械で打ちこむ時代になって、字形のミスは減少する半面、漢字の変換ミスが増加している。
2	変換ミスは、二字漢語の同音異義語で起こりやすいので、同音異義語の変換ミスを発見するトレーニングが効果的である。
3	文章を読んでいて一見筋が通っているように見える変換ミスが発見しづらく、とくに注意が必要になる。

「みなさま、振るってご参加ください。」
訓読みの誤変換

Q 誤変換しやすいのは、音読みの漢字だけですか？

A 訓読みの誤変換にも気をつける必要があります。

「異字同訓」とは何か?

　漢語の音読みによる同音異義語はよく知られています。たとえば、「せいか」なら、「成果」「生家」「製菓」「盛夏」「聖歌」「生花」「正価」「正課」など、同じ読み方でもたくさんの言葉が思い浮かびます。

　漢字の訓読みによる異字同訓も、それに劣らず数は多いことが知られています。日本語には和語に漢字を当てた訓読みがあり、訓読みの漢字の当て方によって意味の区別をすることが可能で、とくに和語の基本動詞に豊富です。

　たとえば、「さす」ならば、「(傘を) 差す」「(矢印で) 指す」「(光が) 射す」「(ナイフで) 刺す」「(花を) 挿す」「(目薬を) 注す」などで意味を細かく表し分けることができます。これが異字同訓であり、こうした異字同訓の複雑さが誤変換を引き起こすことがあります。

異字同訓の誤変換

　次の①〜⑮が異字同訓の誤変換の例です。ありがちなものですので、一度頭に入れておくと気づきやすくなるでしょう。

① ボーナスを住宅購入の頭金に当てる。

② ポイントを的確に抑える。

③ 確定申告によって所得税を収める。

④ 模造紙に地図を書く。

⑤ 本皮のジャケットを身にまとう。

⑥ 周囲の期待に答えたいと願う。

⑦ 気に触ることがあれば申し訳ありません。

⑧ 最後に味を整えて出来上がり。

⑨ 核心を捕らえた発言に刺激された。

⑩ 前例に習うだけでは進歩がない。

⑪ 日本代表がワールドカップの予選に望む。

⑫ 重要な案件は会議に図って決める。

⑬ みなさま、振るってご参加ください。

⑭ 病院でかかりつけ医に見てもらう。

⑮ ふとした疑問が沸いてきた。

　①は振り向けることですから「当てる」ではなく「充てる」、②は抑制の「抑える」ではなく「押さえる」、③は納税という文脈ですから「収める」ではなく「納める」、④に書くものは字ではなく図ですから「書く」ではなく「描く」、⑤は加工品のことですから「本皮」ではなく「本革」、⑥では返事の「答える」ではなく対応の「応える」、⑦の「気に触る」は迷惑なことを意味する「気に障る」、⑧の「味を整える」は調理ですので「味を調える」、⑨の「捕らえる」では捕獲になりますので「捉える」、⑩の「習う」は教わることではないので「倣う」、⑪の「望む」では希望の意味になるので「臨む」、⑫の「図る」は会議で審議することですので「諮る」、⑬の「振るって」は気持ちの問題なので「奮って」、⑭は診療という意味を出すために「見る」は「診る」、⑮の「沸く」はお湯が「沸く」よりも泉が「湧く」に近いので「湧く」とな

ります。

After

① ボーナスを住宅購入の頭金に<u>充てる</u>。
② ポイントを的確に<u>押さえる</u>。
③ 確定申告によって所得税を<u>納める</u>。
④ 模造紙に地図を<u>描く</u>。
⑤ 本革のジャケットを身に<u>まとう</u>。
⑥ 周囲の期待に<u>応えたい</u>と願う。
⑦ 気に<u>障る</u>ことがあれば申し訳ありません。
⑧ 最後に味を<u>調えて</u>出来上がり。
⑨ 核心を<u>捉えた</u>発言に刺激された。
⑩ 前例に<u>倣う</u>だけでは進歩がない。
⑪ 日本代表がワールドカップの予選に<u>臨む</u>。
⑫ 重要な案件は会議に<u>諮って</u>決める。
⑬ みなさま、<u>奮って</u>ご参加ください。
⑭ 病院でかかりつけ医に<u>診て</u>もらう。
⑮ ふとした疑問が<u>湧いて</u>きた。

Point	
1	日本語には、和語の基本動詞を中心に、文脈におうじて異なる漢字を当てる異字同訓が豊富である。
2	異字同訓は、同音異義語と同様、誤変換を起こしやすい。
3	ありがちな誤変換については、一通り訓練して頭に入れておくのが有効である。

「ご検討をよろしくお願いします！！」
区切り符号の種類

Q 「?」や「!」は積極的に使ったほうがよいですか？

A あらたまった文章ではむしろ避けたほうがよいでしょう。

四つの記号

　日本語は、平仮名、カタカナ、漢字しか使われないわけではありません。アルファベットも使われますし、アラビア数字やローマ数字も使われます。なかでも、よく使われるのは記号です。記号は、大きく次の四つに分かれます。

①区切り記号：区切る機能を持つもの（句読点の類）
②囲み記号：囲む機能を持つもの（かっこの類）
③つなぎ記号：つなぐ機能を持つもの（ダッシュの類）
④並べ記号：並べる機能を持つもの（箇条書きの類）

　本書では①〜④の記号を順に見ていくことにします。まず、ここでは①「区切り記号」を見ていくことにしましょう。
　区切り記号で代表的なものは句点「。」と読点「、」で、合わせて句読点と呼ばれます。句点「。」は文を単位にして区切るのにたいし、読点は文の内部が読みやすくなるように必要におうじて区切るものです。この二つについては、後ほど複数の課にわたり詳しく説明します。

「？」と「！」

　句点「。」の仲間にはピリオド「.」、疑問符「？」、感嘆符「！」があります。ピリオドは英語に背景を持つ書き手が好んで用い、自然科学系の論文などでよく目にします。使い方は句点「。」と同じと考えてよいですが、ピリオドは縦書きでは使いにくいものです。個人的には、日本語では使う必然性がなく、句点「。」だけで十分だと思います。

　句点「。」のかわりに疑問符「？」、感嘆符「！」が用いられることもあります。疑問符「？」は疑問文の文末で、疑問であることを明確にするときに、感嘆符「！」は強い気持ちのこもった文の文末で、驚きや感動を表すときに使います。話し言葉に近いSNSやメールなどではよく見かけますが、公用文、新聞、論文など、硬い文章では疑問符「？」や感嘆符「！」は使わないのが基本です。次の例文の「？」や「！」はどうでしょうか。

Before

> ▶ たいへんご無沙汰しております。いかがお過ごしでしょうか？
> ▶ （ビジネスメールで）お客様はこのようにおっしゃっています！
> 　貴部局においても、前向きなご検討をよろしくお願いします‼

　「？」や「！」が妙に目立ってしまい、**読み手に押しつけるような印象を与えます**。句点「。」で十分でしょう。日本語の疑問符「？」や感嘆符「！」はカジュアルな文体で使う記号であり、終助詞の「よ」「ね」「よね」などと同じように、フォーマルな文体で使うと不自然に見えてしまいます。

After

> ▶ たいへんご無沙汰しております。いかがお過ごしでしょうか。
> ▶ （ビジネスメールで）お客様はこのようにおっしゃっています。
> 　貴部局においても、前向きなご検討をよろしくお願いします。

「…」と「─」

　疑問符「？」や感嘆符「！」と同様に、話すときの音調を表す記号として、リーダー「…」とダッシュ「─」があります。これらは本来、③「つなぐ機能を持つもの」に分類されるものです。

　芥川龍之介の晩年の代表作の一つ『歯車』を見てみましょう。

　　「ちょっと通りがかりに失礼ですが、……」
　　それは金鈕（きんボタン）の制服を着た二十二三の青年だった。僕は黙ってこの青年を見つめ、彼の鼻の左の側（わき）に黒子（ほくろ）のあることを発見した。彼は帽を脱いだまま、怯づ怯づ（お）かう僕に話しかけた。
　　「Aさんではいらっしゃいませんか？」
　　「そうです。」
　　「どうもそんな気がしたものですから、……」
　　「何か御用ですか？」
　　「いえ、唯お目にかかりたかっただけです。僕も先生の愛読者の……」
　　僕はもうその時にはちょっと帽をとったぎり、彼を後ろに歩き出していた。先生、A先生、──それは僕にはこの頃では最も不快な言葉だった。僕はあらゆる罪悪を犯していることを信じていた。しかも彼等は何かの機会に僕を先生と呼びつづけていた。僕はそこに僕を嘲（あざけ）る何ものかを感じずにはいられなかった。何ものかを？──しかし僕の物質主義は神秘主義を拒絶せずにはいられなかった。僕はつい二三箇月前にも或小さい同人雑誌にこう云う言葉を発表していた。──「僕は芸術的良心を始め、どう云う良心も持っていない。僕の持っているのは神経だけである。」……

　リーダー「…」は話が途中で終わる、いわゆる言いさしを示すときに用いられます。一方、ダッシュ「─」は前後の関係に強いつながり、とくに言い換えを含む場合に用いられます。

一方、読点「、」の仲間にはカンマ「,」、中点「・」、スラッシュ「／」があります。カンマ「,」はやはり英語に背景を持つ書き手が好むものですが、ピリオド「.」とは異なり、日本語の公用文の書き方の基準（『公用文作成の要領』1952年）において、縦書きは句点「。」と読点「、」、横書きは句点「。」とカンマ「,」と決まっていたために、戦後長らく横書きでは読点「、」のかわりにカンマ「,」が用いられてきました。

　ところが、調査をすると、横書き全盛の現在でも9割前後がカンマ「,」ではなく読点「、」を使っていることが明らかになったため、70年ぶりに改定された文化庁文化審議会の建議『**公用文作成の考え方**』**(2022年)において、縦書き・横書きとも句点「。」と読点「、」の組み合わせで統一されました**ので、今後はピリオド「.」のみならず、カンマ「,」も日本語としては使われなくなっていくと思われます。

　中点「・」とスラッシュ「／」は、語のようなとくに短い単位を並列するときにしばしば用いられるものですが、これについては11課でまとめて説明することにします。

Point

1　記号は「区切り記号（句読点の類）」「囲み記号（かっこの類）」「つなぎ記号（ダッシュの類）」「並べ記号（箇条書きの類）」の四つに大別される。

2　くだけた文章で使われる「？」や「！」は硬い文章では避け、「。」を使うほうがよい。

3　リーダー「…」は言いさしを示すのに用いられ、ダッシュ「―」は言い換えなど、前後に強いつながりがあるときに用いられる。

4　横書きの句読点はかつては句点「。」とカンマ「,」の組み合わせが基本であったが、現状では縦書きでも横書きでも句点「。」と読点「、」の組み合わせが一般的である。

「ホールケーキの5号サイズは 何人前なのか。」

「。」と「、」の使い分け

Q 句点「。」と読点「、」で迷ったとき、どちらを選んだらよいですか？

A 文が終わったと感じられるところでは句点「。」を選びます。

文の独立性と「。」

句点「。」を打つところで迷う人は一見少ないように思えます。文という単位は比較的安定しているので、句点を打つ場所に迷う余地があまりないからです。

しかし、文と一口に言っても一様ではありません。事実、中国人が作文を書くと、句点「。」を打つべきところでよく読点「、」を打ってしまいます。日本語と中国語の文の概念がずれているからです。日本語だけで見ても、じつは迷う余地のある場合があります。それは、文のように見えながらも、文としての独立性が高くないものです。

終止形で終わる文

独立性の高くない文の一つ目は、終止形で終わる文です。とくに、「それ」「これ」といった指示語で受けなおす文は、次の文に依存するように見え、文としての独立性が失われがちです。そうなると、句点「。」でも読点「、」でもどちらでも使える文になります。次の文を見てください。

▶ プレッシャーを楽しむ。それが私の緊張をほぐしてくれた。

間違った文ではないのですが、句点「。」が目立ちすぎて、文の切れ目が深く感じられるかもしれません。次のようにしてはどうでしょうか。

▶ プレッシャーを楽しむ、それが私の緊張をほぐしてくれた。

こうすることで、文の切れ目が浅くなり、次の文に自然に流れこみます。

「〜すること」で終わる文

独立性の高くない文の二つ目は、「〜すること」で終わる文です。

▶ 歯石がつかないようにするには、デンタルフロスや歯間ブラシ
　を使うこと。そして、食生活に気をつけることが大事です。

この文では、「使うこと」と「気をつけること」の二つを2文目の「大事です」がまとめているように見えます。だとすると、句点「。」という切れ目では深すぎるでしょう。

その場合は読点を使うほうがしっくり来ます。文の切れ目が浅くなり、文のつながりがなめらかになります。

▶ 歯石がつかないようにするには、デンタルフロスや歯間ブラシ
　を使うこと、そして、食生活に気をつけることが大事です。

独立性の高くない文の三つ目は、終止形、連体形、いずれでも解釈できる文です。日本語の動詞は、もともと終止形と連体形の区別があったのですが、連体形で終わる文が席巻したことで終止形が失われ、同じ形になりました。そのため、現代語ではその区別が困難になっており、句点「。」で終わると終止形、読点「、」で終わると連体形と意識されることになります。

次の文では、句点「。」を使うと、雨に強いことがより明確になりますが、文のつながりがややぎくしゃくします。

Before

▶ 阪神甲子園球場は、水はけが良いため、多少の雨ならば中止になることがない。屋根のないドーム球場のような全天候型のスタジアムである。

一方、読点「、」を使うと、文全体が阪神甲子園球場の説明として解釈しやすくなります。

After

▶ 阪神甲子園球場は、水はけが良いため、多少の雨ならば中止になることがない、屋根のないドーム球場のような全天候型のスタジアムである。

「か」で終わる文

独立性の高くない文の四つ目は、疑問の終助詞「か」で終わり、引用動詞に続く文です。これも、句点「。」、読点「、」ともによく見かけます。句点「。」を使うと、文の切れ目が深いのでそこで文が終わり、再

度文を起こす感じになります。

> ▶ ホールケーキの5号サイズは何人前なのか。わからないので
> 教えていただけますか。

　一方、読点「、」だと、文の切れ目が浅いので、全体をまとまった情報として認識するようになります。

> ▶ ホールケーキの5号サイズは何人前なのか、わからないので
> 教えていただけますか。

　句点「。」はそこまでの内容を目立たせたい場合には有効なのですが、情報の大きなまとまりはわかりにくくなりますので、**話の流れを重視したいときは読点「、」のほうが適しています**。伝えたい情報によって使い分けることが肝要です。

Point

1　文のなかには、句点「。」で終えても、読点「、」で終えても問題のない文がある。

2　そうした文には、終止形で終わる文、「〜すること」で終わる文、終止形とも連体形とも解釈できる文、「か」で終わる文の四つがある。

3　句点「。」で終わる場合、文の切れ目が深くなるので、そこまでの文の内容を目立たせる場合に有効である。読点「、」で終わる場合、文の切れ目が浅くなるので、文のつながりやまとまりを出したい場合に有効である。

正確な表記

Section **11**

「ペペロンチーノ・ボンゴレロッソ」

短い単位を結びつける「・」

Q 中点「・」やスラッシュ「/」はどのような場合に使いますか？

A 短い要素を列挙するときに使います。

中点「・」のほうがよい場合

　読点「、」と中点「・」の使い分けは微妙です。読点「、」は文のなかの比較的長い単位のものを結びつけるときに使い、中点「・」は語のような比較的短い単位のものを結びつけるときに使うという違いがあるのですが、次のような例では両方とも使えそうです。

- 京都から大阪までは、JR、阪急、京阪のいずれでも移動できる。
- 京都から大阪までは、JR・阪急・京阪のいずれでも移動できる。

　両方とも使えるのであれば、読点「、」ですべて済ますのが楽なように思えるのですが、次のような場合はどうでしょうか。

Before

▶ 京都から大阪までは、JR 西日本、私鉄の阪急、京阪のいずれでも移動できる。

　読点のみの場合、京阪が私鉄かどうか、一見してわかりませんが、中点であれば京阪が私鉄であることが一目でわかります。

After

▶ 京都から大阪までは、JR西日本、私鉄の阪急・京阪のいずれ
でも移動できる。

また、次のような場合はどうでしょうか。文章の見出しだと考えてく
ださい。

Before

▶【徹底比較】JR、阪急、京阪の運賃と所要時間

見出しでは読点「、」はあまり見ないように思います。読点はあくま
で文のなかの意味の切れ目を表すもので、見出しのような名詞的なまと
まりを区切るのには向いていません。**タイトルや見出しでは、読点「、」
ではなく中点「・」を使うことをお勧めします。**

After

▶【徹底比較】JR・阪急・京阪の運賃と所要時間

読点「、」のほうがよい場合

一方、中点「・」にも弱点があります。短い単位どうしを結ぶのが得
意であるということは、長い単位どうしを結ぶのが苦手であるというこ
とです。次の例を見てください。

Before

▶ 本章では、調査の目的・研究の概要について論じる。

一瞬、「調査の［目的・研究］の概要」に読めてしまわないでしょう

か。次のように読点「、」であれば、「調査の目的」「研究の概要」の二つがあることがわかります。

After

▶ **本章では、調査の目的、研究の概要について論じる。**

このように、「AのB」のような句、すなわち**語を超える単位を中点「・」で結びつけると誤解を招く**というのが中点「・」の弱点です。

また、中点は、外来語のスペースを表す場合にも使われます。そのため、外来語を並べて示す場合、全体で1語なのか、それとも2語の並列なのかの区別が困難です。次の例を見てください。

Before

▶ **私の得意料理は、スパゲティのペペロンチーノ・ボンゴレロッソだ。**

「スパゲティ・ボンゴレロッソ」という言葉であれば、「ボンゴレロッソというスパゲティ」という意味の1語になります。すなわち、「ボンゴレロッソ」はスパゲッティの種類の名前になるわけです。

ところが、「ペペロンチーノ・ボンゴレロッソ」の場合2語であり、「スパゲティ・ペペロンチーノ」と「スパゲティ・ボンゴレロッソ」という2種類のスパゲッティになるのですが、1語に見えてしまいがちです。このような、外来語の並列には中点「・」ではなく、読点「、」や助詞の「と」を使うのが賢明です。

After

▶ **私の得意料理は、スパゲティ・ペペロンチーノ、スパゲティ・ボンゴレロッソだ。**
▶ **私の得意料理は、スパゲティのペペロンチーノとボンゴレロッソだ。**

この種のことは海外の人物の固有名詞で起こりがちで、「2022年の
ホームラン王であるアーロン・ジャッジは」とすると1名ですが、
「2022年のホームラン王であるシュワーバー・ジャッジは」とすると2
名になります。アメリカン・リーグのホームラン王「アーロン・ジャッ
ジ」とナショナル・リーグのホームラン王「カイル・シュワーバー」と
いう2名の名字を並べたことになるからです。外国人の固有名詞の場合、
中点「・」を使うと、姓名のあいだに入るスペースと誤解されますので、
「シュワーバー、ジャッジ」「シュワーバーとジャッジ」のように中点
「・」を使わない工夫が必要です。

スラッシュ「／」の使い方

　スラッシュ「／」は中点「・」と使い方が似ていますが、基本的には
英語の"or"に相当するものです。「A／B」とあれば、「AかBのいず
れか」、あるいは「A＝B」という意味を表します。

- 当社へは、モノレール／地下鉄のご利用が便利です。（AかBのいずれ
  か）
- 当社へは、メトロ／地下鉄のご利用が便利です。（A＝B）

　ただし、記号に多様な意味を持たせると読み手は混乱しますので、
「AかBのいずれか」の意味で使うのを基本とするのがよいでしょう。
　スラッシュ「／」は、情報を表す記号という性格が強いため、長く書
かれた文章より、箇条書きのような簡潔な文章で使われることが多い傾
向があります。とくに、簡潔な文章で使われる場合、

- 採用条件：大卒以上／実務経験3年以上／要普免

　のように、単なる情報の列挙に用いられることもあります。日付の区
切りや分数にもスラッシュ「／」はよく使われます。

1 「・」と「、」の使い分けで、中点「・」のほうがよい場合は、語単位の
短い要素を結ぶとき、タイトルや見出しのなかで使うときである。

2 「・」と「、」の使い分けで、読点「、」のほうがよい場合は、句単位の
比較的長い要素を結ぶとき、外来語の並列を示すときである。

3 「／」は英語の "or" に相当し、複数の選択肢を示すとき、あるいは同等
の内容を示すときに使われる。

正確な文章

正確な表記

{きのこの山／たけのこの里}

かっこの使い分けの基本

Q かっこの使い分けはどう考えたらよいですか？

A 目立たせるかっこと目立たせないかっこの二つに分けて考えることです。

「目立たせるかっこ」と「目立たせないかっこ」

　パソコンなどのデジタル機器を使って文章を書くと、多様な選択肢からかっこを選ぶことができます。そのため、顔文字を選ぶのと似たような感覚で、その日の気分でかっこを選んでいる書き手がいるようにさえ思います。句読点ならば、せいぜい句点で「。」「.」を選ぶか、読点で「、」「,」を選ぶかしか選択肢がないのですが、かっこは種類が豊富なので、人によって使うかっこがまちまちな印象です。しかし、それでは読み手に内容を正確に伝えるという言葉の基本的な役割が果たせませんので、ここでは厳密なかっこの使い方を検討します。

　まず考えておきたいのは、かっこには大きく分けて二つの種類があるということです。一つは「目立たせるかっこ」、もう一つは「目立たせないかっこ」です。かっこというのは、かっこのない本文の一部にかっこをあえてつけることで、その部分が、本文とは異なる質の特殊な内容であることを示します。かっこをつけた場合、かっこのない本文を背景に押しやり、かっこつきの表現を浮かびあがらせる役割をする「目立たせるかっこ」と、かっこのない本文を前面に押しだし、かっこつきの表現を背後で補足的に示す役割をする「目立たせないかっこ」の二つに分

かれるわけです。

「目立たせるかっこ」の代表はカギかっこ「　」です。いわゆる強調のかっこと呼ばれるもので、カギかっこのほか、二重かぎ『　』、隅付きかっこ【　】、山かっこ〈　〉、二重山かっこ《　》、クォーテーションマーク‘　’、ダブルクォーテーションマーク“　”もこの仲間になります。

　一方、「目立たせないかっこ」の代表は小かっこ（　）で、パーレンや丸かっことも呼ばれます。波かっこやブレースとも呼ばれる中かっこ｛　｝、角かっこやブラケットとも呼ばれる大かっこ［　］、大かっこによく似ていて縦書きに強い亀甲かっこ〔　〕もこちらのグループです。これらはよく「空欄に当てはまるものを入れなさい」という問題の空欄を示すのに使われるという点で共通しています。

　カギかっこ「　」と丸かっこ（　）は非常によく使われるので、別に説明することにして、ここでは、それ以外のかっこの違いについて説明していくことにしましょう。

二重かぎ『　』の使い方

　強調を目的とする「目立たせるかっこ」のうち、**二重かぎ『　』は「　」のなかにさらに「　」が入るときに使うのが基本**です。しかし、最近ではそのルールが緩み、「　」のなかに「　」が使われることもあります。また、学術論文では、特殊な使い方をします。次の例は、学術論文の引用としては不適切なものです。

Before

▶ 石黒圭（2023）『第5章「伝言の伝達」課題のポイント』俵山雄司編「現場に役立つ日本語教育研究4　自由に話せる会話シラバス」くろしお出版、pp.93-105

学術論文では、論文名や本の1章を示すときには「　」を用い、掲載誌名や1冊の本全体の書名を示すときに『　』を用いるルールになって

います。したがって、次のようにしなければなりません。

After

▶ 石黒圭（2023）「第5章『伝言の伝達』課題のポイント」俵山雄司編『現場に役立つ日本語教育研究4　自由に話せる会話シラバス』くろしお出版、pp.93-105

　学術論文にかぎらず、まとまった作品名には『　』を、そのなかの一部には「　」を入れると考えておけばよいでしょう。たとえば、詩人の詩集やミュージシャンのアルバム名のタイトルは『　』で表し、そこに収録されている一つひとつの作品名は「　」で表すという区別でよいでしょう。また、1冊、あるいは複数冊にわたるボリュームのある文学作品や漫画の書名は『　』で、さらには映画やドラマなどのまとまった映像作品のタイトルにも『　』を用いてよさそうです。

隅付きかっこ【　】の使い方

　隅付きかっこ【　】は、近年、カギかっこ「　」、丸かっこ（　）と並んでよく使われています。視覚的にもっとも目立つかっこなので、短い重要な内容を示すときに使われます。

● 【至急】【要返信】【依頼】【確認】【注意】

のようにメールの件名とセットで使われたり、

● 【問題】【解答】【日時】【料金】【問合せ】

のように本文の見出しを示すのによく使われます。

山かっこ〈　〉と二重山かっこ《　》の使い方

　山かっこ〈　〉と二重山かっこ《　》の関係は、カギかっこ「　」と二重カギかっこの関係にあると見てよいでしょう。いずれも、本文の表現の一部を目立たせたり、表題として使ったりしますが、前者の用法では「　」の勢力が、後者の用法では隅付きかっこ【　】の勢力がそれぞれ強いため、そうしたありきたりのかっこを避けるときに用いられる傾向があります。

　英語に用いられるクォーテーションマーク'　'、ダブルクォーテーションマーク"　"が日本語に用いられる場合も「　」の代用であり、誰かの声の印象の強いカギかっこ「　」を避けたいときや、かっこの意図を明瞭にせず、ともかく際立たせたいときに使われる傾向があり、このときにかならず使うという共通理解は存在しないように見受けられます。

大かっこ［　］と中かっこ{　}の使い方

　一方、補足説明を目的とする「目立たせないかっこ」のうち、中かっこ{　}と大かっこ［　］は、小かっこ（　）と組み合わせで用いられる場合は［{（　）}］の順で使われ、計算する場合は内側のものから先に計算します。つまり、名前のとおり、大かっこがもっとも上位であり、その下位に中かっこ、さらにその下位に小かっこが位置するわけです。ただし、国際的には{［（　）］}が主流であり、その点注意を要します。

　また、中かっこ{　}独自の用法として、数学で集合の要素を並べて示すときによく使われます。

● A ＝ {1, 2, 3, 4, 5}

そのため、複数の候補を併記するときにしばしば使われます。

● あなたは {きのこの山 / たけのこの里} を食べたことがありますか。

大かっこ［　］は、言語学では音声記号を入れたり、自然科学では［km］のように単位を入れたりするのに使われますが、長い文章のなかに埋めこむよりも、情報を箇条書き的に簡潔に処理するときに好んで使われ、

● ［スタート］→［すべてのプログラム］→［アクセサリ］のなかにあります。

　のように短い表現を［　］に入れ、決まった表現として記号的に扱うのに向いています。大かっこによく似ていて縦書きに強い亀甲かっこ〔　〕もこちらのグループです。こちらは、丸かっこ（　）に近い補足的な説明によく使われますが、（　）だと完全に主従関係の従になってしまうので、かっこのなかの情報を丸かっこ（　）よりも目立たせたいときに使います。

Point

1 二重かぎ『　』は「　」のなかにさらに「　」を入れるとき、まとまった本や作品のタイトルを示すときに使われる。

2 隅付きかっこ【　】はとくに目立つかっこなので、メールの件名への注意喚起や見出しを目立たせたいときに使われる。

3 大かっこ［　］と中かっこ｛　｝は小かっこ（　）と合わせて［｛（　）｝］の順になり、大かっこ［　］は記号的なものを示すとき、中かっこ｛　｝は要素を列挙するときに使われる。

「仕事が終わったら
カラオケに行きたい。」
「　」の使い方

Q 「　」はどんなときに使うかっこですか？

A 誰かの声を再生するときです。

声の再生としての「　」

　カギかっこ「　」は、かっこでくくる部分を目立たせるかっこの典型です。しかし、かっこはそれぞれ個性を持っています。「　」の個性は誰かの声を再生するのが基本的な役割です。そのため、誰かの言った言葉を「　」に入れて示します。

● 「仕事が終わったらカラオケに行きたい」と上司が言っているけど、どうする？

　これは基本的な「　」の使い方ですが、ここで気をつける点があります。それは、**思っていることには「　」はつけない**ということです。次の例では、上司の心の声を聞いたことになってしまいます。

Before

▶「仕事を終えたらカラオケに行きたい」と上司はきっと思っている。

　心のなかの声は、声であることを強調するのでなければ、「　」を外

して表現する必要があります。

After

▶ 仕事を終えたらカラオケに行きたいと上司はきっと思っている。

「 」と引用の原則

　誰かの話したことを「 」に入れることができるように、誰かの書いたことを「 」に入れて示すこともできます。

● 「色を見るものは形を見ず、形を見るものは質を見ず」は、夏目漱石の『虞美人草』に出てくる言葉である。

　このように誰かが書いている言葉を自分の文章にそのまま取りこむことを引用と言い、誰かの言葉を「 」でくくります。ここで大事なのは、**「 」で引用する表現は、引用元の言葉そのままでなければならない**ということです。次の例はどうでしょうか。

Before

▶ 「色を見るものは形を見ない、形を見るものは質を見ない」というふうに、夏目漱石は『虞美人草』のなかで書いている。

　すでに見たように、夏目漱石が書いたのは「色を見るものは形を見ず、形を見るものは質を見ず」ですので、表現が微妙に変わっています。元の表現に手を加えている以上、「 」を取って示す必要があります。

After

▶ 色を見るものは形を見ない、形を見るものは質を見ない、というふうに、夏目漱石は『虞美人草』のなかで書いている。

「　」の広がり

「　」は、誰かの話したことや誰かの書いたことの引用にとどまらず、その使用は広がりを見せています。論文名、作品名、社名などの固有名を表すときに使われるものもありますし、本書のなかにも散見されるように「つまり」「すなわち」のように語形を示すときにも便利です。

　誰かの言葉を引用するときに使う「　」の性格から、一般的にそう言われているという、いわゆるの意味で「　」を使うことがあります。次の例では「民泊」がそれに相当します。

● 投資の一環として、インターネットをつうじて自分の所有する空き室を短期で貸し出す「民泊」を私も始めてみた。

　自分自身を含む誰かが作った見慣れない造語を「　」に入れて仮の言葉として示すこともあります。次の例の「テロップ接続詞」がその例です。

● バラエティ番組では、次の場面に移るまえにその内容を期待させる「しかし！」「そして…」のような「テロップ接続詞」が頻繁に使われます。

　平仮名が続くときに読みやすくなるように、名詞などの中心的な情報を「　」に入れて示す方法も用いられます。次の例の「おたく」はオタクと片仮名で書いたときのような効果を持ちます。

● マッチングアプリは共通の趣味を持つ人とも出会いやすくなるので「おたく」におすすめの婚活ツールである。

　さらには、強調したい部分を「　」に入れるものもあります。フォントに色をつけたり、太字にしたりするのと同じ役割の「　」です。

● 投資先の企業からさまざまなプレゼントが届く「株主優待」。こんなすてきなサービスを利用しない手はありません。

　ただ、このように、「いわゆる」の意味を持たせるとき、平仮名が続くとき、強調したいときにまで何でも「　」がついてしまうと、「　」の役割や強調したい部分が不明確になってしまい、かえって読みにくくなってしまいます。**「　」は禁欲的に使うことをお勧めします。**

Point	
1	「　」の基本は声の再生である。心の声、すなわち思った内容には「　」は原則としてつけない。
2	引用で「　」を使うときは、「　」は原文の忠実な再生でなければならない。書き手が手を入れたときは「　」をつけることができない。
3	いわゆるの意味、特殊な造語、読みにくい表記、強調したいとき「　」をつけることがある。しかし、こうした使い方は度が過ぎるとかえって読みにくくなるので、「　」は控えめに使う必要がある。

（余談ですので、スルーしてください）

（　）の使い方

Q （　）はどんなときに使うかっこですか？

A 本文を読んでいてわかりにくい表現を補足的に説明するときです。

（　）と読み方の補足

　カギかっこ「　」が目立たせるカッコの代表なら、丸かっこ（　）は目立たせないカッコの代表です。本文で語られていることがわかりにくい場合、説明を補足するときに使います。

　たとえば、読み方の補足です。難しい漢字が出てきたときに、

● 「飯盒炊爨（はんごうすいさん）」

のように読み方を示すときに使います。複数の読み方が考えられる「忙しない」を「忙（いそが）しない」と読ませないために、

● 忙（せわ）しない

と書くこともあるでしょう。さらには、カラオケなどで、テロップに流れる歌詞を見ると、

● 季節（とき）
● 宇宙（そら）

のような書き方も目にするでしょう。つまり、振り仮名を（ ）に入れて示すわけです。

（ ）と意味の補足

また、（ ）には読み方だけでなく、意味を入れて示すことができます。

- ルビ（振り仮名）
- 昭和 26 年（1951 年）

のように言い換えた語を示すこともできますし、

- 泰然自若（落ち着いていて物事に動じない姿勢）

のように意味を詳しく説明した内容を入れることも可能です。また、意味を限定するときにも（ ）は使えます。

- 子ども（12 歳以下）
- 低所得者（年収 300 万円未満）

のように使うことがあります。法律で条文の内容を示すときに使う

- 憲法第 9 条（戦争の放棄）

も、この仲間に入れて考えることができそうです。

（ ）と関連情報の補足

（ ）には意味だけでなく、関連情報を入れて示すこともできます。

- ～のように高齢化率は近年ますます高まっています（表4）。
- ～のように考えることもできます（石黒（2022）も参照）。

　ただし、気をつけなければいけないのは、こうした補足情報は何でも（　）に入ってしまうため、文章が（　）だらけになりかねないということです。次の例文を（　）を使わずに表せないでしょうか。

Before

- ▶ 長くなりましたが、以上です。
  （本メールへのご返信は ninjal@kokugoken.ac.jp までお願いします）
- ▶ 今日もまた飽きもせず、家のなかの蚊と激しい格闘を続けています。
  （余談ですので、スルーしてください）

本文に組み込むとしたら次のようにできそうです。

After

- ▶ 長くなりましたが、以上です。
  なお、本メールへのご返信は、ninjal@kokugoken.ac.jp までお願いします。
- ▶ 余談ですが、今日もまた飽きもせず、家のなかの蚊と激しい格闘を続けています。

　文章を書くのが慣れていない人に（　）の使用が多く見られるため、できれば（　）の使用は控え、本文に組み入れられるものは組み入れ、そうでないものはできるだけ省くほうが賢明です。長い補足情報は脚注や後注といった注に出してしまうのも一つの方法です。
　「　」と（　）は用法の幅が広く、便利なので、つい使いすぎてしまい

ます。使いすぎが文章の読みにくさにつながりますので、どうすれば減らせるかをつねに考えて、文章を書くようにしてください。

1 （　）は本文の説明の補足として使われる。

2 読みにくい漢字の読み方を補足するために、振り仮名を（　）に入れてしめすことがある。

3 わかりにくい言葉の意味を補足したり限定したりするのにも使われる。

4 広い意味での関連情報を示すのにも使われる。

5 （　）の使いすぎは読みにくさにつながり、書き手の力量不足という評価を受ける恐れもあるため、使用はできるだけ控えたほうがよい。

「厳しい夏の日差しが……。」
つなぎ記号の基本

Q つなぐ記号にはどんなものがありますか？

A ダッシュ「─」とリーダー「…」が代表的です。

つなぎ記号5種

　句読点に代表される区切る記号、かっこのような囲む記号に続き、ここではダッシュのようなつなぎ記号について考えます。ここで扱うのは次の五つです。

- ダッシュ　　─
- リーダー　　…
- コロン　　　：
- イコール　　＝
- チルダ　　　〜

「─」と「…」

　ダッシュ「─」とリーダー「…」の使い方はよく似ていますが、**ダッシュ「─」のほうは直接関連のある内容**が、**リーダー「…」のほうは間接的に関連する内容**が来る傾向があります。

- 精霊流し─大切な人を喪った遺族が、手作りで造った船をひきながら街中を練り歩き、故人の霊を極楽浄土に送り出す長崎のお盆の伝統行事

- 精霊流し…死者を弔うこの行事では、「ちゃんこんちゃんこん」という鐘の音と「どーいどーい」という掛け声があり、爆竹が鳴り響くが、その賑やかさの背後には大切な人を喪った遺族の深い悲しみが潜んでいる。

　また、二つ重ねて**言いさしを表す**点でも共通しています。次の例はどうでしょうか。

Before

- ▶ 雲の切れ間からは厳しい夏の日差しが……。
- ▶ だから、あれほどやめとけって言ったのに──。

　間違いだとは思いませんが、「……」と「──」の性格を生かしきっているとは言えません。いずれも文の中途での終了を示しますが、「──」のほうは言いきった感じが強く地の文で、「……」のほうは言いよどんだ感じが強く会話文で使われる傾向があります。「……」は、直前に言葉があれば言いよどみ、何もなければ沈黙になります。

After

- ▶ 雲の切れ間からは厳しい夏の日差しが──。
- ▶ だから、あれほどやめとけって言ったのに……。

　「──」には行頭で使われる用法があり、**場面の転換**にも使われます。

- ──それから、二日が経った夜のことだった。

「……」が行頭で使われる場合、**そこまでに省略があるか**、あるいは、次の例のように**重い口を開いたとき**でしょう。

● ……生活が、とても、苦しかったんだ。

　ダッシュ「—」特有の用法として、二つの「—」で挟み、かっこのように使う用法があり、**サブタイトルを表すとき**に使われます。

●「逆接の接続詞の意外性—接続詞『ところが』を中心に—」

　挟まない場合は、二つの「—」でつなぐ方法もあります。

●「逆接の接続詞の意外性——接続詞『ところが』を中心に」

　また、**挿入**を表すときにもこの用法が使えます。

● マスコミ関係者でさえ—こだわりの強い一部の人を除いては—読点の打ち方はいい加減なものだ。

　また、カギかっこと同様に、会話にも使えます。会話に入るときにダッシュ「—」で導入します。

● 絶対に言ってはいけないことを言ってしまった。——おばあちゃんなんか、大っ嫌い。

　インタビューにおけるインタビュアーが匿名の場合、ダッシュ「—」で始める用法がよく見られます。

● ——最後に、次の試合にむけてひと言お願いします。

このようにダッシュ「—」は幅広く用いられるのですが、ダッシュ「—」の使用で気をつけたいのが他の記号との混用です。横棒の記号は種類が多いからです。漢数字の「一」、片仮名の長音「ー」、マイナス「−」、ハイフン「-」などがかわりに使われることが多く、原稿を編集するさいの障害となります。かならず**キーボードで「ダッシュ」と入れて「—」を出す**ようにします。

「：」と「＝」と「〜」

　コロン「：」は、箇条書きでよく使われますし、ノートやメモを取ったりするときに便利な記号です。

- 締切：9月3日必着
- 最寄駅：JR中央線西国分寺駅

　ただし、長い文章ではあまり使われませんし、縦書きにも向きません。
　なお、セミコロン「；」はコロン「：」と似たような使われ方をしますが、さらに使用頻度は低くなります。
　イコールは文字どおり等号であって、前後のものが等価のもののみに使います。やはり長い文章では使われません。また、以前は「マーガレット＝サッチャー」（Margaret Thatcher）のように、姓名のあいだのスペースのかわりに「＝」を入れる使い方もありましたが、今は「マーガレット・サッチャー」のように中点「・」を使うのが主流です。イコール「＝」は、現在では姓名の切れ目にはあまり使われず、「ジャン＝ジャック・ルソー」（Jean-Jacques Rousseau）や「サピア＝ウォーフ仮説」（Sapir-Whorf hypothesis）のように、人名にハイフン「-」が入る場合にのみ、ハイフン「-」のかわりにイコール「＝」が使われるのが一般的になっています。なお、こうしたイコール「＝」は、厳密には半角の二重ハイフン「=」ですが、文字化けしやすいことからイコール「＝」で代用されています。

チルダ「〜」は、「○○から○○まで」という期間や区間を表すとき
に使われる記号ですが、こうした使われ方をするのは国際的でなく、英
語では「約」の意味で使われたりもするため、日本語がわかる外国人に
しばしば意味が通じなかったり誤解されてしまったりするので、注意が
必要です。

Part

1
2
3
4

正確な文章

正確な表記

「※画像はクリックすると拡大します。」
並べ記号の基本

Q 並べ記号はどのように使うと、箇条書きが見やすくなりますか？

A 箇条書きであることがわかるように、また、階層関係が明確になるように記号を使うことです。

単純列挙の箇条書き

区切り記号、囲み記号、つなぎ記号に続き、最後に並べ記号について検討します。並べ記号は、箇条書きの先頭で使われる記号です。

箇条書きのときに使う記号には、大きく分けて三つあります。一つ目は、数字などを使わず、ひたすら列挙していくものです。典型的には中点「・」を使います。

【四国四県】
・香川県

・徳島県

・愛媛県

・高知県

中点の「・」のかわりに、黒丸「●」を使うのは箇条書きをより目立たせたい場合です。また、丸「○」を下位に位置づけて上位・下位の二層構造にするときにも便利です。

黒四角「■」はさらに目立つので、リストを示すというよりも、長い

文章をいくつか分割したなかの小見出しに使うと便利です。四角「□」と組み合わせることも可能です。黒ひし形「◆」も黒四角「■」と同様であり、ひし形「◇」も存在します。

順序列挙の箇条書き

　箇条書きのときに使う記号の二つ目は、数字などを使って、順序も含めて列挙するものです。丸数字「①」「②」「③」……がよく使われますが、丸数字よりも上位にはかっこ数字「(1)」「(2)」「(3)」……が使われます。**二層にわたる場合は下位の層を一字下げにする**と見やすくなります。

　(1)世界の広い湖ベスト5
　　①カスピ海
　　②スペリオル湖
　　③ビクトリア湖
　　④アラル海
　　⑤ヒューロン湖

　(2)世界の長い河川ベスト5
　　①ナイル川
　　②アマゾン川
　　③長江
　　④ミシシッピ川
　　⑤オビ川

　同じように、ローマ数字の大文字「Ⅰ」「Ⅱ」「Ⅲ」……とローマ数字の小文字「ⅰ」「ⅱ」「ⅲ」……を組み合わせる方法、アルファベットの大文字「A」「B」「C」……とアルファベットの小文字「a」「b」「c」……を組み合わせる方法もあります。

補足列挙の箇条書き

　箇条書きのときに使う記号の三つ目は、補足情報を列挙するものです。接続詞「なお」「ちなみに」に相当する箇条書きで、アステリスク「＊」や米印「※」が使われます。

＊申込み不要。
＊本書32ページ。
※画像はクリックすると拡大します。
※おわび　2022年8月分の統計に誤りがありました。おわびして
　訂正いたします。

　この二つは大きな違いがなく、以前は米印「※」がよく使われていたのですが、最近ではアステリスク「＊」のほうが優勢です。アステリスク「＊」は中点「・」に近い分、列挙がより容易ですし、注1、注2、注3……のようにいくつも注を並べて示すときに向いています。一方、米印「※」は補足情報であることがより明確に示されていますので、とくに重要な補足情報を単独で示すときに向いています。

Point

1	並べ記号には、単純列挙、順序列挙、補足列挙の三つがある。
2	単純列挙は、番号などをつけず、ひたすら列挙するもので、「・」が代表的である。
3	順序列挙は、番号などをつけて列挙するもので、順序や階層を表せる。「(1)」や「①」が代表的である。
4	補足列挙は、注釈の列挙であり、「＊」や「※」が用いられる。

「仕事に出て仕事場で仕事する。」

足りない語彙力を上げるには

Q 語彙力が足りないと言われました。どんな工夫をすればよいですか？

A 何でも同じ語彙で済ませないことです。

NGワードを避ける

ボキャ貧という言葉があります。ボキャブラリーの貧困、すなわち語彙力不足のことです。語彙力が少なく見えると、知性に欠け、勉強や仕事ができないという悪印象につながります。

語彙力が少なく見える人というのは、同じ言葉を繰り返し使っている人です。話し言葉では「すごい」「やばい」といった形容詞の繰り返しが目立ちますが、**書き言葉では名詞の使い方が重要になります。**

たとえば、「仕事」という言葉は便利で、何でも「仕事」で片づきますが、同じ言葉で済ませてしまうと、意味の伝わり方が弱くなります。そこで、日常的ですぐに思い浮かぶ「仕事」のような便利な言葉はあえてNGワードとし、よりよい言葉選びを試みる心がけが大切です。

次の①〜⑥の「仕事」をほかの言葉に置き換える場合、どんな言葉がよさそうでしょうか。

Before

①今朝も早朝、この時間から母は仕事に出ている。
②父の仕事は製薬会社の営業です。
③うちの夫は脱サラをして自分で仕事を始めた。

④うちの妻は休みの日でも家で仕事をしている。

⑤自治会の役員は休日が会議や事務などの仕事で埋まる。

⑥一流選手は、試合のなかの大事な場面でしっかり仕事をする。

①「仕事に出かけている」の「仕事」は仕事場のことです。「職場」がよさそうです。より場所が明確であれば、「勤め先の〇〇」と具体名を記すことも可能です。職場も現地ならば「現場」と表現できますし、建物のなかなら「オフィス」と表現することもできそうです。

②「父の仕事」の「仕事」は、どんな仕事をしているかという仕事の種類のことです。「職業」がよさそうです。「職」と短く表現することもできますが、この文脈ではやや硬いでしょう。

③「自分で仕事を始めた」の「仕事」は、いわゆる「商売」のことです。しかし、「商売」というと業種を限定しますので、「事業」というほうがよいでしょう。つまり、事業主になったということです。外来語を使った「ビジネス」でも適切でしょう。そのほか、「自分で仕事を」の部分を「自営業を」としたり、「仕事を始めた」の部分を「起業した」としたりすることも可能です。

④「家で仕事をしている」というのは、持ち帰り残業でしょうか。片づけなければならない作業をこなすという意味での仕事でしょう。そう考えると「作業」としてもよいのですが、今度は仕事という語感が薄れるので、「業務」や「残業」ぐらいがよさそうです。

⑤「会議や事務などの仕事」といっても、おそらくこの仕事は自治会の役員ですので無給の仕事でしょう。そう考えると、多岐にわたる仕事という意味で、「雑務」あるいは「雑用」などが入りそうです。

⑥「大事な場面でしっかり仕事をする」というときの「仕事」は「よい仕事」の意味です。一流選手はプロのことが多いでしょうから、試合に出るだけで仕事はしているわけです。しかし、与えられた状況でしっかり自分の仕事をこなすという意味でしょうから、「活躍」ぐらいが適切でしょう。より複雑な形にしてよいなら「期待どおりの仕事」「見事な働き」「本領発揮」などの言い換えも可能です。

①今朝も早朝、この時間から母は職場／現場に出ている。

②父の職業は製薬会社の営業です。

③うちの夫は脱サラをして自分で事業／ビジネスを始めた。

④うちの妻は休みの日でも家で業務／残業をこなしている。

⑤自治会の役員は休日には会議や事務などの雑務／雑用で埋まる。

⑥一流選手は、試合のなかの大事な場面で活躍をする。

「休業日」を言い換える

　もう一つ、「休業日」についても考えてみましょう。「休業日」も仕事が休みのときには何でも使えそうな便利な言葉ですが、よく見ると、使っていて違和感のあるものもあります。「休業日」をNGワードにし、言い換える練習をしてみましょう。

①図書館の休業日は毎週月曜日だ。

②10月1日は都民の日で、以前、都内の公立学校は休業日だった。

③近所の眼科は水曜日は隔週で休業日だ。

④年末年始とお盆の時期は事務所は休業日になっている。

⑤保育園では日曜日や祝日は休業日のところが多い。

⑥新庁舎への移転に伴う市役所臨時休業日のお知らせ。

⑦主要各国の各株式市場の休業日の一覧を示します。

⑧本商店街では、5月の連休中は休業日で、8日月曜日から通常営業です。

　ざっと確認しましょう。①図書館の休業日は「休館日」、②学校の休

業日は「休校日」です。なお、学校のうち、大学の休業日はそのまま「休業日」も使いますが、通常「休講日」となります。③病院の休業日は「休院日」と言いたくなるところですが、ご存じのように「休診日」です。

　④事務室の休業日は「休室日」、⑤保育所の休業日は「休所日」という言い方もないわけではありませんが、一般には保育園として考え、幼稚園と同じ「休園日」が使われます。もちろん、遊園地なども「休園日」となります。⑥「市役所」の休業日も「休所日」よりも「閉庁日」が好まれ、「休庁日」という言い方も用いられます。都道府県庁もまた「閉庁日」や「休庁日」です。「休所日」が使われるのは、保健所や、地域のスポーツセンターやコミュニティセンターに多い印象があります。

　⑦株式市場の休業日は「休場日」、⑧デパートの休業日は「休店日」よりも「店休日」という言い方が好まれます。「定休日」があるではないかと思われるかもしれませんが、「定休日」は毎週決まった曜日が休みになる場合に使われます。じつは、今の多くのデパートでは定休日がなく、コンビニのように休みなく営業しているのです。

After

①図書館の休館日は毎週月曜日だ。
②10月1日は都民の日で、以前、都内の公立学校は休校日だった。
③近所の眼科は水曜日は隔週で休診日だ。
④年末年始とお盆の時期は事務所は休室日になっている。
⑤保育園では日曜日や祝日は休園日のところが多い。
⑥新庁舎への移転に伴う市役所臨時閉庁日のお知らせ。
⑦主要各国の各株式市場の休場日の一覧を示します。
⑧本商店街では、5月の連休中は店休日で、8日月曜日から通常営業です。

　細やかな使い分けが、語彙選択の正確さを担保します。このような語

彙選択を身に着けるには、面倒でも、インターネットの検索などを使って、そうした文脈でよく使われている一般的な語彙をていねいに調べることです。書き手以外の業種でもこうした使い分けをきちんと調べて書ける人は、業務上の高い信頼を得ることができるでしょう。

Point

1 語彙量に乏しい人は同じ語彙を繰り返し使いやすい。TPO に合わせて、適切な語彙を使い分ける必要がある。

2 繰り返し使ってしまう語彙は基本的な多義語であることが多い。それを NG ワードに設定し、それを避けるようにすると、語彙力は確実に上がる。

3 適切な語彙を選択する力を身に着けるには、インターネットの検索などを使って、当該の文脈に合う一般的な語彙をまめに調べる必要がある。

「問題」をどう言い換えるか問題
適切な言葉が浮かばないときに

Q 適切な言葉が見つからないときはどうすればよいですか？

A 類語辞典を引き、適切な言葉の候補をたくさん挙げて比較することです。

国語辞典・漢字辞典・類語辞典

　文章を書くときに語彙力が必要であることに異論を唱える方はまずいないでしょう。また、語彙力を高めるためには辞書を引くことが大事ということも多くの方の共通理解と考えてよさそうです。しかし、どんな辞書を引けばよいかについては、それぞれの好みもあり、意見が分かれます。

　日本語の辞書を考えるうえで知っておく必要があるのは、辞書を大きく分けると、国語辞典、漢字辞典、類語辞典の３種類があるということです。

　国語辞典は五十音順に並んでいて、語釈、すなわち語の意味がていねいに説明してあるところに特徴があります。日本語の辞書と言われて多くの人が最初に思い浮かべるのがこの国語辞典であり、もっとも普通の辞典です。

　ただし、国語辞典というのは意味を調べる辞典であり、文章を読んで意味のわからない言葉に出会ったときに使う「理解のための辞典」だということです。このため、語形から出発して意味を調べるのは得意な反面、「こんな文脈ではどんな言葉を使うとよいだろうか」と意味から出

発して適切な表現を探すのには向かない辞典です。

　つまり、**国語辞典は文章を読むときには役に立つものの、書くときにはあまり役に立たない辞典なのです。**

　漢字辞典は知らない漢字の字形や読み方、意味を調べるときに役立つ「漢字専用の辞典」です。漢和辞典は漢文を読むときに用いる辞典ですが、漢字辞典の仲間と考えておいてよいでしょう。漢字について詳しく知りたいときには便利な辞典ですが、実際に文章を書くときに役に立つかと言うと、国語辞典と同様、あまり役立つとは言えません。手書きをする機会が少ない現状では、あまり使う機会がない辞典です。

　文章を書くときに役に立つのは類語辞典です。類語というのは、類義語、すなわち似た意味の言葉であり、その使い分けを知りたいときに力を発揮する「表現のための辞典」です。私たちが文章を書いているとき、自分の言いたいことを十全に伝える言葉が思いつかないときがあります。「だいたいこんな意味の言葉」まではたどり着けるのですが、自分の思いをぴったり表す言葉が出てこないことがあるわけです。

　そんなときに助けになるのが類語辞典です。類語辞典には、「だいたいこんな意味を表す言葉」がたくさん載っていて、そのニュアンスや用法の微妙な違いまで詳しく教えてくれます。類語辞典の特徴としては、五十音順という音韻の順ではなく、似た意味の言葉という意味の順に言葉が載っているため、適切な表現を比較しながら自分の伝えたいことにもっとも近い表現を探すことができます。私たちの脳内の辞書（メンタル・レキシコン）も五十音順ではなく、意味の順に並んでいると考えられ、**人間の感覚に合った辞書である**とも言えるでしょう。

類語辞典を使うコツ

　類語辞典を使うとうまくいくのは、**最初に思い浮かんだ語の意味が漠然としていて、伝えたい内容が正確に伝わらないとき**です。次の文を見てみましょう。

▶ 面接に臨むにあたり、予想される問題を事前に整理しておきましょう。

▶ 各委員の意見を踏まえ、今後取り組むべき問題を整理し、まとめておく。

▶ 食い違う問題をていねいに整理することで、新しい気づきが生まれ、議論が深まる。

▶ 海外事業所では、現地で発生した問題を整理して本社に報告する必要がある。

「問題」という語は意味が広いのでよく使われますが、その意味の広さゆえに漠然とした意味しか伝わりません。「問題」という語を四つの意味に分けると、以下のようになります。類語も添えて示します。

①回答が期待される問い：「質問」「疑問」「設問」
②解決が期待されるテーマ：「課題」「難題」「案件」
③意見交換の対象となる考え：「議論」「論点」「争点」
④やっかいで不都合な出来事：「トラブル」「障害」「事件」

このように類語のカテゴリーと、そのカテゴリーを表す語の候補が示されることで、どのような語を選べばよいかのヒントとなります。最終的に選ぶことは自分で決めなければならないのですが、**人間は候補が示されると、そのなかから適切なものを選ぶのは得意です**。人間が苦手なのは入りうる候補を想定することです。類語辞典はそうした候補を列挙するサポートをしてくれる辞典だと考えればよいでしょう。

先ほどの例文にそれぞれ適切な語を選んで入れてみましょう。それぞれの文脈を考えて、上記の①〜④のなかからどの言葉が入るのか、一つひとつ入れてみると、次のようにするとしっくりいくことがわかるはずです。

▸ 面接に臨むにあたり、予想される<u>質問</u>を事前に整理しておきましょう。

▸ 各委員の意見を踏まえ、今後取り組むべき<u>課題</u>を整理し、まとめておく。

▸ 食い違う<u>議論</u>をていねいに整理することで、新しい気づきが生まれ、議論が深まる。

▸ 海外事業所では、現地で発生した<u>トラブル</u>を整理して本社に報告する必要がある。

　言葉選びに迷うときに備えて、文脈に合った適切な語の候補を考え、そのなかから語彙選択ができるよう、手元に類語辞典を1冊置いておくときっと重宝します。

Point

1　日本語の辞書は、文章を読むときに役立つ国語辞典、字を調べるのに役立つ漢字辞典、文章を書くときに役立つ類語辞典の3種類に分かれる。

2　類語辞典は、自分の書いている文章で言葉選びに迷ったとき、より適切な語の候補を示してくれる辞典である。選択肢を示されれば、そのなかから文脈に合った語を選びだせばよいので、表現選びがずっと易しくなる。

「商品の値段が上昇している。」
文脈に合わない語彙選択

Q 適切な語彙を選ぶときのコツは何ですか？

A 前後の文脈との組み合わせという着眼点を持つことです。

類義語の選択──「提供」と「支給」

　似た意味の言葉が二つあったとき、どっちを選んでよいか迷うことは少なくありません。たとえば、誰かに何かをあげることを示す「提供」「支給」はどちらを選べばよいのでしょうか。ヒントは前後の文脈の組み合わせ、すなわち**コロケーション（連語）**にあります。文脈のなかで考えれば、おのずと答えは出てきます。次の文の〔　　〕には、それぞれ「提供」と「支給」のどちらが入りますか。

Before

▶ 個人情報の〔　　〕には慎重になる必要がある。
▶ 交通費の〔　　〕は最短ルートが原則である。
▶ 民泊サービスの〔　　〕には法令上の定めがない。
▶ 手当の〔　　〕は社員のモチベーションに大きな影響を及ぼす。

「個人情報」と「民泊サービス」は「提供」、「交通費」と「手当」は「支給」と結びつきます。同じ与えるであっても、「提供」は相手にとって役に立つ物事を与えるのにたいし、「支給」は約束されている金銭を与えます。

▶ 個人情報の提供には慎重になる必要がある。

▶ 交通費の支給は最短ルートが原則である。

▶ 民泊サービスの提供には法令上の定めがない。

▶ 手当の支給は社員のモチベーションに大きな影響を及ぼす。

類義語の選択—「配給」と「発給」

「配給」と「発給」は両方とも与えるという意味ですが、結びつく範囲はいずれもかなり狭いと考えられます。次の文の〔　　〕に「配給」「発給」のいずれかを入れてください。

Before

▶ 被災地には食料の〔　　〕を待つ幼児がおおぜいいた。

▶ 各国大使館は日本国民のパスポートの〔　　〕に関わる業務を行っている。

▶ 国外運転免許証の〔　　〕は運転免許試験場で申請を受け付けている。

▶ 映画会社は、映画の〔　　〕のさいに宣伝を行うため、多額の広告費がかかる。

「食料」と「映画」は「配給」、「パスポート」と「国外運転免許証」は「発給」です。「配給」はみんなに平等に配るという意味で、戦争や災害で生活に必要な物資が極端に不足している状況でよく使われます。これにたいし、「発給」は役所が公的な書類、とくにパスポートやビザなど、出入国に関わる書類を発行するときに使われるのが一般的です。

正確な文章

99

- 被災地には食料の<u>配給</u>を待つ幼児がおおぜいいた。
- 各国大使館は日本国民のパスポートの<u>発給</u>に関わる業務を行っている。
- 国外運転免許証の<u>発給</u>は運転免許試験場で申請を受け付けている。
- 映画会社は、映画の<u>配給</u>のさいに宣伝を行うため、多額の広告費がかかる。

類義語の選択―「給付」と「還付」

　もう一つやってみましょう。「給付」と「還付」の違いもよく問題になります。次の文の〔　　〕に「給付」と「還付」のどちらかを入れてください。

- 確定申告をすれば税金の〔　　〕が受けられる可能性がある。
- 年金の〔　　〕を始める平均的な年齢は65歳である。
- 成績優秀だった姉は留学のさい奨学金の〔　　〕を受けている。
- 医療費の〔　　〕を装いATMを操作させる特殊詐欺が絶えない。

　「年金」と「奨学金」は「給付」、「税金」と「医療費」は「還付」です。「給付」は資格を満たしている人に金銭が支払われることで、「年金」「奨学金」のほかには失業保険や介護保険などの「保険」との相性がよさそうです。一方、「還付」は一度払いこんだお金が戻ってくることで、「還付」は税金、とくに確定申告や年末調整と結びつきやすいのが特徴です。

▸ 確定申告をすれば税金の還付が受けられる可能性がある。
▸ 年金の給付を始める平均的な年齢は 65 歳である。
▸ 成績優秀だった姉は留学のさい奨学金の給付を受けている。
▸ 医療費の還付を装い ATM を操作させる特殊詐欺が絶えない。

類義語の選択—「値段」と「価格」

　文体的な組み合わせもあります。たとえば、「肉を食う」で検索すると、バーベキューや大衆焼き肉、牛丼の画像がヒットします。「肉を食べる」「肉を摂る」で検索すると、画像は少なく、食肉習慣、菜食主義、栄養学といった肉食文化に関わる内容がヒットします。「肉をいただく」とすると、霜降り肉やA5ランクの黒毛和牛など、高級肉の画像がヒットします。「食う」「食べる」「摂る」「いただく」はいずれも口から摂取するという同じ意味ですが、文体のレベルが異なるため、このようなイメージの違いに発展します。

　次の例も文体のレベルです。「値段」と「価格」のどちらがよいでしょうか。

Before

▸ ものの〔　　〕が上がっている。
▸ 商品の〔　　〕が上昇している。
▸ 日用品の〔　　〕が急に上がっている。
▸ 日用品の〔　　〕が急速に高騰している。

　名詞の組み合わせで考えると、「ものの値段」「商品の価格」という組み合わせがよさそうで、動詞の組み合わせで考えると、「値段が上がる」「価格が上昇／高騰する」がよさそうです。

Part 1 2 3 4

正確な文章

「値段」も「価格」も、商品の価値を金額で表すという点で同じ意味の名詞ですが、やはり日常的な語感の「値段」は日常的な和語と、専門的な語感の「価格」は専門的な漢語との相性がよさそうです。

After

▶ ものの値段が上がっている。
▶ 商品の価格が上昇している。
▶ 日用品の値段が急に上がっている。
▶ 日用品の価格が急速に高騰している。

　こうして見てくると、言葉は組み合わせであり、**相性のよい言葉の組み合わせが見つかれば**、**自然と適切な表現になる**ことがわかります。

　では、そのような適切な言葉の組み合わせを見つけるのにはどうしたらよいでしょうか。GoogleやYahoo!などのインターネットの検索で、検索する連語を" "で括って確かめることです。**" "は、そのまとまりのまま検索せよという指示**になります。たとえば、"年金の給付"と"年金の還付"で検索してみると、"年金の給付"のほうが圧倒的に多いことがわかります。じつはこの原稿を書いているときもその方法を使っていて、"の給付"というまとまりで調べ、どのような名詞が直前に来るか、その傾向を確かめるようにしています。

Point

1　似た意味を持つ言葉である類義語の選択は、前後の文脈との組み合わせを考えるとうまくいく。

2　前後の文脈との組み合わせは意味が基本であるが、文体的な相性を考えることもある。

3　前後の文脈との組み合わせを考えるときは、インターネットの検索で、検索する連語を" "で括って確かめると、その組み合わせが一般的かどうかがわかる。

Section
20

可能性は「大きい」のか「高い」のか

コーパスを用いた語彙選択

Q 前後の文脈との組み合わせの精度を高めるにはどうしたらよいですか？

A コーパスを活用することです。

直感が働かない組み合わせ

前課では、「提供」と「支給」、「配給」と「発給」、「給付」と「還付」といった名詞の選択と前後の文脈の組み合わせについて考えました。こうした組み合わせは直感が働くのでよいのですが、なかには直感が働かないものがあります。

たとえば、「可能性が」のあとに続く形容詞として、「大きい」「高い」「強い」「多い」のどれがもっとも相性がよいか、わかるでしょうか。

Before

▶ 今後、日本経済はインフレが一層加速する可能性が<u>多い</u>。

「多い」だと何となくおかしいことはわかるのですが、「大きい」「高い」「強い」のうち、どれを選んでよいか、迷うところです。

コーパスを指針にする

こうした判断に指針を与えてくれるものがあります。現在、言語学で盛んに分析に用いられている**コーパス**というものです。コーパスは、書

籍、新聞、雑誌などの書き言葉、会話や講演などを文字化した話し言葉を大量に集め、コンピュータで検索・分析ができるようにした言葉のデータベースのことで、国立国語研究所では、こうしたコーパスを構築し、無料で公開しています。「コーパス」「中納言」という語で検索すると「コーパス検索アプリケーション『中納言』」のページに行き、そこで無料登録ができますので、興味のある方はぜひお試しください。

　本書は書き言葉なので、『**現代日本語書き言葉均衡コーパス**』(BCCWJ)という、現代日本語の書き言葉の全体像を把握するために構築されたコーパスを用います。これで、「可能性が」のあとに、「大きい」「高い」「強い」「多い」のどれが多く続くのか、検索してみましょう。「可能性が大きい」が129、「可能性が高い」が1026、「可能性が強い」が94、「可能性が多い」が13となり、「可能性が高い」がもっとも自然な表現であることがわかりました。

After

▶ 今後、日本経済はインフレが一層加速する可能性が高い。

「傾向」「割合」「期待」「効果」「影響」と形容詞との相性

　同様に、「傾向」「割合」「期待」「効果」「影響」についても調べてみましょう。次の例文は、やはり文末の形容詞の使用に違和感があるものです。「大きい」「高い」「強い」「多い」のうち、どれを選んだらよいでしょうか。

Before

▶ 少子化の影響で、子どもに干渉しすぎる傾向が大きい。
▶ 世界の人口に占めるアジア、とくにインドの割合が強い。
▶ 地元の公立大学にたいする地域の期待が多い。
▶ 十分な睡眠が取れているとき、疲労回復の効果が多い。

> ▶ 物価の高騰は市民生活への影響が<u>高い</u>。

「傾向」は、「傾向が大きい」が 8 、「傾向が高い」が11、「傾向が強い」が348、「傾向が多い」が 6 であり、ほぼ「傾向が強い」一択であることがわかります。

「割合」は、「割合が大きい」が92、「割合が高い」が411、「割合が強い」が 0 、「割合が多い」が60であり、「割合が高い」を選んでおくのがもっとも無難です。

「期待」は、「期待が大きい」が45、「期待が高い」が 9 、「期待が強い」が 6 、「期待が多い」が 1 であり、「期待が大きい」を選ぶのが一般的なように思われます。

「効果」は、「効果が大きい」が85、「効果が高い」が101、「効果が強い」が25、「効果が多い」が 2 であり、「効果が高い」がもっとも有力で、「効果が大きい」も十分に使えそうな印象です。

「影響」は、「影響が大きい」が224、「影響が高い」が 0 、「影響が強い」が62、「影響が多い」が 5 であり、「影響が大きい」でほぼ間違いはないものの、「影響が強い」でも行けそうな雰囲気です。

After

> ▶ 少子化の影響で、子どもに干渉しすぎる傾向が<u>強い</u>。
> ▶ 世界の人口に占めるアジア、とくにインドの割合が<u>高い</u>。
> ▶ 地元の公立大学にたいする地域の期待が<u>大きい</u>。
> ▶ 十分な睡眠が取れているとき、疲労回復の効果が<u>高い</u> / <u>大きい</u>。
> ▶ 物価の高騰は市民生活への影響が<u>大きい</u>。

ほかにも、「おそれ」「公算」「意識」「被害」などがどのような形容詞と組み合わさるかを確認しておくことも大事でしょう。また、「空間」のように「大きい」と「広い」で、「負担」のように「大きい」と「重い」で揺れるようなものもあります。

おそらく英語をはじめとする外国語であれば、そうした表現が通用す

るか、インターネットで検索をすることはよくやるのではないでしょうか。同じように日本語でも、自分の表現に自信が持てない場合にインターネットで検索することが大事です。ただし、インターネットは全体として偏りのあるコーパスですので、『現代日本語書き言葉均衡コーパス』のようにバランスを考えて収集されたコーパスを使うことをお勧めします。

Point

1 　前後の文脈との組み合わせで判断に自信が持てないときは、コーパスを活用すると、よく使われている自然な表現を選ぶ指針が得られる。

2 　コーパスを使う場合、国立国語研究所の『現代日本語書き言葉均衡コーパス』のようなバランスを考えて収集されたコーパスを使うのが確実である。
https://chunagon.ninjal.ac.jp/

「失業率が戦後過去最高の水準だ。」

プラスマイナスの語感

Q 語感をどう扱ったら適切な言葉選びができますか？

A 語感のプラスとマイナスを使い分けることです。

語感とは何か

　言葉には語感があります。語感とは言葉の微妙なニュアンスのことであり、たとえ同じ内容を指しているように見えても、言葉が違えば伝わる意味は微妙に違います。

　たとえば、「天気」と「天候」では同じ内容を指しているように見えるのに、どこか違う印象を受けます。「天気」は日常的な軟らかい言葉であり、「今日の天気」「明日の天気」「一週間の天気」のように毎日の空模様を指しています。これにたいし、「天候」は「天候不順」「天候不良」のような専門的な硬い言葉であり、「天候に恵まれて今年の稲は豊作だ」のように、よりまとまった期間を指します。

語感のプラスとマイナス

　語感においてとくに注意が必要で、違和感を与えやすいのが、プラスの語感とマイナスの語感です。ポジティブな語感とネガティブな語感と言ってもいいでしょう。次の例文を見てください。

①予想を超える反響があり、数日で売上目標を達成した<u>原因</u>を考えてみた。
②バブル崩壊による景気後退の結果、失業率が戦後過去<u>最高</u>の水準にある。

　ここで問題となるのは①の「原因」と②の「最高」です。「原因」というのは、ある結果が起きるきっかけとなった要因を表す言葉ですが、よい結果のときには使いにくく、悪い結果を招いたときに使います。よい結果のときには「理由」との相性がよさそうです。

　また、失業率が高いというのは、職を失った人の割合が高いことを表しますが、「最高」というのはよい語感を持つ言葉ですので、「失業率が戦後過去最高」と書くと、失業率が一瞬低いかのように読み手が錯覚してしまいます。かといって、「失業率が戦後過去最低」とすると、今度はほんとうに失業率が低いことになってしまい、事実に反します。その両方を防ぐには「失業率が戦後過去最悪」とする必要がありそうです。**これで、言葉の持つ語感と意味のバランスが整います。**

①予想を超える反響があり、数日で売上目標を達成した<u>理由</u>を考えてみた。
②バブル崩壊による景気後退の結果、失業率が戦後過去<u>最悪</u>の水準にある。

　語感を鋭くするために、他にもいくつかの例を見ていくことにしましょう。以下の例文で文脈に合わない語感を持つ語を指摘してください。

③台風の接近にともない、海岸や河口付近の低い土地では浸水や

冠水の可能性がある。

④テレビのバラエティ番組の情報のおかげで、ひどい目に遭った。

⑤本県に高齢者が多く、税収が少ないという問題をどのように解決していくか。

③は「可能性」が文脈に合いません。間違いではありませんが、マイナスの可能性ですので、「おそれ」としたほうが、マイナスの語感が明確になるでしょう。

④は「おかげ」がやや文脈に合わないでしょうか。「おかげ」は「おかげさま」という形を持つように、本来自分が得た利益のもとになった事柄に感謝を示す言葉です。皮肉として使っている場合は別ですが、ネガティブな事態を語る場合は「せい」を使ったほうが落ち着きがよいでしょう。

⑤は「問題」という捉え方に異論が出そうです。高齢者が多いことが問題だという捉え方はやや淋しい気がします。若者が少ないのが問題だという捉え方は理解できるのですが、高齢者が多いのはむしろ豊かではないでしょうか。また、税収が少ないのが問題という捉え方もさもしい気がします。⑤が使われる文脈はおそらく県庁のなかだと思われ、税収が少ないことは困った状況であることは理解できるのですが、「問題」という捉え方には疑問が残ります。すでに18課「『問題』をどう言い換えるか問題」でも見たとおり、ここは「課題」としたほうが、より穏やかで、解決の妙案も生まれやすいでしょう。

After

③台風の接近にともない、海岸や河口付近の低い土地では浸水や冠水のおそれがある。

④テレビのバラエティ番組の情報のせいで、ひどい目に遭った。

⑤本県に高齢者が多く、税収が少ないという課題をどのように解決していくか。

「ウェルテル効果」と「マイナス成長」

　プラスの語感の「効果」とマイナスの語感の「影響」というのも使い分けが必要なペアです。「効果」も「影響」も"effect"の訳語になるものですが、日本語で訳される場合、「効果」が選択される傾向があります。その結果、有名人の自死が一般人の連鎖的な自死を引き起こす「ウェルテル効果」、ある対象の評価にさいしてその対象の目立った印象に引きずられて評価全体がゆがんでしまう「ハロー効果」、異なる事業の統合の結果、相乗効果が得られずかえってマイナスになる「アナジー効果」など、マイナスの語感を持つものにも「効果」が使われ混乱することがあります。経済学用語の「マイナス成長」なども同種のパターンです。これ自体はすでに定着した訳語ですので、変更することはできませんが、**「効果」や「成長」を単独で使う場合、読み手に誤解を与えないよう、使用にさいしては注意が必要です。**

語感と文脈

　以上見てきたようなポジティブな語感とネガティブな語感は、専門的には**評価極性、あるいは感情極性**と呼ばれ、そうした評価極性を登載した辞書は極性辞書と呼ばれます。極性辞書は、テレビや新聞のニュースや、書籍やホテルなどのレビューをAIが分析するときに使われます。とくに後者からは、顧客のニーズやクレームを明らかにできるので、サービス向上に役立てることが可能です。

　もちろん、その言葉がポジティブ、あるいはネガティブな評価を持つかどうかは文脈によります。次の例文に見るように、同じ「ばか」でも文脈によってずいぶん違いそうです。前者は見下している「ばか」、後者は愛情を込めた「ばか」です。

- ばかだな。そんなことも知らずに、よく **20 年**も生きてきたな。
- ばかだな。そんなに気を遣ってくれなくてもよかったのに。

そうは言っても、個々の語が持つ語感は重要で、その語感の組み合わせで文脈ができ、読み手に印象を与えています。とくに、ポジティブな評価、ネガティブな評価は読み手にびんびん伝わりますので、語彙選択のさいは意識を向けることが必要です。

<table>
<tr><td colspan="2">Point</td></tr>
<tr><td>1</td><td>語の選択を考えるうえで、語感のプラスマイナス、すなわちポジティブな語感とネガティブな語感に区別する必要がある。</td></tr>
<tr><td>2</td><td>語られている文脈と選ばれている語のあいだに語感の食い違いが見られると、読み手に違和感を与えてしまう。</td></tr>
<tr><td>3</td><td>個々の語のポジティブな語感、ネガティブな語感は、置かれた文脈のなかで変わってくることがあるが、文脈が個々の語の総和によってできている以上、個々の語の持つ語感を意識することは大事である。</td></tr>
</table>

Part
1
2
3
4

正確な文章

Section
22　正確な表現

「差別教育」と「ハラスメント研修」
言葉足らずに気をつける

Q 言葉足らずはなぜ起きるのですか？

A 読み手がわからないことを書き手が暗黙の前提にしてしまうからです。

暗黙の前提の存在

　誤解の起きる原因はさまざまですが、典型的な原因の一つに言葉足らずがあります。言葉足らずは、読み手がわかっていないことを書き手が暗黙の前提としてしまうところから生じます。

Before

> ▶ ここ数日、<u>ウイルス</u>に感染してしまって、対処できなかったのです。まことに申し訳ありません。

　この文の「ウイルス」は2通りの解釈が可能です。一つは、コロナウイルスやインフルエンザウイルスなどの病原体、もう一つは、コンピュータウイルスです。感染した書き手にとっては自明だったのでしょうが、読み手はそのどちらで解釈してよいかわかりません。書き手は自分のことなので、「ウイルス」で理解できると思いこんでいたわけですが、読み手の理解を考えると、「コロナウイルス」「インフルエンザウイルス」「コンピュータウイルス」と明示する必要があります。

▶ ここ数日、{コロナウイルス／コンピュータウイルス}に感染
してしまって、対処できなかったのです。まことに申し訳あり
ません。

暗黙の前提に気づくトレーニング

　こうした誤解を防ぐには、**他者の目になって自分の文章を読み、暗黙
の前提となっている内容を確認する**トレーニングが必要です。次の文で
は、どこに暗黙の前提が隠れているでしょうか。

Before

①飲み過ぎは、神経が過敏になったり血圧が上がったりするので
　注意が必要です。
②野生動物と接触した場合、保険は適用されますか。
③ニュースに日々接していると、私たちのメンタルヘルスは次第
　にその影響を受けてしまいます。
④柔軟仕上げ剤で体調不良になる人が増えていると聞く。
⑤無人サービスが加速する背景には、人件費の高騰と若者の対人
　コミュニケーション恐怖症が背景にあるという。

　①は何の飲み過ぎかを書き忘れてしまったようです。言葉足らずは無
意識の省略から生じます。一般的には「飲み過ぎ」と聞くと、お酒だと
思うかもしれませんが、①の文脈だとコーヒーだと受け取るのが普通で
しょうか。しかし、実際はドリンク剤の飲み過ぎだった場合、誤解を招
いてしまいます。何の飲み過ぎなのか、明記すべきでしょう。

①{コーヒーの／ドリンク剤の｝飲み過ぎは、神経が過敏になっ
たり血圧が上がったりするので注意が必要です。

②の「野生動物と接触する」というのは、二つの意味が考えられます。
一つは、野生動物と実際に触れ合ってしまったケースです。野生動物と
接触すると、ケガをしてしまったり、病原菌をうつされてしまったりし
ます。そうした治療にたいして保険が適用されるかどうかを確認した文
という解釈です。もう一つは、車を運転していて野生動物と衝突事故を
起こしてしまったケースです。それで車が壊れてしまった場合に自動車
保険が適用されるかどうかを確認した文という解釈です。次のようにし
て内容を明確にする必要があるでしょう。

②野生動物と接触して｛病原菌に感染してしまった／車が破損し
てしまった｝場合、保険は適用されますか。

③の文は当たり前の内容のようにも、不思議な内容のようにも見えま
す。たしかにニュースに接していると、心は影響を受けるでしょうが、
具体的な内容が不明です。次のように、どのような内容のニュースがど
のような影響を及ぼすのかがわかるように書いたほうがよいでしょう。

③暗い内容のニュースに日々接していると、私たちのメンタルヘ
ルスは次第にその影響を受けて気が滅入ってしまいます。

④は柔軟仕上げ剤で体調不良になったという因果関係がわかりません。
調べてみると、柔軟仕上げ剤のなかには匂いが強烈なものがあるらしく、
それによって体調不良になることがあるそうです。そうした知識を踏ま

えて文を修正する必要があります。

After

④柔軟仕上げ剤の<u>強い匂いの影響</u>で体調不良になる人が増えていると聞く。

⑤は意味不明なところがどこにもないように思うのですが、じつはこの現象、中国で起きていることだそうです。そのことが書かれていないと日本のサービス業のことだと読んでしまいますので、中国のことであることを限定して示す必要があります。

After

⑤中国の報道によれば、無人サービスが加速する背景には、人件費の高騰と若者の対人コミュニケーション恐怖症が背景にあるという。

「ハラスメント研修」の恐ろしさ

以前、次のような文を見て、ぎょっとしたことがありました。

Before

▶ 僕は社会的にもっと<u>差別教育</u>が必要だと考えているんです。

もし差別を推進する教育が必要だとすると、社会全体がすさんでしまいます。「差別教育」は差別をなくす教育という意味で、次のようにする必要があるでしょう。

After

▶ 僕は社会的にもっと<u>差別防止教育</u>が必要だと考えているんです。

「ハラスメント研修」や「いじめ指導」なども同様の誤解を招くおそれがあります。「ハラスメント研修」では不快なハラスメントの方法を、「いじめ指導」では陰湿ないじめの方法を教えるわけではありません。「ハラスメント防止研修」「いじめ根絶指導」などとしないと正確さを欠くでしょう。**言葉の安易な省略は、逆の意味を引き込むおそれがある**ので、慎重な対応が必要です。

　書き手の暗黙の前提に気づくには、読み手の目が重要です。ふだんから誤解を招くような表現に感覚を研ぎすませておくとともに、自分の書いた文章にそうした暗黙の前提が紛れこんでいないか、周囲の人に自分の文章を読んでもらって点検する習慣を持つとよいでしょう。

Point

1　書き手の暗黙の前提が読み手の誤解を招く要因となることがある。

2　暗黙の前提に書き手自身が気づき、その前提を書きこむ必要がある。

3　暗黙の前提は書き手自身には盲点になりやすいので、周囲の人に自分の書いた文章を読んでもらって点検するとよい。

「過度な誇張表現は使わないこと。」

重複を避ける

Q 情報効率のよい伝達にとって必要なことは何ですか？

A 無駄な重複を減らすことです。

重複表現を見落とさない

　話し言葉には冗長性があります。耳から聞いてわかりやすいことが大事ですので、少々の繰り返しはいといませんし、多少のくどさは許容範囲です。一方、書き言葉は目にするものですので、冗長性は極力抑える必要があります。とくにビジネス文書ではスピード感が求められ、スピード感のある処理のためには簡潔な伝達が必要なので、重複表現は避けたほうがよいでしょう。

　次の文は比較的よく見かける重複表現です。見慣れているので見落としがちですが、どこに重複があるのか、確認してください。

Before

①まず最初に開会のあいさつがある。
②その場しのぎだと、あとで後悔するよ。
③あらかじめ準備しないと不安になる。
④来社によるご相談は、事前予約をお願いします。
⑤各自治体ごとにそれぞれ独自の健康増進プログラムがある。
⑥大好きなプチトマト、いっぱい入れすぎてしまった。
⑦二人は唖然として、おたがいに見つめあっていた。

⑧この手作りクロワッサン、プロ並みのレベルの腕前だね。

⑨購入したばかりの新しいICレコーダーが壊れてしまった。

⑩今の現状を何とかしたい。

①「まず最初」は「まず」と「最」が重複しています。「最初」だけで十分ですし、「まず」が使いたければ、「まず初め」でよいでしょう。

②「あとで後悔する」は定番の重複表現です。「後悔」を先にする人に誰も会ったことがないでしょう。

③「あらかじめ準備する」の「あらかじめ」も不要でしょう。「後から準備する」ことはないとは言えませんが、とくに断らなければ、準備は事前にするものです。

④「事前予約」の「事前」も③と同じ意味で不要です。予約はふつう事前にするものです。

⑤「各自治体ごと」もありがちな重複表現です。「各」と「ごと（毎）」は重複しています。「各自治体」か「自治体ごと」がよいでしょう。

⑥「いっぱい入れすぎる」と表現したくなる気持ちはわかりますが、「少なく入れすぎる」ことはできません。「いっぱい入れる」か「入れすぎる」でしょう。

⑦「おたがいに見つめあう」のも重複表現です。「おたがいに」があれば「見つめる」で十分ですし、「見つめあう」とすれば「おたがい」は不要です。

⑧「プロ並みのレベル」は重複表現です。「プロ並み」であれば「レベル」は不要です。「プロのレベル」であれば問題ありませんが、「プロ級」という簡潔な表現がベストでしょう。

⑨「購入したばかり」のICレコーダーは、中古品でないかぎり「新しい」に決まっています。「新しい」は不要です。「新たに購入したICレコーダー」とすることも可能です。

⑩「今の現状」というのも「今」と「現」がかぶっています。「現状」で十分ですが、つい「今の」をつけてしまったのでしょう。

① 最初に開会のあいさつがある。

② その場しのぎだと、後悔するよ。

③ 準備しないと不安になる。

④ 来社によるご相談は、予約をお願いします。

⑤ 各自治体にそれぞれ独自の健康増進プログラムがある。

⑥ 大好きなプチトマト、入れすぎてしまった。

⑦ 二人は唖然として、見つめあっていた。

⑧ この手作りクロワッサン、プロ級の腕前だね。

⑨ 購入したばかりの IC レコーダーが壊れてしまった。

⑩ 現状を何とかしたい。

　重複表現は比較的似たパターンが多いので、①〜⑩を頭に入れてしまえば、重複表現に気づけるようになるでしょう。

重複表現に気づくトレーニング

　さらに難度の高いものも示しておきます。ここまで気づけるようになれば、重複表現については免許皆伝です。

⑪ 十分な準備は、将来のビジネスにつながる初めの第一歩となる。

⑫ 鈴木課長は、出勤直後のいつものルーティンを欠かさない。

⑬ このオフィスビルは 24 時間常時換気しています。

⑭ 交渉がうまく進むちょっとした豆知識を教えてください。

⑮ 重要なマニュアルなので、繰り返し読み返した。

⑯ 現委員長に過半数を超える票が集まった。

⑰ 広告に過度な誇張表現は使わないこと。

⑱ すばらしい快挙として新聞で取り上げられた。

⑲救急隊員が到着するまでとりあえず応急手当を行った。

⑳経済は徐々に回復基調にある。

⑪「初めの第一歩」はどことなく落ち着きません。「第一歩」で十分で
しょうし、「初めの」であれば「一歩」で十分でしょう。

⑫「いつものルーティン」というのも重複表現です。「ルーティン」と
いうのは、決まった一連の行動のことで、いつもやることです。

⑬「24時間常時」はやや過剰です。「24時間」＝「常時」ですので、ど
ちらかあれば十分に意味が通じます。夜通しという意味を強調したい
のであれば「24時間」がよいでしょう。

⑭「ちょっとした豆知識」は重複表現です。「豆知識」自体がちょっと
した知識なわけですから、「ちょっとした」は余計です。

⑮「繰り返し読み返した」の「読み返した」は複数回読んだことになり
ます。3度も4度もということで「繰り返し」をつけたのかもしれま
せんが、だとしたら「繰り返し読んだ」でよいでしょう。「何度も読
み直した」というのも同じパターンです。

⑯「過半数を超える」というのも、うっかりすると読み飛ばしてしまい
そうです。「半数を超える」か「過半数の」とする必要があります。

⑰「過度な誇張表現」も重複表現です。「誇張表現」は使ってもよいが、
「過度な」ものは駄目という意味かもしれませんが、「誇張表現」自体
そもそも過度なものです。

⑱「すばらしい快挙」も重複ぎみです。「快挙」はいつもすばらしいも
のです。強めたくなる気持ちはわかりますが、過剰な表現です。

⑲「とりあえず応急手当」は重複表現です。応急手当は、医療関係者で
ない一般人がさしあたってするものですので、そこには「とりあえ
ず」の意味が含まれています。

⑳「徐々に回復基調」というのは、わかりにくいかもしれませんが、重
複表現です。「回復基調」というのは「次第に回復している」という
意味で、「徐々に」という意味を含んでいます。「回復基調」で十分で
しょう。

⑪十分な準備は、将来のビジネスにつながる第一歩となる。

⑫鈴木課長は、出勤直後のルーティンを欠かさない。

⑬このオフィスビルは 24 時間換気しています。

⑭交渉がうまく進む豆知識を教えてください。

⑮重要なマニュアルなので、繰り返し読んだ。

⑯現委員長に半数を超える票が集まった。

⑰広告に誇張表現は使わないこと。

⑱快挙として新聞で取り上げられた。

⑲救急隊員が到着するまで応急手当を行った。

⑳経済は回復基調にある。

Point

1 冗長性が許される話し言葉とは異なり、書き言葉は簡潔性が求められるので、重複表現は可能なかぎり避けたほうがよい。

2 重複表現は比較的決まったパターンが多いので、そのパターンに慣れておけば重複表現に気づきやすくなる。

「いろいろな人の、さまざまな意見。」
数量表現の不正確さ

Q 学術的な文章を書くとき、正確さの面で、どのような表現に気を
つけるべきですか？

A 基準がはっきりしない数量の表現です。

「多い」「少ない」は学術文章のNGワード

　学術的な文章は正確を旨とします。そのため、不正確な表現はご法度
です。たとえば、「多い」「少ない」という数量表現は、避けたほうがよ
い表現の典型です。

Before

▶ 日本の人口を調べてみると、男性よりも女性のほうが多い。

　これは事実なのですが、疑問に思われる方も多いのではないでしょう
か。常識的には男女比は同じだと考えている方が大半でしょう。また、
生まれてくる子どもは男子のほうが多く、女子100人に対する男子の数
は105人前後ですので、男性のほうが若干多いと思った方もいるかもし
れません。しかし、女性のほうが一般的に長生きするので、高齢者の女
性の割合が高く、結果として女性のほうが多くなっています。しかし、
多いと言っても大きな差ではないため、どのぐらい多いかを示すことが
大事だと思われます。

> ▶ 2020年の国勢調査によれば、男性が 61,349,581 人である
> のにたいし、女性が 64,796,518 人と、女性のほうが
> 3,446,937 人（あるいは 5.3% 程度）多い。

　単に「多い」と言われても主観的であり、どのぐらい多いかがわかりませんが、男性よりも女性のほうが約344万7000人多い、あるいは5.3%多いと言われたら、どのぐらい多いかが判断できます。この違いを微差と考え、ほぼ同じと考える人もいるでしょうし、5.3%もあれば大差と考える人もいるでしょう。

　したがって、**読み手が自分自身で判断できるよう、提供する情報は客観的に提示することが大事**です。具体的な数値があれば、「多い」「少ない」についてのより正確な判断ができます。可能であれば、統計的に有意かどうかを示しておくと、より説得力があるでしょう。

　これは、「多い」「少ない」「高い」「低い」「強い」「弱い」など、形容詞については同じように言えることです。**形容詞には主観性がついて回りますので、具体的な数値で示す**というのが学術的な表現の基本です。

ごまかしにすぎない「いろいろ」と「さまざま」

　また、学術的な文章で避けたい表現に、「いろいろ」「さまざま」があります。「いろんな」や「いろいろ」は文体的にも話し言葉的ですので避けたほうがよいのですが、「さまざま」「多様な」「多岐にわたる」と硬めの語彙選択に変更しても事情は同じです。

　「いろいろ」「さまざま」などの種類が多いことを表す表現は、その具体例もセットで書きこまないと、どのような種類があるのかがわかりません。「いろいろ」「さまざま」だけ書いて、その中身を書かないことは、**書き手が考える手間、書く手間を省いている**と見なされます。

▶ 公立学校でのエアコン使用にはさまざまな議論がある。

　こう書いてみても、実際にはどのような議論があるのか、その内実がわかりません。「さまざまな」と書いた以上、具体的にどんな種類の議論があるのかをていねいに示す必要があります。

After

▶ 公立学校でのエアコン使用にはさまざまな議論がある。子どもの夏季の健康を守るために、あるいは、地球温暖化による夏季の教室環境の悪化に対応するために積極的に活用すべきという考え方もある。反対に、子どもの体温調節機能の発達を妨げないように、あるいは省エネルギーやコスト削減の観点から使用は最低限に抑えるべきという考え方もある。

　以上からわかることは、「多い」や「さまざまな」という言葉自体を使ってはいけないわけではなく、**使った以上、どのぐらい多いのか、具体的にはどんな種類があるのかを合わせて示す必要がある**ということです。そうした詳細な情報が示されることで、文章の説得力は上がります。

Point

1　「多い」「少ない」をはじめとする形容詞は、書き手の主観的な印象にすぎないことが多い。

2　「多い」「少ない」ことを主張したいときは、客観的な数値を合わせて示す必要がある。

3　「いろいろ」「さまざま」といった表現を、具体的な説明を伴わずに単独で使用するのは、内実を書かずに済ます方法であり、学術的な文章では避けたほうがよい。

「興味深い結果が得られた。」
価値観は含めない

Q 学術的な文章で疎まれる表現はどんなものですか？

A 価値観を含む主観的表現です。

学術文章は抑制を利かせて

　文章を書く目的は、読み手に読んでもらうことです。とくに、PRの文章では、一人でも多くの読み手に読んでもらおうとする気持ちが強いものです。そのため、自分が紹介する内容がいかにすばらしいものであるかを読み手に訴えかけ、あの手この手で、読みたいという気持ちを引き起こそうとします。やりすぎると読者は辟易しますが、上手にやれば一定の効果を発揮します。

　学術的文章も、読み手に読んでもらうことが目的です。しかし、自分の書いた内容を不特定多数の人に届ける必要はなく、自分の書く情報をほんとうに必要としている一部の人に届けるために書かれます。そのため、学術的文章では、多くの読み手を無理に引きつけようと、きらびやかな表現を誇張して使う必要はありません。むしろ、そうした表現は、読み手を遠ざける逆効果として働きます。価値観をできるだけ混入させず、抑制の利いた表現で書けばよいのです。

自画自賛を控える

　その意味で避けたいのが自画自賛です。他者の研究を「優れた研究」

として引用することはありますが、自分自身の研究を「優れた研究」とすると、学術的文章としての信憑性が疑われます。

　なかでも気をつけたいのは、読み手の関心を引こうとして使われる修飾表現です。具体的には次のようなものです。

Before

- ▶ {面白い / 興味深い} 結果が得られた。
- ▶ {顕著な / めざましい} 成果を上げた。
- ▶ {驚くべき / 信じがたい} ○○の生態の撮影に成功した。
- ▶ {すばらしい / 注目すべき} 史料を発見した。

「{面白い/興味深い} 結果」というのは主観的で、あなたにとっては面白いかもしれないが、私はそうは思わないと読み手に受け取られかねません。「結果」という名詞にとって大事なのは結果の中身であり、「次のような結果が得られた。」と書いて、その結果を後続文脈で淡々と書けば十分です。

「{顕著な/めざましい} 成果」も自画自賛として受け取られます。努力した書き手本人は、大きな成果を上げたと自認しているのでしょうが、こうした表現は強めれば強めるほど信憑性が下がります。むしろ、「一定の成果」ぐらいに控えめに書いたほうが、読み手には好感を持たれます。

「{驚くべき/信じがたい} 生態」というのも主観的で、書き手は驚いたり信じられないと思ったりしたのかもしれませんが、読み手が驚いたり信じがたいと感じたりする保証はありません。画期的な業績であっても、「これまで明らかにされていなかった○○の生態の撮影に成功した」という事実の指摘に留める姿勢が必要です。

「{すばらしい/注目すべき} 史料」というのも、どこがすばらしくて、どこが注目すべきなのかを具体的に示す必要があります。「このたびバチカン図書館で、これまでその存在が知られていなかった新史料」のように具体的に示したほうが、その史料の価値がより明確に伝わるでしょ

う。

　学術的文章では、こうしたきらびやかな修飾表現を使わずに、「面白い」「驚いた」「すばらしい」「顕著だ」という感情を読者に引き起こすように書くことが理想です。学術的文章で勝負するのは表現ではなく、内容です。学術的文章の読み手はその分野に詳しく、そもそも関心のある読み手ですから、**価値観を含む言葉で読み手の気持ちを高揚させる必要はなく、淡々とした筆致で内容の面白さで勝負するジャンル**ということになります。

After

- ▶ 次のような結果が得られた。
- ▶ 一定の成果を上げた。
- ▶ これまで明らかにされていなかった○○の生態の撮影に成功した。
- ▶ このたびバチカン図書館で、これまでその存在が知られていなかった新史料を発見した。

Point

1　学術的な文章では、内容をあおることなく、客観的に禁欲的に書く必要がある。

2　自画自賛するような評価の表現は避け、事実をベースとした表現に留めることが、かえって読み手の心を打つ。

正確な文法

「国境の長いトンネルを抜けた」のは誰か

述語からわからない主語

Q 日本語において主語と述語が合わないのはどんな場合ですか？

A 主語にたいする述語が足りない場合と、主語にたいする述語があるのにさらに余計なものを付け加えてしまう場合です。

主語がない文は珍しくない

「あなたの書いている文章には主語がない」と言われたことはありませんか。しかし、こうしたことを言う人は、きっと日本語について真剣に考えたことがない人です。

まず、「文章には主語がない」というのはおかしいです。文章というのは文の集合だからです。主語がないのは文章ではなく、文です。

また、**「文に主語がない」のは日本語では普通**です。日本語の文は、主語の省略が可能であり、主語がなくても成り立つ言語だからです。

言語類型論の観点から主語の省略を考えると、世界の言語は次の三つに分けることができます。

①文の主語が原則として省略できない言語：英語、ドイツ語など
②代名詞であれば述語の形から主語が省略できる言語：イタリア語、スペイン語など
③文脈によって復元可能であれば主語が省略できる言語：日本語、中国語など

英語のように主語を義務的に立てなければいけない言語はじつは一部です。ItやThereのような空_{から}の主語で始めなければいけないのは、主語の存在を義務とする英語のような言語の宿命です。一方で、命令文はもちろん、"Thank you."や"Sounds good."のようにわざわざ主語を立てない言い方が英語にも存在します。"I thank you."や"That sounds good."の"I"や"That"を省略することもあるのです。日本語のように、文脈によって復元可能であれば主語が自由に省略できる言語は、便利だとも言えます。

　次の例文のように、「私は」という書き手や「あなたは」という読み手、さらには「プロジェクトは」のような書き手と読み手に共通理解のある主語は、日本語では省略しても問題はありません。

- 十分な準備がないと（プロジェクトは）うまくいかないと（私は）思います。
- 何時ごろなら（あなたは弊社に）お越しになれますか。

「あなたの書いている文章には主語がない」というのは誤りです。日本語で文章を書くかぎり、「誰の書いた文章にも主語のない文が出てくる可能性がある」のです。川端康成の書いた『雪国』の有名な冒頭の文には主語がありません。

- 国境の長いトンネルを抜けると雪国であった。

　前半の節の主語は、読み手が状況さえ想像できるのであれば、「私は」でも「列車は」でも「私の乗った列車は」のいずれでもかまいませんし、後半の節の主語は「そこは」でも「国境の長いトンネルを抜けた先は」でもよいわけです。

　したがって、日本語で考えなければいけない主語の問題は二つです。一つは、文脈を考えても、省略された主語が復元できない文の主語の問題です。

Before

▶ 新宿・箱根湯本間を往復する小田急ロマンスカーです。

　この文を見ても主語がなく、何を言おうとしているのか、わかりません。小田急ロマンスカーについて説明したいのであれば、次のように言えます。

After

▶ 小田急ロマンスカーは、新宿・箱根湯本間を往復しています。

　小田急ロマンスカーについて別の観点から述べたいのであれば、次のように文の続きを書けばよいでしょう。

After

▶ 新宿・箱根湯本間を往復する小田急ロマンスカーは、お客さまの夢を乗せて運ぶ特急です。

主語と述語の対応関係がおかしい文

　もう一つは、主語と述語が合わない文をめぐる主語の問題です。

Before

▶ 小田急ロマンスカーは、新宿・箱根湯本間を往復する特急列車

が小田急ロマンスカーです。

この文では、「小田急ロマンスカーは～小田急ロマンスカーです」になってしまい、冗長です。次のように文末の「小田急ロマンスカー」を削ると、対応関係がよくなります。

After

▶ 小田急ロマンスカーは、新宿・箱根湯本間を往復する特急列車です。

次の文では、「小田急ロマンスカーが大手私鉄です」になってしまい、列車と鉄道がイコールであることになってしまいます。

Before

▶ 小田急ロマンスカーは、新宿を起点に箱根の玄関口である箱根湯本までを結んでいる大手私鉄です。

もし「ロマンスカー」の話の前提として小田急を導入したいのであれば、「小田急電鉄」を主語に立てたほうがよいでしょう。

After

▶ 小田急電鉄は、新宿を起点に箱根の玄関口である箱根湯本までを結んでいる大手私鉄です。

次の文でも、主語と述語が対応していません。ロマンスカーそのものではなく、ロマンスカーという名前の由来を問題にしています。

Before

▶ 小田急ロマンスカーは、進行方向にむかって並ぶ2人掛けの座席「ロマンスシート」に由来します。

主語を「小田急ロマンスカーという愛称は」とすれば、問題は解消されるでしょう。

After

▶ 小田急ロマンスカーという愛称は、進行方向にむかって並ぶ2人掛けの座席「ロマンスシート」に由来します。

日本語では主語は省略されますが、主語を意識することは必要であり、主語が文脈から復元できない文、主語と述語の対応関係がおかしな文は修正する必要があります。

Point

1 文脈から復元できる主語を省略できる日本語では、主語がない文は普通である。

2 しかし、省略された主語を含めて、主語を意識することは必要であり、主語が文脈から復元できない文、主語と述語の対応関係がおかしな文は修正する必要がある。

「花粉症でない人は幸せと思います。」

「ら抜き言葉」だけではない問題

Q 「ら抜き言葉」は文章で使わないほうがよいですか？

A 使わないほうが無難です。「ら抜き言葉」だけではなく、他にも気をつけたほうがよい言葉がいくつかあります。

「ら抜き言葉」

Before

- ▶ フリーランスになってから朝がなかなか<u>起きれない</u>。
- ▶ 何でもポジティブに<u>考えれる</u>人になりたい。

　上の文の動詞が「ら抜き言葉」であることに気づきましたか。「起きる」という上一段動詞を可能形にするときは「られる」を付けて「起きられる」としますが、「ら」が抜けると「起きれる」になります。また、下一段動詞でも同様で、「考える」という下一段動詞を可能形にするときは「考えられる」としますが、「ら」が抜けると「考えれる」になります。これが「ら抜き言葉」です。

After

- ▶ フリーランスになってから朝がなかなか<u>起きられない</u>。
- ▶ 何でもポジティブに<u>考えられる</u>人になりたい。

「ら抜き言葉」は日本語に定着しています。文字数が少ないほど自然な感じがし、「見れる」「着れる」「寝れる」はもちろん、「起きれる」「食べれる」「投げれる」ぐらいは自然でしょう。「信じれる」「炒めれる」「試みれる」ぐらい長くなるとやや引っかかる人も出てくるかもしれませんが、なかには使っている人もいるでしょう。

「ら抜き言葉」は話し言葉ではふつうに使えますが、言語の変化にたいして保守的な書き言葉ではまだ違和感があるようで、とくにフォーマルな文章では避けたほうが賢明です。

「さ入れ言葉」

違和感があるのは「ら抜き言葉」にかぎりません。ほかにも**「さ入れ言葉」「れ足す言葉」「だ抜き言葉」**があります。順に確認しておきます。まずは「さ入れ言葉」です。

Before

▶ 明日は休日出勤の代休で、勤務を<u>休まさせていただきます</u>。
▶ 事務手数料は一律 15% で<u>やらさせていただいています</u>。

「さ入れ言葉」は、一般動詞に現れる「ら抜き言葉」とは異なり、五段動詞に現われます。「させていただく」という形を使いたい場合、上一段動詞や下一段動詞であれば、「決めさせていただく」「考えさせていただく」のように「させていただく」を付ければよいのですが、五段動詞に機械的に「させていただく」をつけてしまうと、「休まさせていただく」「やらさせていただく」のように「さ」が過剰になってしまいます。この過剰な「さ」にたいする違和感から「さ入れ言葉」と呼ばれます。五段動詞の場合、「休ませていただく」「やらせていただく」で十分です。

▶ 明日は休日出勤の代休で、勤務を<u>休ませていただきます</u>。

▶ 事務手数料は一律 15% で<u>やらせていただいています</u>。

　また、もう一つの「さ入れ言葉」があります。次の例文を読んで違和感はありませんか。

▶ メールの文面に配慮が<u>なさすぎる</u>。

▶ 夜の地方都市は人が<u>少なさすぎる</u>。

▶ ラストシーンが<u>切なさすぎる</u>。

▶ 日本人は自分がふだん使っている日本語を<u>知らなさすぎる</u>。

　否定の「ない」という意味で働いているものは、「さ」を入れても不自然ではないのですが、**「少ない」や「切ない」の「ない」は否定の「ない」ではないので、「さ」を入れると不自然となります**。一方、動詞+「ない」の場合、語形が短い「しなすぎる」「見なすぎる」「来なすぎる」は「しなさすぎる」「見なさすぎる」「来なさすぎる」と「さ」が入ったほうが自然ですが、五段動詞で語形が少しでも長くなると、「知らなすぎる」「飲まなすぎる」「読まなすぎる」という「さ」のない形のほうが、「知らなさすぎる」「飲まなさすぎる」「読まなさすぎる」よりも自然な印象を与えます。

▶ メールの文面に配慮が<u>なさすぎる</u>。（変更なし）

▶ 夜の地方都市は人が<u>少なすぎる</u>。

▶ ラストシーンが<u>切なすぎる</u>。

▶ 日本人は自分がふだん使っている日本語を<u>知らなすぎる</u>。

Part

1
2
3
4

正確な文章

「れ足す言葉」

「れ足す言葉」は可能の形になった五段動詞、いわゆる可能動詞に「れ」を入れてしまう、屋上屋を架す表現です。五段活用の「書く」「読む」の可能動詞は「書ける」「読める」ですが、これをさらに可能形にすると「書けれる」「読めれる」となります。活用の形としては誤りではありませんが、敬語を重ねる二重敬語が誤用とされるように、可能を重ねる「れ足す言葉」も意味の観点から誤用とされ、不自然に感じられる表現となります。

Before

▶ 細心の注意を払えば、事故はある程度防げれる。
▶ ファンクラブ会員、ネットからでも申しこめれるようになった。

上記の例では「防ぐ」の可能動詞「防げる」、「申しこむ」の可能動詞「申しこめる」をさらに可能にしてしまっています。次のようにする必要があるでしょう。

After

▶ 細心の注意を払えば、事故はある程度防げる。
▶ ファンクラブ会員、ネットからでも申しこめるようになった。

「だ抜き言葉」

「だ抜き言葉」は気づかれにくいのですが、最近増えています。次の例文はどうでしょうか。

● まだまだ課題は多いと思います。
● 今日の努力が明日につながると思います。

● 集中して試合に臨みたいと思います。

　読んでみてとくに違和感はなく、自然だったと思います。引用の「と」
のまえが形容詞や動詞だったり、希望の「たい」だったりするからです。
一方、次の例文はどうでしょうか。

> ▶ 買うかどうかは個人の判断と思います。
> ▶ 花粉症でない人は幸せと思います。
> ▶ 施設の老朽化は周知のことと思います。

「判断」のような名詞や「幸せ」のような形容動詞は「だ」があったほ
うが落ち着くように思います。「だ」があると語調が強い印象があるた
めに「だ」が避けられたのかもしれませんが、「だ」がないと、文とし
ての力が乏しく感じられます。たしかに、最後の例文の「周知のことと
思います」は「周知のことだと思います」とまでしなくても落ち着きは
悪くなさそうですが、最初の二つの例文は話し言葉的であり、文章のな
かではやや引っかかる表現です。

> ▶ 買うかどうかは個人の判断だと思います。
> ▶ 花粉症でない人は幸せだと思います。
> ▶ 施設の老朽化は周知のこと（だ）と思います。

Point

1　「ら抜き言葉」「さ入れ言葉」「れ足す言葉」「だ抜き言葉」はいずれも話
し言葉でよく見られる表現であるが、書き言葉では違和感が強く、避け
たほうがよい。

2　「ら抜き言葉」は「決めれる」のように、一段動詞の可能形から「ら」が抜けたものである。

3　「さ入れ言葉」は「少なすぎる」のように、「ない」のまえに不要な「さ」が入ったものである。

4　「れ足す言葉」は「読めれる」のように、五段活用の可能動詞に「れ」が入ったものである。

5　「だ抜き言葉」は「大丈夫と思います」のように、引用の「と」のまえの「だ」が抜けたものである。

「時間はあるから、お手伝いしましょうか。」

「から」と「ので」の使い分け

Q 理由の文はどのように使い分けたらよいですか？

A 因果関係のあり方に注目するのが基本です。

主観的な「から」

理由の「から」「ので」、条件の「ば」「たら」は、因果関係を表すときの基本的な表現です。それ以外にもいくつもの理由や条件の表現がありますので、その使い分けのポイントを考えてみましょう。まずは、理由の「から」と「ので」からです。

「から」は、書き手の主張したいことが先にあり、その根拠を探してきて示す主観性の強い表現です。理由が明確になり、書き手の気持ちを伝える力があります。文の終わりに、希望や期待が来やすいのが特徴です。

● せっかく沖縄に来たんだから、めいっぱい楽しもう。

半面、**読み手が強引な論理展開を押しつけられた印象を持ちやすい**のが弱点です。公的な文章では使用を抑えたほうがよさそうです。

Before

▶ 少子化が加速しているから、大学・大学院まで学費の無償化を進めるべきである。

上の文では、「から」のかわりに「ため」や「以上」を使ったほうが、「から」の強引さが薄れ、落ち着きがよくなります。

After

▶ 少子化が加速している<u>ため</u>、大学・大学院まで学費の無償化を進めるべきである。

▶ 少子化が加速している<u>以上</u>、大学・大学院まで学費の無償化を進めるべきである。

穏やかな「ので」

「ので」は、書き手の主張を前面に出さず、因果関係を穏やかに示す形式で、根拠に基づいて強く主張するよりも、因果関係を客観的に示すのに向いています。ただし、次のような「べきである」という主張の濃い文末との相性はよくありません。

Before

▶ 少子化が加速している<u>ので</u>、大学・大学院まで学費の無償化を進めるべきである。

むしろ、次のような主張の薄い文末との相性がよくなります。

After

▶ 少子化が加速している<u>ので</u>、今働いている世代が将来年金を受給できる保証はない。

また、因果関係を前面に出す形式ではないので、読み手にたいする当たりが柔らかい印象があります。その点で、**対人配慮が要求されるメールに「ので」は向いています**。次の例文の「から」の印象はどうでしょ

うか。

Before

▶ 時間はあるから、お手伝いしましょうか。

　因果関係の強い「から」を使うと、時間がなければお手伝いはしないという含意を読み手に与えてしまいます。「ので」を使ったほうが読み手に好印象を与えられるでしょう。

After

▶ 時間はあるので、お手伝いしましょうか。

ネガティブな「ため」

「ため」を使う因果関係もあります。「ため」は「〜するため」と現在形に接続する場合は、理由でなく、目的を表すことになります。

● 自分自身を守るため、苦手な人とは適度な距離を取ったほうがよい。

「ため」は「〜したため」と過去形に接続するときは、理由を表すことができます。明確かつ客観的に理由を表せますが、後半にはポジティブな内容は来にくく、ネガティブな内容が来やすいのが特徴です。次の文を読んで、いずれかに違和感がありますか。

Before

▶ 昨晩激しい雨が降ったため、自宅前の道路がひどくぬかるんでいる。
▶ 昨晩激しい雨が降ったため、畑の農作物が生気を取り戻した。

上の文は違和感はなく、下の文に違和感があったのではないでしょうか。下の文の後半は肯定的な内容なので、「ため」ではない別の形式のほうがよさそうです。

After

- ▶ 昨晩激しい雨が降った<u>ため</u>、自宅前の道路がひどくぬかるんでいる。（変更なし）
- ▶ 昨晩激しい雨が降った<u>{ので / おかげで}</u>、畑の農作物が生気を取り戻した。

なお、形容詞の「〜かったため」の場合は、ポジティブな内容、ネガティブな内容、いずれも使えます。

- 応募者が予想以上に多かった<u>ため</u>、締切を2週間延長することにした。
- 応募者が予想より少なかった<u>ため</u>、締切を2週間延長することにした。

「ところ」と「結果」

「ところ」「結果」によっても理由を表すことができます。「ところ」「結果」の特徴は、前半の内容をやる前の時点では後半の結果がわかっておらず、やってみて初めて結果がわかったことを示す点にあります。

- 仕事のやり方を上司に質問した<u>ところ</u>、自分もわからないという答えが返ってきた。
- 肥満や老化を進行させる食べ物を調べた<u>結果</u>、ポテトチップスが典型だとわかった。

「ところ」「結果」は、後半にどんな結果が来るのか、読み手に期待させたいときに向く表現です。

1 「から」は主観性の強い因果関係を表すため、文の終わりに希望や期待が来る日常的な文章に向くが、公的な文章にはあまり向かない。

2 「ので」は「から」ほど主観性が強くないため、比較的多くの文章に幅広く使える。

3 「ため」は客観性は高いものの、文の終わりにネガティブな内容が来るものと相性がよい。

4 「ところ」「結果」はやってみて初めて結果がわかる因果関係を示すのに向いている。

正
確
な
文
章

正確な文法

「ご覧になっていただけると　幸いです。」

「たら」「ば」「と」の使い分け

Q 条件表現はどのように使い分けたらよいですか？

A 条件関係の持っている性格から考えると、使い分けが見えてきます。

事実性の強い「たら」

「たられば」という言葉があります。「もし〜だとしたら」という仮定を表す言葉ですが、「たら」と「ば」は微妙に違います。次の文を見てください。

Before

▶ 子どもが怒りっぽ<u>ければ</u>、お菓子の食べ過ぎを疑ったほうがよい。

「ば」を使ったからと言って、間違いということはないのですが、「子どもが怒りっぽい」ということが前提にはなっておらず、あくまで仮定の話という印象を受けます。しかし、こうした文を読む人は怒りっぽい子どもを抱えているケースが多いので、より事実に近い表現にしたほうが自然でしょう。

After

▶ 子どもが怒りっぽ<u>かったら</u>、お菓子の食べ過ぎを疑ったほうがよい。

「たら」は事実性が強く、事態成立の可能性を感じさせます。このように事態成立を感じさせる場合は「ば」よりも「たら」が向いています。

次の例はどうでしょうか。

Before

▸ 外に出れば、台風接近で雨風ともに激しかった。

上の例は、「たら」では言えますが、「ば」では言えません。ここからも「たら」の事実性の強さを感じます。

After

▸ 外に出たら、台風接近で雨風ともに激しかった。

ここでの「たら」はいわゆる仮定ではなく、事実です。つまり、実際に外に出てみたわけです。外に出て初めてわかることが、後半に描かれています。この種の用法は「と」も持っており、その意味では**「たら」と「と」は事実性の強い条件文を作る**ことがわかります。

After

▸ 外に出ると、台風接近で雨風ともに激しかった。

仮定性の強い「ば」

一方、「ば」は仮定性の強い表現ですので、一般的な法則を表すのに向いています。ことわざに使われやすいのがその証拠です。「急がば回れ」「犬も歩けば棒に当たる」「朱に交われば赤くなる」「のどもと過ぎれば熱さを忘れる」「ちりも積もれば山となる」など、枚挙に暇がありません。

また、「たら」と「ば」では後半に来るものの評価にやや違いがあります。**「たら」は相対的にネガティブな内容が、「ば」はポジティブな内容が来る傾向があります。**

● もしあの飛行機に乗っていたら……
● もしあの飛行機に乗っていれば……

　続きに何を想像するでしょうか。「たら」の場合は「ハイジャックに遭っていたかもしれない」「目的地にたどり着けなかったかもしれない」といったネガティブな内容を、「ば」の場合は「憧れのスターと会えたかもしれない」「もっとすてきな人生を歩めたかもしれない」というポジティブな内容を想像するのではないでしょうか。「たら」にネガティブな意味はとくにないのですが、「ば」の文末は「できる」というポジティブな内容が来やすい傾向があるので、「たら」と「ば」と並べると、相対的に「たら」のほうが悪い意味の内容が続く印象があります。
　そうした意味で気をつけたいのは「ば」と「と」の使い分けです。**「ば」の場合はポジティブな文末と、「と」の場合はネガティブな文末との相性がよい傾向があります。** 次の例を見てください。

Before

　▶ 私の姉は気分屋で、機嫌がよいと優しい言葉をかけてくれるが、機嫌が悪ければ黙りこんで口を利かなくなる。

　「と」の場合はポジティブな文末と、「ば」の場合はネガティブな文末と一緒に使われているので、読んでいてぎこちなく感じられます。次のように両者を入れ替えると、しっくりくるでしょう。

After

　▶ 私の姉は気分屋で、機嫌がよければ優しい言葉をかけてくれるが、機嫌が悪いと黙りこんで口を利かなくなる。

なお、こうした使い分けは読み手の印象にも関わります。

▶ ご覧になっていただけると幸いです。

私自身も関わったビジネス文書の調査によれば、「〜いただけると幸いです」よりも「〜していただければ幸いです」のほうが好印象を与えることがわかっています。これもまた「ば」のポジティブさの影響だと考えられます。

▶ ご覧になっていただければ幸いです。

Point

1　条件表現は条件の持っている性格から使い分けを考えるとよい。

2　事実性の高い条件関係には「たら」が向く。「と」もそうした事実性の高い条件関係に使うことができる。

3　ことわざのように一般性、仮定性の高い条件関係には「ば」が向く。「ば」は文末に肯定的な内容、「と」は文末に否定的な内容を取りやすい傾向があるので、そうした観点から「ば」と「と」を使い分けると、違和感の少ない文になる。

　　　　かりやすく伝えるのは難しいものです。私たちが言葉選びをするとき、正
わ　確さを重視すると、わかりやすさが飛んでしまうことがあります。

　インターネットに接続する機器のことを正確に表現したいとき、どのように
表現するでしょうか。「端末」や「デバイス」と言うことが多いと思います。よ
り正確に表現しようとすると、「インターネット接続端末」や「デジタルデバイス」
となるでしょうが、厳密にはなったぶん、理解しにくくなったようにも思います。
正確さを追求すると、かえってわかりにくくなることもあるのです。

　では、わかりやすく言うためにはどうしたらよいでしょうか。「スマホ、パソ
コン、タブレットなど」と具体例を列挙するのがもっともわかりやすいと思わ
れます。この三つ以外にもインターネットに接続できる機器はありますので、
正確さは多少損ないます。ですが、多少の正確さを補ってあまりあるわかりや
すさを手に入れたとみることもできるでしょう。

　もう一つ例を考えます。電車の駅の改札口やバスの乗降口で機械にタッチし
て料金を支払うカードは「交通系ICカード」と呼ばれます。やはり理解しにく

Part

2

わかりやすい
文章

おけ

い名称のように思います。「交通系ICカード」という名称と、脳内にある具体的なカードのイメージとが即座に結びつきにくいのです。イメージと結びつきやすいのは「SuicaやPASMOなど」です。私たちは、日常生活では固有名詞とともに生きているからです。

　しかし、私たちは同じ固有名詞で生きているわけではありません。「バンドエイド」は北海道では「サビオ」、熊本を中心とした九州では「リバテープ」と呼ばれるように、地域によって固有名詞は異なります。首都圏在住の読者には「Suica」や「PASMO」がわかりやすくても、北海道では「Kitaca」、中京圏では「manaca」や「TOICA」や近畿圏では「ICOCA」や「PiTaPa」、九州では「SUGOCA」や「nimoca」や「はやかけん」のほうがわかりやすいのです。

　わかりやすさのコツは読み手の頭のなかを想像し、それに合わせて表現することです。本章ではそのトレーニングを多角的に行います。

「りょうりにかかせないちょうみりょう」
仮名と漢字の書き分けの原則

Q 読みやすい文章を書くために、仮名と漢字はどう書き分けたらよいですか？

A 実質語を漢字や片仮名、機能語を平仮名にすることです。

「読みやすさ」を重視した漢字仮名交じり文

　日本語の文章では、意味を表す表語文字である漢字、音を表す表音文字である片仮名と平仮名、3種類の文字が使い分けられており、漢字、片仮名、平仮名の3種類の文字を交ぜて書くことから、**漢字仮名交じり文**と呼ばれます。なぜ一見すると面倒な漢字仮名交じり文が定着したのでしょうか。もっとも易しい平仮名一つで十分ではないでしょうか。しかし、次の文を読めばその理由が見えてきます。

Before

> ▶ いたりありょうりにかかせないちょうみりょうといえば、おりーぶおいるとばるさみこすとわいんびねがーです。

　意味が取るのに骨が折れたのではないでしょうか。しかし、次の文のように漢字と片仮名を使えば、すぐに意味がわかります。

After

> ▶ イタリア料理に欠かせない調味料と言えば、オリーブオイルとバルサミコ酢とワインビネガーです。

その読みやすさが漢字仮名交じり文定着の秘密です。

読みやすい「書き分け方」とは

　漢字仮名交じり文が読みやすい理由は、「漢字＋平仮名」「片仮名＋平仮名」というまとまりが文節となり、分かち書きの代わりを果たすからです。同じ文字が続く場合、分かち書きが必要です。英語の場合、アルファベットが続くので、語の切れ目にスペースを入れる分かち書きを行います。しかし、日本語の場合、漢字仮名交じり文にすることで、スペースを使わなくても、次の文の「／」で分けられるように読めるというわけです。

● イタリア料理に／欠かせない／調味料と／言えば、／オリーブオイル
　と／バルサミコ酢と／ワインビネガーです。

　この文では、名詞や動詞の語幹などの**実質語（自立語）**には漢字と片仮名が使われ、助詞や助動詞などの**機能語（付属語）**には平仮名が使われていることがわかります。つまり、**漢字と片仮名が文の実質的な意味を担い、平仮名が文の文法的な機能を担うという役割分担**が行われているわけです。

　漢字と片仮名の部分が前景化される「図」、平仮名の部分が背景化される「地」と考えると、日本語の文は、「図」である漢字と片仮名の部分を目で追っていけば、文章のだいたいの意味が取れるようにできています。これは、文章を速く読む速読のときにたいへん役に立ち、日本語の情報効率を保障しているのです。

　つまり、**文章を読みやすくしようとすれば、実質的な意味を担う言葉を漢字か片仮名で、文法的な機能を担う言葉を平仮名で書くように意識する**ことが必要になります。

1 日本語の漢字仮名交じり文は読みやすい。

2 読みやすい理由は、実質語（自立語）は漢字と片仮名、機能語（付属語）は平仮名というセットで分かち書きのかわりをしているからである。

3 そのため、実質的な意味を担う言葉を漢字か片仮名で、文法的な機能を担う言葉を平仮名で書くようにすると、自然と読みやすくなる。

「全然」か「ぜんぜん」か

仮名と漢字の書き分けの応用

Q 仮名と漢字の書き分けで、実質語と機能語の区別以外に注意する
ことはありますか？

A 意味、語種、慣用の三つです。

意味の薄い言葉を平仮名にする

前節で、仮名と漢字の書き分けをする場合、実質語は漢字か片仮名、機能語は平仮名にすると読みやすいと申しました。実質語は名詞・動詞・形容詞、機能語は助詞・助動詞になります。

しかし、実際に文章を書くと、迷うことが少なくありません。というのは、実質語と機能語の中間的なものがあるからです。

たとえば、形式名詞です。

Before

▶ 幸せとは、おいしい物を大事な人と好きな時に食べる事だ。

と書くと、漢字が多すぎるような気がしないでしょうか。「物」「人」「時」「事」は実質的な意味が希薄で、文法的に使われているように見えます。これらをすべて平仮名にすると、次のようになります。

After

▶ 幸せとは、おいしいものを大事なひとと好きなときに食べることだ。

ここまでしてもよいでしょうし、「人」と「時」は「物」と「事」ほど意味が薄くはないので、次のようにする方法もあるでしょう。

After

▶ 幸せとは、おいしいものを大事な人と好きな時に食べることだ。

動詞でも、意味が希薄なものがあります。

Before

▶ ここへ来て、支持は広がっていると見る幹部もいると言う。

この文の「来て」「見る」「言う」は、実際に移動したわけでも、目にしたわけでも、口にしたわけでもありません。その意味で実質的な意味は希薄です。次のように平仮名にするほうが自然でしょう。

After

▶ ここへきて、支持は広がっているとみる幹部もいるという。

一方、「わかる」「つける」などが平仮名で書かれるのは、漢字が選びにくいという事情もありそうです。「わかる」は通常「分かる」ですが、「解る」「判る」との使い分けが気になります。「つける」も通常「付ける」ですが、「着ける」という表記もあり、「身に付ける」「身に着ける」や「色を付ける」「色を着ける」などでは迷いそうです。このように、**どれを選んでよいかわからず、どれを選んでもしっくりこないときは、平仮名を選択するのも一つの方法です。**

また、補助動詞も迷うところです。次の文では「降り出す」「降り続く」「落ち着く」「降り出して来る」の2番目以降の動詞は漢字で書くかどうか迷います。

▶ 朝の早い時間から降り出した雨は昼ごろまで降り続き、夕方に
　は一旦落ち着くものの、深夜には再び降り出して来そうだ。

それらをすべて平仮名で書くと次のようになります。

▶ 朝の早い時間から降りだした雨は昼ごろまで降りつづき、夕方
　には一旦落ちつくものの、深夜には再び降りだしてきそうだ。

　補助動詞についての明確なルールはありませんが、傾向としては「て
いる」「てある」「ていく」「てくる」「てもらう」「てくださる」のよう
な**「て」に後接する補助動詞は原則平仮名になります**。一方、連用形の
あとの動詞は一般に漢字になりやすく、「落ち着く」「投げ出す」のよう
な全体で一語となるもの、「引き離す」「助け起こす」のような後半の動
詞「離す」「起こす」の意味が強いものはとくに漢字になりやすい傾向
があります。一方、もとの「出す」の意味が薄い「降り出す」「走り出
す」では「降りだす」「走りだす」も使われます。使い分けにこだわり
がない人は、**「て」のあとの補助動詞は平仮名、連用形のあとの補助動
詞は漢字**と決めておくと楽でしょう。

「漢語」を漢字にする

　動詞を含む連語が一つの助詞のように使われる複合助詞も平仮名で書
くべきか迷います。「に就いて」「に因って／依って／拠って」は「につ
いて」「によって」と平仮名で書くのが一般的ですが、「に向けて」「に
関して」などは漢字で書く人が多いかもしれません。
　次の例文では、「に対して」「を通じて」「を巡る」といった複合助詞
が漢字で書かれています。

▶ 地方在住のスタッフに対しては、オンライン研修を通じて食を
巡る基礎知識の定着を図っている。

こうした助詞相当の連語はすべて平仮名で書くことも可能でしょう。

▶ 地方在住のスタッフにたいしては、オンライン研修をつうじて
食をめぐる基礎知識の定着を図っている。

　しかし、これらのうち、「に対して」「を通じて」は、本書では筋を通して平仮名書きにしているものの、現実世界では漢字のほうが多く見かけるのではないでしょうか。それは「対」「通」が漢語であり、この漢字があることで複合助詞としての関係性がよくわかるからでしょう。一方、「を巡る」が平仮名になりやすいのは、「巡」という漢字がなくても「めぐる」という訓読みの音があれば、意味が想起しやすいからだと思われます。つまり、和語・漢語・外来語という語種を考えた場合、和語は平仮名、漢語は漢字、外来語は片仮名という原則があり、それに従っていたほうが読みやすいという感覚があるわけです。

　そのほか、副詞も実質語と機能語の中間的な存在であり、平仮名書きするかどうか迷う存在です。「全然」「是非」「結構」といった副詞は「ぜんぜん」「ぜひ」「けっこう」と書かれるのをよく目にします。

　もちろん、平仮名書きが気持ち悪くて、漢字で書きたくなる人もいるでしょう。「全然」も「是非」も「結構」も漢語であり、漢語は漢字で書きたくなる傾向があるからです。

　しかし、「突然」「至急」「結局」と比べた場合、「全然」「是非」「結構」のほうが平仮名で書かれる確率は高そうです。それは、日常的によく使われ、音として聞く機会が多いため、漢字にしなくても意味がわかりやすいからであると思われます。つまり、**音に慣れてしまい、漢字と**

いう文字を意識しなくなった言葉は平仮名に開かれるようになるわけです。これらは慣用とみることができます。

Point

1　実質的な意味に乏しい言葉は平仮名で書かれやすい。

....

2　形式名詞、実質性に乏しい動詞、補助動詞、複合助詞、副詞は平仮名にすると読みやすくなる。

....

3　ただし、漢語の場合や、漢字にしたほうが意味が取りやすいものは、上記のものでも漢字で書かれることが多い。

わかりやすい文章

「ネコが縁側でグッタリしている。」
片仮名の非外来語表記

Q　片仮名は外来語の専門表記ですか？

A　そうではありません。音に注目をさせたい表記全般に使います。

片仮名は「音」を表す

　片仮名は一般に外来語を表す表記だと見なされがちです。それは間違いではないのですが、そうした捉え方は片仮名使用の幅を狭めてしまうでしょう。非外来語の片仮名表記は近年かなり広がってきており、片仮名は音を表す表記であると考えたほうがよいように思います。

　私たちが外国へ行ったとき、どのようにして現地の発音を書き取るでしょうか。アルファベットや発音記号で書き取る人は少数派で、おそらく多くの人は耳で聴いた音を片仮名で書き取るはずです。**片仮名は、音を書き取るときに使う文字として私たちのなかに定着している**からです。また、片仮名で書きとった瞬間からその音は日本語になります。片仮名は日本語の五十音に従った表記だからです。

　片仮名表記される代表的なものは外来語です。ヨーロッパの言語はもちろん、漢字圏であっても比較的最近日本語に入ってきた語は、「ギョウザ」「シュウマイ」「チャーハン」「バンバンジー」などと片仮名で表記されます。

　また、オノマトペのうち、擬音語と擬声語は片仮名表記が基本です。擬音語も擬声語も音を写し取るものだからです。

▸ ドアを<u>ばたん</u>と大きな音を立てて閉める。
▸ 学校の裏山でカラスが<u>かあかあ</u>鳴いている。

「ばたん」や「かあかあ」という平仮名表記は音を表す印象が薄いです。「ばたん」よりも「バタン」、「かあかあ」よりも「カアカア」のほうが、音が耳によみがえる感じがするでしょう。

▸ ドアを<u>バタン</u>と大きな音を立てて閉める。
▸ 学校の裏山でカラスが<u>カアカア</u>鳴いている。

　一方、**様子を写し取る擬態語の場合、音はあまり意識されないので、平仮名のほうが落ち着きます。**

▸ 猛暑のせいで、ネコが縁側で<u>グッタリ</u>している。
▸ 暗い夜道を歩いていると、大人でも<u>ビクビク</u>してしまう。

　片仮名で誤りということはありませんが、無理に目立たせたような印象を与えます。平仮名のほうが、すわりがよい印象です。

▸ 猛暑のせいで、ネコが縁側で<u>ぐったり</u>している。
▸ 暗い夜道を歩いていると、大人でも<u>びくびく</u>してしまう。

片仮名が使われる傾向あれこれ

漢字が意味を重視し、相対的に音を軽く見る表記であるのにたいし、片仮名は音を重視し、相対的に意味を軽く見る表記です。その結果、片仮名は記号的な表記になります。先ほどの例では「猫」ではなく「ネコ」という表記になっていますが、これは、**生物の名称を表すときは一律片仮名で機械的に表記する**という習慣が定着しているからです。「ネコ（猫）」「イヌ（犬）」「ヒト（人）」などの哺乳類はもちろん、「カラス（烏）」「ハト（鳩）」などの鳥類、「トカゲ（蜥蜴）」「ヘビ（蛇）」などの爬虫類、「カエル（蛙）」「サンショウウオ（山椒魚）」などの両生類、「マグロ（鮪）」「アジ（鰺）」などの魚類、さらには「ジャガイモ（馬鈴薯）」「タマネギ（玉葱）」などの植物に至るまで、片仮名表記が一般的です。

片仮名の記号性という点でいえば、**難しい漢字をとりあえず片仮名で書いておくという処理もよく行われます**。「メガネ（眼鏡）」「カバン（鞄）」「ヒジ（肘）」「アゴ（顎）」「クマ（隈）」「ケガ（怪我）」などがそれに相当します。また、**漢字にしたからといって、かならずしも意味がわかりやすくならないものも、片仮名で書かれる傾向があります**。「フリ（振り）」「ソリ（反り）」「タチ（質・性質）」「セリフ（台詞・科白）」「メド（目途・目処）」などがそれに当たるでしょう。

漢字の表記が有効なのは、漢字の字面から連想されやすい中心的な意味のときであり、中心的な意味から離れた派生的な意味の場合、片仮名表記が使われやすくなります。次の文の下線部は、漢字であることで本来の意味として受け取られやすく、かえって理解が難しそうです。

Before

- ▶ 交渉の壺を心得る。
- ▶ 課題解決の鍵は現場の対話力だ。
- ▶ 今週が交渉の山だ。
- ▶ 会社を首になる。
- ▶ 女の子に持てる。

片仮名にすることで派生的な意味であることをはっきり表せます。

After

▶ 交渉の<u>ツボ</u>を心得る。
▶ 課題解決の<u>カギ</u>は現場の対話力だ。
▶ 今週が交渉の<u>ヤマ</u>だ。
▶ 会社を<u>クビ</u>になる。
▶ 女の子に<u>モテ</u>る。

片仮名は目立つ

片仮名は目立ちやすい表記なので、**目立たせるために**「ウソ（嘘）」「マンガ（漫画）」「セリフ（台詞）」「キザ（気障）」のような表記が用いられます。自動車免許の講習でよく出てくる「ヒヤリ・ハット」運転のような表記も、受講者の注意を惹くことを意識した表記です。

また、**俗っぽく見せるために**片仮名が用いられることもあります。「バカ」「ブス」「オヤジ」「ヤバい」のようなものです。片仮名を用いると、音が強調される半面、意味が希薄化されるため、中身のない俗っぽい表記として伝わる傾向にあります。

意味を重視しない、感覚的な伝達力を備えた片仮名は、ファッション誌や携帯メール、ブログやX（旧ツイッター）など、感覚に訴えるタイプの文章に向いています。次の文を読んでください。

Before

▶ 原宿と表参道をうろうろして、すてきな靴を探してみたのですが、なかなかこれ！といったものが見つからず、何も買わずに帰ってきました。仕方がないので、ネットで探そうと思うのですが、おしゃれでおすすめのサイトをご存知ですか。

この文を、平仮名の一部を片仮名に変えるだけで、若い女性が書いたような感じにしてみましょう。

After

▶ 原宿と表参道をウロウロして、ステキな靴を探してみたのですが、なかなかコレ！といったモノが見つからず、何も買わずに帰ってきました。仕方がないので、ネットで探そうと思うのですが、オシャレでオススメのサイトをご存知ですか。

「ウロウロ」「ステキ」「コレ」「モノ」「オシャレ」「オススメ」が片仮名に変えた部分です。こうした「キラキラ表記」とでも呼べるようなものは、若い女性を読者対象にしたファッション誌によく見られます。

文学に見る片仮名の使用

このような片仮名表記は、話している感じを出したいというところから生まれたと思われます。**日本語は、話し言葉と書き言葉の違いが大きい言語ですので、いつの時代にも書き言葉に話し言葉感を出そうという工夫が行われてきました。**

たとえば、次の文は、坂口安吾『もう軍備はいらない』からの引用ですが、戦時中の「生」にたいする無感覚さが片仮名によって見事に表現されています。

私もあのころは生きて再び平和の日をむかえる希望の半分を失っていた。日本という国と一しょにオレも亡びることになるだろうとバクゼンと思いふけりながら、終戦ちかいころの焼野原にかこまれた乞食小屋のような防空壕の中でその時間を待つ以外に手がなかったものだ。三発目の原子バクダンがいつオレの頭上にサクレツするかと怯えつづけていたが、原子バクダンを呪う気持などはサラサラなかったね。オレの手に原子バクダンがあれば、むろん敵の頭の上でそれをいきなりバクハツさせ

てやったろう。何千という一かたまりの焼死体や、コンクリのカケラと一しょにねじきれた血まみれのクビが路にころがっているのを見ても、あのころは全然不感症だった。美も醜もない。死臭すら存在しない。屍体のかたわらで平然とベントーも食えたであろう。一分後には自分の運命がそうなるかも知れないというのが毎日のさしせまった思いの全部だから、散らばってる人々の屍体が変テツもない自然の風景にすぎなかった。

　こうした表記法は、言文一致体の元祖、二葉亭四迷『浮雲』に遡ることができます。

　　ハハハお勢さんが心配し出した。シカシ真にそうだネ、モウ罷した方が宜い。オイ内海、笑ってしまおう。マア考えて見給え、馬鹿気切ッているじゃないか。忠告の仕方が気に喰わないの、丹治と云ッたが癪に障るのと云って絶交する、全で子供の喧嘩のようで、人に対して噺しも出来ないじゃないか。ネ、オイ笑ってしまおう

　このように、気持ちが声になりそうな部分が片仮名として表現されています。片仮名をつうじたこうした工夫は言文一致体が試みられたころからすでに存在していたのです。

Point

1 片仮名は音を目立たせ、意味を薄める表記である。

2 片仮名は擬音語を好み、平仮名は擬態語を好む。

3 片仮名は生物名、難しい漢字の代用、派生的な意味に使われやすい。

4 片仮名で表記すると、目新しい感じ、話し言葉特有の軽さが表せる。

LINEで「。」を使わない人が多い理由

あるとかえって煩わしい「。」

Q 文の終わりで句点「。」が必要ないのはどんな場合ですか？

A 箇条書き、閉じカッコの前、打ち言葉のメディアです。

「。」のない文

文の終わりだからかならず句点「。」をつける。それが国語の時間で学んだルールですが、現実には句点「。」がつかない文が増えてきています。

たとえば、箇条書きで列挙するときに、ふだん句点「。」を使っているでしょうか。次のように「。」を使う人もいるでしょう。

Before

> 転職には、メリットだけでなく、次のような給与面でのデメリットもあります。
> ・転職前より給与が下がる場合がある。
> ・退職金や企業年金の額が減ることがある。
> ・退職時期によってはボーナスが支給されないことがある。

その一方で、使わない人も増えてきている印象です。むしろ、「。」がないほうが事柄を単純に並べている感じが出せて、箇条書きらしくなります。

転職には、メリットだけでなく、次のような給与面でのデメリットもあります。
- 転職前より給与が下がる場合がある
- 退職金や企業年金の額が減ることがある
- 退職時期によってはボーナスが支給されないことがある

　もちろん、句点「。」をつけても問題はないのですが、箇条書きということで、文の終わりを示さなくても読み間違えることはなく、句点「。」が打たれないケースが増えてきています。

（。」）か（」。）か

　また、句点「。」なしでも読み間違いが起きにくいという理由で、閉じカギカッコで終わる文の場合も句点「。」が省略されがちです。じつは、これについては、国語の教科書の慣習と一般の新聞・雑誌の慣習は異なります。

（教科書ふう）
- 「今週の後半から雨の日が続くでしょう。」と気象予報士がブログに書いていた。
- 「来週のはじめには台風が上陸するおそれがあります。」

（新聞・雑誌ふう）
- 「今週の後半から雨の日が続くでしょう」と気象予報士がブログに書いていた。
- 「来週のはじめには台風が上陸するおそれがあります」。

　教科書は閉じカギカッコのまえにかならず句点「。」をつけるルール

があります。一方、新聞・雑誌の場合、引用の助詞「と」の前は句点「。」なしのカッコだけでよく、文の終わりでは、閉じカギカッコのそとに句点「。」を置きます。また、改行を前提として会話が続く場合は、箇条書きのときと同様に句点「。」をつけなくても大丈夫です。このように、学校教育対応か実社会対応かによって句点「。」の打ち方は異なりますので、注意が必要です。

なぜLINEでは「。」を使わない人が多いのか

　なお、打ち言葉と呼ばれるスマホで送られる文字情報では、文が終わっても句点「。」がつかないケースが増えています。とくに、LINEでのやりとりでは句点「。」をつけるとかえって冷たい印象を与えます。**会話というキャッチボールでは、お互いの話を切らずに続けていくことが大事であるのに、句点「。」はそれを強く切ってしまう働きがあるからです。**

　LINEの場合、漫画と同じように吹き出しのなかに言葉が書かれますので、吹き出し自体が文という単位を担っており、吹き出しに入れることで句点「。」をつけるような働きがあります。そのため、そこにさらに句点「。」を入れてしまうと屋上屋を架す重複感が生まれてしまうと考えられます。

Point

1　箇条書きで列挙する場合は、句点「。」なしで書いたほうが並べている雰囲気が出せる。

2　教科書のような規範性の高い文章では、句点プラス閉じかっこ（。」）が使われ、新聞・雑誌のような実用性の高い文章では、閉じかっこプラス句点（」。）が好まれる。

「課長はイライラして電話を
かけてきた係長をどなりつけた。」

打つべき基準がわかりにくい読点「、」

Q 読点はどんなときに打てばよいですか？

A 係り受けの関係が遠いとき、長い文の構造を明確にしたいときです。

読点は「文の意味」を決める

　読点「、」の打つところを決めるのは難しい作業です。打つかどうか、判断に迷う場合が少なくないからです。そこで、ここでは、読点「、」を打つ基準について考えたいと思います。本書で考える読点を打つ基準は、大きく分けると二つです。

　読点を打つ一つの基準は、係り受けによって、文の意味が取りにくいときです。これを**「係り受けのテン」**と呼ぶことにしましょう。次の文を読んでください。

Before

> ▶ 課長はイライラして電話をかけてきた係長をどなりつけた。

　この文は、イライラしているのが課長なのか、係長なのかによって読点「、」の打ち方が変わってきます。

　イライラしているのが課長ならば、

After

> ▶ 課長はイライラして、電話をかけてきた係長をどなりつけた。

となります。読点「、」があることで、「課長はイライラして」がひとまとまりとして見えるとともに、「イライラして」が「電話をかけてきた係長を」を飛び越えて「どなりつけた」に係っていくことがわかります。

一方、イライラしているのが係長ならば、

After

▶ 課長は、イライラして電話をかけてきた係長をどなりつけた。

となります。「課長は」のあとに読点があることで、「課長は」が「イライラして」に係らずに、遠い文末の「どなりつけた」に係っていくことがわかります。このように、「係り受けのテン」には、直後の要素を飛び越えて、その先、とくに遠い文末に係っていくことを明示する働きがあります。

係る先が遠いときの読点

「係り受けのテン」が力を発揮するのは、上で見た例文のように、読点がないと二つの意味に解釈されてしまうとき、もう一つは係る要素と受ける要素が遠いときです。次の例を見てください。

Before

▶ このWebページは野菜の切り方や魚の下処理の仕方から毎日食べたくなる家庭料理やパーティー用のおもてなし料理に至るまで、TPOに合った料理の基本を紹介する料理初心者に優しいページです。

読点が少なくて読みにくかったのではないでしょうか。では、どこに読点を打ったらよいのでしょうか。

> ▶ この Web ページは、野菜の切り方や魚の下処理の仕方から毎日食べたくなる家庭料理やパーティー用のおもてなし料理に至るまで、**TPO に合った料理の基本を紹介する、料理初心者に優しいページです。**

「このWebページは」のあとに読点「、」があることで係る先が迷子にならず、文末の「料理初心者に優しいページです」に係っていくことがわかります。また、「TPOに合った料理の基本を紹介する」のあとの読点も、「料理初心者」ではなく「料理初心者に優しいページ」に係ることを明示しています。読点がなくても複数の解釈が生じることはないでしょうが、**あいだに別の要素が入ったり、係り受けの距離が遠い場合に読点「、」があったほうが、係る先が明確になって読みやすくなるで**しょう。

　このように、「係り受けのテン」は、係り受けの関係で複数の解釈が生じるとき、係り受けの関係にある要素同士が遠いときに、忘れずに打っておきたい読点「、」です。

文の構造をわかりやすくする読点

　一方、読点を打つもう一つの基準は、連用修飾節や連体修飾節があるために、文の長さが長かったり文の構造が複雑だったりして、文の構造がわかりにくいときです。これを**「構造のテン」**と呼ぶことにしましょう。

　次の文は読みにくい文です。1箇所だけ読点「、」を打つとすれば、どこがよいでしょうか。

> ▶ 1日あたりに消費されるエネルギーと食事で摂取されるエネル

Part

1

2

3

4

わかりやすい文章

ギーのバランスがとれていれば現在のご自身の体型を維持でき
ると思われますが食事を制限したり長時間運動したりするのは
難しいという方も多いでしょうからその場合は基礎代謝を上げ
ることがもっとも有効な方法です。

おわかりのとおり、「思われますが」の直後になります。

Before

▶ 1日あたりに消費されるエネルギーと食事で摂取されるエネル
ギーのバランスがとれていれば現在のご自身の体型を維持でき
ると思われますが、食事を制限したり長時間運動したりするの
は難しいという方も多いでしょうからその場合は基礎代謝を上
げることがもっとも有効な方法です。

さらにこの文に、もう2箇所読点「、」を打ってよいとすれば、どこ
になるでしょうか。
「バランスがとれていれば」と「多いでしょうから」のあとになります。
つまり、次のように読点「、」を打つと、文の構造が明確になり、読み
やすい文になります。

After

▶ 1日あたりに消費されるエネルギーと食事で摂取されるエネル
ギーのバランスがとれていれば、現在のご自身の体型を維持で
きると思われますが、食事を制限したり長時間運動したりする
のは難しいという方も多いでしょうから、その場合は基礎代謝
を上げることがもっとも有効な方法です。

この3箇所に読点を打つと読みやすいのは、上記の文が次のような構
造になっているからです。

- [[1 日あたりに消費されるエネルギーと食事で摂取されるエネルギーのバランスがとれていれば] [現在のご自身の体型を維持できると思われますが]] [[食事を制限したり長時間運動したりするのは難しいという方も多いでしょうから] [その場合は基礎代謝を上げることがもっとも有効な方法です。]]

　このように**文全体を眺めてみて、上位の構造から [　] をつけていくと、どこに読点「、」を打てばよいかが明確になります。**これが「構造のテン」を打つときのコツです。カッコが重なるところほど構造の切れ目が深いので、そこに読点「、」を打つことが肝要です。
　なお、こうした深い切れ目になりやすいのは、接続助詞「が」「し」、および連用中止です。次のようなところには、まず読点を打つと決めておいてもよいでしょう。

- 私たちがふだん何気なく使っている鍋は、身近でシンプルなアイテムであるため差がないように思われがちですが、ステンレス鍋・アルミ鍋・土鍋・ホーロー鍋と素材はさまざまです。**（接続助詞「が」）**

- 丈夫なチャックつきポリ袋は、晩ご飯で余ったおかずの残りなどを入れるのに重宝しますし、食品以外でも筆記用具やノートなどを入れて持ち運ぶのにも便利です。**（接続助詞「し」）**

- ミラーレースカーテンは、光を反射・屈折させる特殊な糸を織りこみ、裏地をつるつるの鏡のように仕上げることでミラー効果を持たせ、外から室内を見えにくくする目隠しカーテンです。**（連用中止）**

　文の意味解釈がわかりにくかったり、文の長さが長くて構造が複雑だと感じたときに、「係り受けのテン」と「構造のテン」という二つを意識して読点「、」を打てば、文はきっと読みやすくなるはずです。

1 文を読みやすくする読点には「係り受けのテン」と「構造のテン」がある。

2 「係り受けのテン」は係る要素と受ける要素の関係を明確にする読点で、文が複数の意味に解釈できるときや係る要素と受ける要素の距離が遠いときに打つ必要がある。

3 「構造のテン」は文の内部構造を明確にする読点で、文の長さが長かったり構造が複雑だったりするときに打つ必要がある。とくに、接続助詞「が」「し」と連用中止のときには打ったほうがよいことが多い。

「人間、失格。」
読点「、」で気をつけたいこと

Q 読点を打つとき、「係り受けのテン」「構造のテン」以外に気をつける点はありますか？

A 並列を表す読点、同じ表記が続くときの読点などには気をつける必要があります。

「音の切れ目」を示す読点

前節で「係り受けのテン」「構造のテン」の二つの基準を見ました。これで基準のすべてかというと、そうではなく、じつはもう一つあります。それは、複数の要素を並べて見せる **「並列のテン」** です。助詞で言うと「と」や「や」に相当するもので、短い単位の場合は次節で見る中点「・」が使われることもあります。次のようなものです。

● 中国の四大奇書の一つ『西遊記』に出てくる登場人物は、三蔵法師、孫悟空、猪八戒、沙悟浄がよく知られている。

こうした読点「、」は音読するときに間として表されるものです。音を描写するときの間としても使われます。

● パン、パン、パパン、パパパパンと爆竹が間をおいて少しずつ破裂した。

音読を前提とする場合、読んだときの間やリズムについても注意を払

う必要があるでしょう。

文字の切れ目を示す読点

　また、他にも気をつけたいのが、文字の切れ目としての読点「、」です。平仮名、漢字という同じ表記が長く続くと読みにくくなるので、そうした場合に打たれる点です。

　日本語は、実質語は漢字（外来語の場合は片仮名）、機能語は平仮名という組み合わせで文節を構成することで、分かち書きがなくても済む表記体系になっています（30課「りょうりにかかせないちょうみりょう」参照）。しかし、実質語が平仮名で書かれたり、機能語の助詞が省略されたりして漢字が連続したりする場合、読点を使って切れ目を示すこともあるわけです。次の例で読みにくいところはないでしょうか。

Before

- ▸ 課長は明日未明中部国際空港を発って上海に向かうらしい。
- ▸ 板前は、ふだんお店で調理に使っているいちょうのまな板をお客にプレゼントした。

「明日未明中部国際空港」と漢字の連続するところ、「使っているいちょうのまな板」と平仮名が連続するところは読みにくそうです。その場合、次のように読点「、」を打って読みやすくすることが可能です。

After

- ▸ 課長は明日未明、中部国際空港を発って上海に向かうらしい。
- ▸ 板前は、ふだんお店で調理に使っている、いちょうのまな板をお客にプレゼントした。

　しかし、このような読点は「係り受けのテン」「構造のテン」「並列のテン」ほど大事な読点「、」ではなく、補助的な読点であるため、平仮

名や漢字を間にはさんで、次のようにすることも可能です。

After

▶ 課長は明日未明に中部国際空港を発って上海に向かうらしい。
▶ 板前は、ふだんお店で調理に使っている銀杏のまな板をお客に
　プレゼントした。

　一方、次のような文では読点は必須です。

Before

▶ 明日の授業中学生に紹介したいと思います。

　一瞬「明日の授業、中学生」と読めてしまいます。二つの意味に読め
そうなときは読点をかならず打ちます。

After

▶ 明日の授業中、学生に紹介したいと思います。

文体的特徴としての読点

　なお、読点「、」には、人によって打つ人と打たない人に分かれる
「文体のテン」があります。たとえば、私の場合、文の先頭の接続詞の
あとにはかならず読点を打つことにしています。接続詞は文相当の役割
をするからです。また、人によっては「から」「ので」「とき」「場合」
といった連用修飾節の直後や、文頭の「〜は」のあとにはかならず打つ
と決めている人もいるでしょう。たくさん打つ太宰治のような作家は文
体も特徴的です。次の例は『富嶽百景』からの引用です。

● 十国峠から見た富士だけは、高かった。あれは、よかった。はじめ、

雲のために、いただきが見えず、私は、その裾の勾配から判断して、たぶん、あそこあたりが、いただきであろうと、雲の一点にしるしをつけて、そのうちに、雲が切れて、見ると、ちがった。

　さらに、ほとんどの人が打たなくても、あえて読点を打つことによって特殊な効果を得るものもあります。次は、太宰治の事実上の遺稿となった『人間失格』からの引用です。とくに、「人間失格」のあいだに打たれている読点「、」が特徴的です。

● 人間、失格。
　もはや、自分は、完全に、人間で無くなりました。

　作品が閉じられる直前、主人公が口にする強い自己否定の言葉は作家自身の言葉として読者の心に突き刺さる。その力を与えているのは、読点であることがわかります。

Point

1 読点には「係り受けのテン」「構造のテン」以外に、音や文字の切れ目を表す読点がある。

2 音の切れ目を表すテンは、音読して切れるところに打つ読点である。

3 文字の切れ目を表すテンは、平仮名、片仮名、漢字が続くところに打つ読点である。こちらの読点は助詞で代用することもできる。

4 通常読点を打たないところにあえてテンを打つことで、特殊な効果を狙う読点もある。

「プレゼンスをエンパワーメント するスキーム」

伝わりにくい外来語

Q なぜ外来語を使いすぎてはいけないのですか？

A 読み手に意味が伝わらなくなるからです。

新語を好む日本人

　日本語の語彙でもっとも生産性の高いのが外来語です。外来語は、日々新しい語が作られ、そのうちの多くの語が使われていくうちに古くなり、消えていきます。

　日本は奈良、京都、鎌倉など、歴史的な建造物を多く有し、一見古いものを大切にする文化のように見えるのですが、じつはそうでもありません。アメリカでは不動産の8割は中古住宅であり、古くなっても資産価値は下がるどころか、むしろ上昇するため、住人は古い住宅を大事にし、メンテナンスしながらていねいに住みつづけます。一方、日本は築20年で無価値になるとされ、いずれ無価値になるものに費用をかけたくないからとメンテナンスを怠るため、ますます価値が下がる悪循環にあると言われています。

　これは日本語にも言えます。日本語は長い歴史を持つ言語であり、伝統的な語彙が一部には使われつづけ、豊かな世界を形成しているのですが、実際には新しい語が好まれる文化であり、新語を導入しては広まるものの、時間が経つと飽きられて捨てられるという消費の循環に陥りがちです。すでに存在する語で済むところに新しい語を当てはめるため、覚えなくてはいけない語彙数が増え、その新しい語が人々の伝え合いを

妨げています。言語的な弱者である年少者と高齢者がその犠牲になっています。

　そうした**伝え合いを妨げる新しい語は外来語に顕著に見られます**。その多くは英語からの借用語です。外来語を使って説明したときに「ちゃんと日本語を使って説明して」と言われたことはないでしょうか。外来語も立派な日本語なのですが、まだ日本語として十分定着していない借用語を使うと、日本語として見なされないこともあるわけです。

　言葉の本質が伝え合いにあるならば、新しく響く外来語を安易に使うのではなく、日本に古くからある伝統的な語彙を使ったほうがコミュニケーションはうまくいくでしょう。

外来語のカセット効果

　最近、「サブスク」という言葉をよく耳にします。略語で使われるのでなおさらわかりにくいのですが、元の形はサブスクリプションで、英語では定期購読という意味でよく使われている語です。「サブスク」は、一定額を毎月あるいは毎年払いつづけることで商品やコンテンツが使い放題になるサービスで、所有・購入ではなく利用の継続であるという点に特徴があります。たしかに、これまでとは異なるビジネスモデルではあるのですが、「定額利用サービス」という名称のほうが「サブスク」よりもずっとわかりやすいはずです。しかし、現実には「サブスク」が選ばれてしまいます。

　そこには、カセット効果があります。カセット効果というのは、翻訳研究者である柳父章氏が考案した言葉であり、宝石箱（カセット）に入れると、**中身が見えないがゆえにかえってすばらしいものが入っていそうに思えるという効果**のことです。意味が語形から透けて見える「定額利用サービス」よりも意味が想像しにくくて見慣れない「サブスク」のほうが、中身がわからないゆえに素敵なものかもしれないと感じさせるカセット効果が高いのです。

　もう一つ例を考えてみましょう。

住宅を購入するときは、**イニシャル・コスト**だけでなく、**ランニング・コスト**も考えて購入したほうがよい。

「イニシャル・コスト」や「ランニング・コスト」の意味がわからない人にはかえってすばらしいことが書かれているような気がします。これを、わかりやすい日本語で書くと、どうなるでしょうか。

住宅を購入するときは、**初期費用**だけでなく、**維持費用**も考えて購入するべきだ。

このように直すと、意味は明確に伝わりますが、当たり前のことが書かれているだけで、ありがたさが半減するように感じられます。しかし、伝え合いという言葉の目的を考えたとき、あえてカセット効果のない当たり前の言葉を使わないと意味が伝わらず、社会的なコミュニケーションが成り立ちません。

176語の「『外来語』言い換え提案」

以前、国立国語研究所で「『外来語』言い換え提案」という提案がなされたことがあります。2006年なのでやや古くはあるのですが、伝わりにくい外来語を減らすことを意識した当時の小泉純一郎内閣の指示のもと、どのような語が伝わりにくいのか、どのような語で言い換えると伝わりやすくなるのかがまとめて書かれています。

そこで提案された語は以下の176語です。カセット効果信奉者からは批判を受けましたが、言葉が伝わるものになっているかを検討するときに参考になるものだと思います。

提案された語の一覧

	分かりにくい外来語	→	言い換え語
1	アーカイブ（archive）		保存記録、記録保存館
2	アイデンティティー（identity）		独自性、自己認識
3	アイドリングストップ（和製語）		停車時エンジン停止
4	アウトソーシング（out sourcing）		外部委託
5	アカウンタビリティー（accountability）		説明責任
6	アクションプログラム（action program）		実行計画
7	アクセシビリティー（accessibility）		利用しやすさ
8	アクセス（access）		(1)接続(2)交通手段(3)参入
9	アジェンダ（agenda）		検討課題
10	アセスメント（assessment）		影響評価
11	アナリスト（analyst）		分析家
12	アミューズメント（amusement）		娯楽
13	アメニティー（amenity）		快適環境、快適さ
14	イニシアチブ（initiative）		(1)主導(2)発議
15	イノベーション（innovation）		技術革新
16	インキュベーション（incubation）		起業支援
17	インサイダー（insider）		内部関係者
18	インセンティブ（incentive）		意欲刺激
19	インターンシップ（internship）		就業体験
20	インタラクティブ（interactive）		双方向的
21	インパクト（impact）		衝撃
22	インフォームドコンセント（informed consent）		納得診療、説明と同意
23	インフラ（infrastructure 省略）		社会基盤
24	エンパワーメント（empowerment）		能力開化、権限付与
25	エンフォースメント（enforcement）		法執行
26	オーガナイザー（organizer）		まとめ役
27	オーナーシップ（ownership）		(1)所有権(2)主体性
28	オピニオンリーダー（opinion leader）		世論形成者
29	オブザーバー（observer）		(1)陪席者(2)監視員

	分かりにくい外来語 →	言い換え語
30	オフサイトセンター（off-site center）	原子力防災センター
31	オペレーション（operation）	(1)公開市場操作(2)作戦行動
32	オンデマンド（on demand）	注文対応
33	ガイドライン（guideline）	指針
34	カウンターパート（counter part）	対応相手
35	カスタムメード（custom-made）	特注生産
36	ガバナンス（governance）	統治
37	キャッチアップ（catch-up）	追い上げ
38	キャピタルゲイン（capital gain）	資産益
39	クライアント（client）	顧客
40	グランドデザイン（grand design）	全体構想
41	グローバリゼーション（globalization）	地球規模化
42	グローバル（global）	地球規模
43	ケア（care）	手当て、介護
44	ケーススタディー（case study）	事例研究
45	コア（core）	中核
46	コージェネレーション（cogeneration）	熱電併給
47	コミット（commit）	(1)かかわる(2)確約する
48	コミットメント（commitment）	(1)関与(2)確約
49	コミュニケ（communiqué フランス語）	共同声明
50	コミュニティー（community）	地域社会、共同体
51	コラボレーション（collaboration）	共同制作
52	コンセプト（concept）	基本概念
53	コンセンサス（consensus）	合意
54	コンソーシアム（consortium）	共同事業体
55	コンテンツ（contents）	情報内容
56	コンファレンス（conference）	会議
57	コンプライアンス（compliance）	法令遵守
58	コンポスト（compost）	たい肥、生ゴミたい肥化装置
59	サーベイランス（surveillance）	調査監視

	分かりにくい外来語 →	言い換え語
60	サプライサイド（supply-side）	供給側
61	サプリメント（supplement）	栄養補助食品
62	サマリー（summary）	要約
63	サムターン（thumb turn）	内鍵つまみ
64	シーズ（seeds）	種
65	シェア（share）	（1）占有率（2）分かち合う、分け合う
66	シフト（shift）	移行
67	シミュレーション（simulation）	模擬実験
68	シンクタンク（think tank）	政策研究機関
69	スキーム（scheme）	計画
70	スキル（skill）	技能
71	スクーリング（schooling）	登校授業
72	スクリーニング（screening）	ふるい分け
73	スケールメリット（和製語）	規模効果
74	スタンス（stance）	立場
75	ステレオタイプ（stereotype）	紋切り型
76	ストックヤード（stockyard）	一時保管所
77	セーフガード（safeguard）	緊急輸入制限
78	セーフティーネット（safety net）	安全網
79	セカンドオピニオン（second opinion）	第二診断
80	セキュリティー（security）	安全
81	セクター（sector）	部門
82	セットバック（setback）	壁面後退
83	ゼロエミッション（zero-emission）	排出ゼロ
84	センサス（census）	全数調査、大規模調査
85	ソフトランディング（soft landing）	軟着陸
86	ソリューション（solution）	問題解決
87	タイムラグ（time lag）	時間差
88	タスク（task）	作業課題

	分かりにくい外来語 →	言い換え語
89	タスクフォース（task force）	特別作業班
90	ダンピング（dumping）	不当廉売
91	ツール（tool）	道具
92	デイサービス（和製語）	日帰り介護
93	デジタルデバイド（digital divide）	情報格差
94	デフォルト（default）	(1)債務不履行(2)初期設定
95	デポジット（deposit）	預かり金
96	デリバリー（delivery）	配達
97	ドクトリン（doctrine）	原則
98	ドナー（donor）	(1)臓器提供者(2)資金提供国
99	トラウマ（trauma/Trauma ドイツ語）	心の傷
100	トレーサビリティー（traceability）	履歴管理
101	トレンド（trend）	傾向
102	ナノテクノロジー（nanotechnology）	超微細技術
103	ネグレクト（neglect）	(1)育児放棄(2)無視
104	ノーマライゼーション（normalization）	等生化、等しく生きる社会の実現
105	ノンステップバス（和製語）	無段差バス
106	バーチャル（virtual）	仮想
107	パートナーシップ（partnership）	協力関係
108	ハーモナイゼーション（harmonization）	協調
109	バイオテクノロジー（biotechnology）	生命工学
110	バイオマス（biomass）	生物由来資源
111	ハイブリッド（hybrid）	複合型
112	ハザードマップ（hazard map）	災害予測地図、防災地図
113	バックアップ（backup）	(1)支援(2)控え
114	バックオフィス（back office）	事務管理部門
115	パブリックインボルブメント（public involvement）	住民参画
116	パブリックコメント（public comment）	意見公募
117	バリアフリー（barrier-free）	障壁なし

	分かりにくい外来語 →	言い換え語
118	ヒートアイランド（heat island）	都市高温化
119	ビオトープ（Biotop ドイツ語）	生物生息空間
120	ビジョン（vision）	展望
121	フィルタリング（filtering）	選別
122	フェローシップ（fellowship）	研究奨学金
123	フォローアップ（follow-up）	追跡調査
124	プライオリティー（priority）	優先順位
125	フリーランス（freelance）	自由契約
126	ブレークスルー（breakthrough）	突破
127	フレームワーク（framework）	枠組み
128	プレゼンス（presence）	存在感
129	プレゼンテーション（presentation）	発表
130	フレックスタイム（flextime）	自由勤務時間制
131	プロトタイプ（prototype）	原型
132	フロンティア（frontier）	新分野
133	ベンチャー（venture）	新興企業
134	ボーダーレス（borderless）	無境界、脱境界
135	ポートフォリオ（portfolio）	(1)資産構成(2)作品集
136	ポジティブ（positive）	積極的
137	ポテンシャル（potential）	潜在能力
138	ボトルネック（bottleneck）	支障
139	マーケティング（marketing）	市場戦略
140	マクロ（macro）	巨視的
141	マスタープラン（master plan）	基本計画
142	マネジメント（management）	経営管理
143	マルチメディア（multimedia）	複合媒体
144	マンパワー（manpower）	人的資源
145	ミスマッチ（mismatch）	不釣り合い
146	ミッション（mission）	使節団、使命
147	メディカルチェック（和製語）	医学的検査

	分かりにくい外来語 →	言い換え語
148	メンタルヘルス（mental health）	心の健康
149	モータリゼーション（motorization）	車社会化
150	モチベーション（motivation）	動機付け
151	モニタリング（monitoring）	継続監視
152	モビリティー（mobility）	移動性
153	モラトリアム（moratorium）	猶予
154	モラルハザード（moral hazard）	倫理崩壊
155	ユニバーサルサービス（universal service）	全国一律サービス
156	ユニバーサルデザイン（universal design）	万人向け設計
157	ライフサイクル（life cycle）	生涯過程
158	ライフライン（lifeline）	生活線
159	ライブラリー（library）	図書館
160	リアルタイム（real time）	即時
161	リードタイム（lead time）	事前所要時間
162	リーフレット（leaflet）	ちらし
163	リターナブル（returnable）	回収再使用
164	リデュース（reduce）	ごみ発生抑制
165	リテラシー（literacy）	読み書き能力、活用能力
166	リニューアル（renewal）	刷新
167	リバウンド（rebound）	揺り戻し
168	リユース（reuse）	再使用
169	リリース（release）	発表
170	レシピエント（recipient）	移植患者
171	ロードプライシング（road pricing）	道路課金
172	ログイン（log-in）	接続開始
173	ワーキンググループ（working group）	作業部会
174	ワークシェアリング（work-sharing）	仕事の分かち合い
175	ワークショップ（workshop）	研究集会
176	ワンストップ（one-stop）	一箇所

1 外来語は新規性を示せる半面、意味が伝わりにくいことが多い。

2 外来語は何かありがたいことが書いてあるように見せる効果があるが、情報の伝達を重視する場合、漢語を用いたほうが意味がよく伝わるので、わかりやすさを優先するならば、新規性の高い外来語は避けたほうがよい。

「スポンサードリンク」
わかりにくい外来語の切れ目

Q 外来語を読みやすくする工夫はありますか？

A 切れ目をはっきりさせることです。

わかりやすい漢語の切れ目

　日本語の漢語語彙は、1語をかぎりなく長くすることができる点に特徴があります。新聞を開き新型コロナウイルスの記事で「全国新規感染者数過去最多更新」という見出しが目に飛びこんできても、すぐに理解することができます。私の勤務先は「大学共同利用機関法人人間文化研究機構国立国語研究所」というところですが、「大学共同利用機関法人」「人間文化研究機構」「国立国語研究所」という三つのかたまりに分けることさえできれば、あとは理解が容易です。

　日本語の漢語語彙は、基本的に2字ずつのまとまりに分けていけば、「全国／新規／感染／者／数／／過去／最多／更新」「大学／共同／利用／機関／法人／／人間／文化／研究／機構／／国立／国語／研究／所」と分析できるようにできています。二字漢語にできない例外は「感染者数」と「研究所」だけで、いずれも「者」「数」「所」という接辞が付加されていることがわかれば、理解可能なしくみになっています。

わかりにくい片仮名の切れ目

　一方で、片仮名の場合、二字漢語という理解の単位がないので、どこ

で切れるか、その切れ目を判断することが困難です。たとえば、インターネットで見かける「スポンサードリンク」。これは「スポンサード・リンク」、すなわち広告主によるリンクであり、「スポンサー・ドリンク」という飲み物の名前ではありません。英語でつづられていればスペースが入るのですが、日本語ではスペースを入れるのは難しいため、中点「・」を入れるのが一般的で、そうすれば切れ目ははっきりします。

　ところが、すでに述べたように、中点「・」は複数の語を列挙するときにも用いられるので、次のようにすると切れ目がわからなくなりがちです。

Before

首都圏で人気のデパート・ショッピング・モール・ランキング・
トップ50

　この場合、「デパートおよびショッピング・モールのランキング」であることがわかりにくくなってしまいます。そのため、「ショッピング・モール」とはせずに「ショッピングモール」という1語で表示するのが一般的になっています。

　しかし、何でも中点「・」を省いてしまうと、先ほどの「スポンサードリンク」問題が発生しますので、別の解決の仕方として、

After

首都圏で人気のデパート＆ショッピング・モールのランキング
TOP50

　などと、助詞「の」を加えたり、記号「＆」やアルファベット「TOP」を交ぜたりすることで見やすくすることが可能です。

　厚生労働省の「コロナワクチンナビ」は切れ目がわかりにくいのにたいし、札幌市の「さっぽろ新型コロナウイルス・ワクチンNAVI」には工夫の跡が見えます。外来語を日本語に取りこむ場合、どうしても切れ

目がわかりにくくなる問題が発生しますので、日本語の表記の多様性を
駆使して、読み手に見やすくなる表記にしていく工夫が必要になります。

1 漢字が続く漢語は、二字漢語という単位があるので、切れ目は比較的わ
かりやすい。

2 片仮名が続く外来語は、スペースのかわりに「・」を入れる方法がある
ものの、「・」は列挙の記号でもあるために切れ目がわかりにくくなり
やすい。

3 「・」のかわりに助詞「の」を入れたり、片仮名のかわりにアルファベッ
トを、「・」のかわりに別の記号を使うなどして見やすくする工夫を心
がけたい。

Part

1

2

3

4

わかりやすい文章

「前田中大地労働組合執行委員長」の処置

「現」「前」「元」を付ける位置

Q 「現」「前」「元」はどこに付けますか？

A 役職の直前に付けると誤解が防げます。

「現」「前」「元」の区別

「現」「前」「元」の区別は重要です。重い役職についている人の役職は正確に書かないと、大きなトラブルにつながりかねないからです。

　役職を考える場合、**現在そのポストに就いている人が「現」、「現」の直前に就いていた人が「前」、「前」よりも前に就いていた人はすべて「元」とするのが基本**です。たとえば、「田中室長」─「渡辺室長」─「鈴木室長」─「佐藤室長」と室長が替わり、「佐藤室長」がもっとも新しい室長だった場合、「佐藤現室長」「鈴木前室長」「渡辺元室長」「田中元室長」となります。

「現」「前」「元」の位置に注意

　また、気をつけなければならないのが、どこに「現」「前」「元」を入れるかです。次の例は読んで理解しやすいでしょうか。

Before

▶ 前首都急行電鉄お客様相談室室長の鈴木明氏
▶ 首都急行電鉄前お客様相談室室長の鈴木明氏

「前首都急行電鉄」や「前お客様相談室」に読めてしまわないでしょうか。「首都急行電鉄」が改称されていたり、「お客様相談室」が閉室になっていれば別でしょうが、おそらく現在の室長ではないという意味だと思われます。

After

> ▶ 首都急行電鉄お客様相談室前室長の鈴木明氏

と、このように「前室長」と読めるように、役職の直前に置くのがよいでしょう。

次の例も考えてみましょう。

Before

> ▶ 前田中大地労働組合執行委員長
> ▶ 田中大地前労働組合執行委員長

「前田中大地」や「前労働組合」ではありませんので、いずれも落ち着きが悪そうです。もっとも正確なのは、やはり役職の直前に「前」を置くことでしょう。

After

> ▶ 田中大地労働組合前執行委員長

これで、「前執行委員長」と読めます。なお、先ほど見た「前田中大地労働組合執行委員長」は「前田」というかたまりにも見えるので、

After

> ▶ 前・田中大地労働組合執行委員長
> ▶ 田中大地労働組合執行委員長（当時）

とするのも誤解を招かない一つの方法です。

　最近、私が新聞記事で見かけた巨人のバッティングコーチ、デーブ大久保氏は次のように表記されていました。

Before

▶ 大久保博元打撃チーフコーチ

デーブ大久保氏の本名は「大久保博元」ですが、うっかりすると、「大久保博・元打撃チーフコーチ」に読めてしまいます。

After

▶ 大久保博元・打撃チーフコーチ
▶ 打撃チーフコーチの大久保博元氏

などとして誤読を防ぐ必要があります。

　大事なことは、**漢字が並んだとき、どのような解釈が可能かを考えてみて、誤った解釈や複数の解釈になりそうなときは、そうした解釈を生まない工夫をする**ことでしょう。

Point

1　役職を考える場合、現在そのポストに就いている人が「現」、「現」の直前に就いていた人が「前」、「前」よりも前に就いていた人はすべて「元」となる。

2　「現」「前」「元」の位置は、役職の直前に入れたほうが誤読が起きにくい。

3　漢字の場合、並べることで予期しない意味のかたまりができることがあるので、意図とは異なる解釈が起きそうなときは、それを避ける工夫が必要になる。

「パワハラでモラハラかつスメハラ」
読み手に意味が通じないカタカナ略語

Q 略語を使うときに何に注意が必要ですか？

A 意味がわからなくなること、俗っぽくなることに注意が必要です。

略語が大好きな日本語

　日本語は略語が大好きです。かつての文章作法の教科書では、書き言葉では略語を使わないようにと書かれていましたが、現在の日本語の実態を考えたとき、それは現実的ではないでしょう。たとえば、次のものの元の形は何でしょうか。

Before

①バイト
②スマホ
③カーナビ
④オフレコ
⑤コンビニ
⑥パリコレ
⑦エアコン
⑧パソコン
⑨ファザコン
⑩合コン

元の形は次のとおりです。

After

① アルバイト
② スマート・フォン
③ カー・ナビゲーション・システム
④ オフ・レコード
⑤ コンビニエンス・ストア
⑥ パリ・コレクション
⑦ エア・コンディショナー
⑧ パーソナル・コンピュータ
⑨ ファーザー・コンプレックス
⑩ 合同コンパ／カンパニー

　もちろん、公的な文書ではきちんと書いたほうがよいでしょうが、正式名称のほうが見慣れないので理解に時間がかかりますし、なぜわざわざ正式名称を使ったのかと思われる可能性もあります。こうした表現ではもはや略語が定着しているので、そのまま使っても問題はないでしょう。

伝わりにくい略語

　一方、略されると意味のわかりにくいものは略さないほうがよさそうです。人によって感覚は違いますが、「ラノベ（ライト・ノベル）」「ネカフェ（インターネット・カフェ）」「ドラコン（ドライビング・コンテスト）」「ハマスタ（横浜スタジアム）」「アキバ（秋葉原）」などは難易度が高いと言えるでしょう。

　判断が微妙なものもあります。「ファミレス」「スタバ」「ロイホ」「ポテチ」「ワンピ」「ウィキ」あたりは、大丈夫だろうと思っても、高齢者には理解されないこともありますし、軽い響きを持ちますので、硬い文

章のなかでは使いにくいでしょう。漢字のものでも、「取説」「自販機」「吉牛」あたりは伝わらないことがありますし、TPOをわきまえない人という評価を受けるおそれもあります。

　また、「○○ハラ」など、生産性の高い語基は、わかりにくい語を作りだす可能性があります。次のハラスメントはどんなハラスメントでしょうか。

Before

①パワハラ
②セクハラ
③アカハラ
④マタハラ
⑤モラハラ
⑥スメハラ
⑦リスハラ
⑧テクハラ

答えは次のとおりです。

After

①パワー・ハラスメント
②セクシャル・ハラスメント
③アカデミック・ハラスメント
④マタニティ・ハラスメント
⑤モラル・ハラスメント
⑥スメル・ハラスメント
⑦リストラ・ハラスメント
⑧テクノロジー・ハラスメント

①パワハラ、②セクハラぐらいであれば理解可能でしょうか。③アカ

ハラ、④マタハラ、⑤モラハラぐらいになると理解が難しくなり、⑥ス
メハラ、⑦リスハラ、⑧テクハラだと一部の人しか理解できなくなるの
ではないでしょうか。

　こうした略語を使うかどうか判断する場合、略語のほうが見慣れてい
て理解しやすいか、略語でないほうが意味が取りやすいかで判断すると
よいでしょう。「パワハラ」「セクハラ」のように略語が定着していれば、
略語でも意味が取りやすく、「パワー・ハラスメント」「セクシャル・ハ
ラスメント」のほうがかえって意味が取りにくいことがわかるでしょう。
一方、「スメハラ」「リスハラ」「テクハラ」の場合、略語単独では意味
が取りにくく、略さない正式な形を見て初めて意味の想像がつきます。
そうした略語は使用を避けたほうが賢明です。

　一方、「アカハラ」は大学関係者であれば、「マタハラ」は育児関係者
であれば、「モラハラ」は既婚者（とくに主婦層）であればわかるでしょ
う。「アカハラ」「マタハラ」「モラハラ」は読者層によって使い分ける
のが望ましいと思われます。

Point

1　日本語では外来語の略語が好んで用いられる。

・・

2　カジュアルな文書で理解されるのであれば略語は使って問題ない。
　　フォーマルな文書で理解しにくい略語は使わないほうがよい。

・・

3　略語は読者が見慣れているかで決まるので、ターゲットとなる読者層が
　　理解できそうかどうかで判断するとよい。

「FB」は何の略語か?

別の意味で解釈されるアルファベットの略語

Q アルファベットの略語を使うときには何に注意が必要ですか?

A いろいろな意味を持つ可能性があることです。

アルファベット略語の多義性

　アルファベットの略語（アブリビエーション）は、専門分野によって理解がかなり異なるものです。たとえば「FB」。私のまわりの大学院生はこれを「フィードバック」の意味で使い、それを当たり前だと思っていますが、一般には「フェイスブック」と思う人が多数派ではないでしょうか。ラグビー部の人にとってはFBはフルバックでしょうし、企業の経理・会計担当者の場合、FBはインターネットバンキングの企業版であるファームバンキングになりそうです。

　アルファベットの略語は便利ですが、誤解を招くことが多いと考えられます。読者のみなさんは「PS」「HP」「FC」をどのような意味で理解するでしょうか。

「PS」は手紙文の追伸、ポストスクリプトの意味で理解するのが一般的でしょうか。しかし、ゲームをやりこんでいる方はぱっとプレイステーションが浮かんだかもしれません。不動産の間取りに興味がある人はPSはパイプスペースでしょうし、車の性能に興味のある人はPSは馬力の単位だと考えるかもしれません。

「HP」はホームページだと思った方が多いと思いますが、ゲーム好きの方は「ヒットポイント」がまず浮かびそうです。あるいは、パソコン

やプリンタのメーカーとして有名な「ヒューレット・パッカード」だと思った方もいるでしょう。ちなみに、気象情報で気圧を表す単位として使われる「ヘクトパスカル」はhPaです。

「FC」は「FC東京」のようなフットボールクラブだとサッカーファンは受け取るでしょうが、特定のアーティストのファンにとってFCはファンクラブかもしれません。独立開業を目指す人にとってのFCはフランチャイズでしょうか。

まぎらわしいアルファベット略語

　次のアルファベットの略語の使い方で、まぎらわしいところはありませんか。

Before

- ▶ 社内での db の構築が進んでいる。
- ▶ ex) ビジネス場面の交渉力。
- ▶ 日本代表の目標は WC で世界のベスト 8 に入ることだ。

　「db」は小文字だとデシベルのdBを思い浮かべてしまうかもしれません。データベースを表したいのであれば「DB」と大文字で記すか、「データベース」と片仮名で書いたほう方が誤解がないでしょう。

　また、「ex」はexample（例）のつもりかもしれませんが、英語圏ではexercise、すなわち練習の意味になってしまいます。例示したいときは、そのまま「例」と記すか、欧米圏で一般的なラテン語由来の「e.g.」を使うことをおすすめします。

　さらに、「WC」はあまりよくないものを想起させます。そうです、トイレです。「W杯」とすれば、そうした誤解は防げるでしょう。

After

- ▶ 社内での <u>DB</u> の構築が進んでいる。

▶ e.g.) ビジネス場面の交渉力。
▶ 日本代表の目標は W 杯で世界のベスト 8 に入ることだ。

　このようにアルファベットの略語は誤解を招くおそれがありますので、使用するときは読み手との共有を確認してから使う必要があります。

Point

1　アルファベットの略語は、専門分野などによって思い浮かべる意味が異なる。

2　使用するときは読み手との共有を確認してから使う。

わかりやすい語彙

「価格」と「値段」 「賃金」と「給料」
一般人に理解が難しい専門語

Q 一般の人にとって難しいと感じられやすいのはどんな言葉ですか？

A 専門家のあいだでのみ使われる専門語です。

趣味の世界の専門語

　どんな分野にも専門語があり、専門語に詳しくないとその分野の世界が理解できません。たとえば、将棋の世界にはさまざまな戦法があり、最強の攻め駒である飛車という駒の使い方で戦法が決まります。

　飛車をもともとの位置から動かさないで使う「居飛車」と動かして使う「振り飛車」があり、先手も後手も「居飛車」の場合は「相居飛車」、一方が「振り飛車」の場合は「対抗型」、先手も後手も振り飛車の場合は「相振り飛車」と呼ばれます。スタンダードな「相居飛車」の戦法では、「矢倉」「角換わり」「相掛かり」「横歩取り」が代表的です。

　将棋をするためにはこうした専門語に精通しなければなりませんが、将棋を知らない人に説明するときには、こうした専門語を避ける工夫が必要です。将棋が強い人は細かいニュアンスまで伝えたくなるでしょうが、**初級者にたいしては一度に理解してもらおうとは思わず、だいたいのところがわかってもらえればOK**というスタンスで臨む必要があるでしょう。

学術世界の専門語

　これらは趣味の世界にかぎりません。学術用語などでも同様です。経済学には、お金にかんする用語が豊富にそろっています。

　日常的にお金と呼ばれるものは、専門的には「貨幣」と言います。「貨幣」には、「紙幣」と「硬貨」が存在し、流通しているという側面が重視されると「通貨」という名称になります。最近では、現金としての実体を伴わない「電子マネー」や「暗号資産（仮想通貨）」などの「デジタル通貨」も増えてきています。

　何かのために使う元手となるお金は「資金」と呼ばれます。現金・預金だけでなく、お金に換えられる不動産、株式・債券、外貨なども含めると「資産」となり、企業が設備投資の元手として使うのは「資本」となります。また、こうした投資によって生み出される儲けは「利潤」「利益」、お金を借りたときに元本に加えて支払うお金は「利子」「利息」と呼ばれます。

　そのほか、稼ぎと呼ばれるのは「収入」であり、そこから必要経費を差し引いたのが「所得」です。収入の反対は「支出」であり、政府の場合は「歳入」「歳出」となります。

　このようにお金にかんする用語は多数ありますが、金融商品などを一般の人に勧めるとき、専門語ばかり使うと、理解してもらえないことになるでしょう。

専門語を伝わりやすくする四つのコツ

　こうした専門語はそのまま使うと伝わりにくいものです。専門語を伝わりやすくするコツは四つあります。

　一つ目は、なじみのある言葉に言い換えることです。「価格」よりも「値段」、「経費」よりも「費用」、「賃金」よりも「給料」のほうがわかりやすいです。「価格」「経費」「賃金」のように専門性の高い語を避けたほうが伝わりやすいです。

「価格」「経費」「賃金」の場合、専門語と言っても、ニュースや新聞で見聞きするので、さほど難しくないかもしれません。しかし、次のような場合はどうでしょうか。

▶ 金銭の授受を伴う取引では、商品の販売のみならず、役務の提供も消費税の対象となる。

全体として難しい文ですが、とくに「役務（えきむ）」が耳慣れません。「役務」とは、「もの」つまり「商品」ではなく、「こと」つまり「サービス」を売ることです。電化製品の修理も、運送会社の宅配も、スポーツ選手のプレーも、芸能人のテレビ出演も、すべて「役務」となります。ただ、「役務」では難しいのでより一般的な「サービス」のほうが文の内容は読み手に伝わりそうです。

▶ 金銭の授受を伴う取引では、商品の販売のみならず、<u>サービス</u>の提供も消費税の対象となる。

専門語を伝わりやすくするコツの二つ目は、**具体例を並べて示すこと**です。「旅費交通費」の場合、どこまでが含まれるかがあいまいです。「交通費」のほうに目が行くと、「旅費」にホテル代が入るかどうか不安になりますし、「交通費」自体にも、電車代、バス代は不安がないとしても、タクシー代までが含まれるかどうかは微妙です。いずれも含まれるのだとしたら、イメージが湧きやすいように、「電車賃、バス・タクシー代、宿泊費など」などと併記したほうがわかりやすいでしょう。

次のような内容を地方から上京してきた大学の新入生に伝える場合はどうでしょうか。

▶ 家賃には水道光熱費も含まれます。

「水道光熱費」ぐらい常識でわかると思われるかもしれませんが、世間的な常識を構築途上の大学の新入生には次のようにしたほうが、誤解がないでしょう。

After

▶ 家賃には<u>水道代・電気代・ガス代</u>が含まれます。ただし、電話やWi-Fiなどの通信料はご自身でご負担ください。

　専門語を伝わりやすくするコツの三つ目は、**上位語を使うこと**です。もちろん、下位語が上記の例のように具体例であれば、下位語のほうがわかりやすいこともあるのですが、**上位語・下位語が同程度の抽象度であれば、上位語のほうがわかりやすい**です。「中飛車」「四間飛車」「三間飛車」「向かい飛車」よりも「振り飛車」のほうが、「給与所得」「事業所得」「一時所得」「雑所得」などよりも「所得」のほうがわかりやすいはずです。

　専門語を伝わりやすくするコツの四つ目は、**語種を考慮し、和語や漢語を活用すること**です。一般に、「元手」「稼ぎ」のような和語のほうが、「資本」「資産」や「収入」「所得」のような漢語よりも優しく響きます。

　しかし、漢字は1字1字に意味があるので、外来語よりはわかりやすいことが多いです。

Before

▶ 海外の<u>ブレジャー</u>・<u>ニーズ</u>に応えるため、<u>インバウンド</u>向けのプロモーションを、観光立国・日本として強化する必要がある。

「ブレジャー」は「ビジネス」と「レジャー」を組み合わせた造語であ

り、出張のついでに余暇を楽しむという出張の形ですが、初見で理解するのは難しそうです。また、「インバウンド」は「訪日旅行客」を指し、「プロモーション」は「販売促進活動」、平たく言うと「宣伝」を表します。これらを踏まえてわかりやすく書くと、次のようになるでしょう。これなら何とか意味が取れそうです。

After

> ▶ 海外の<u>出張観光需要</u>に応えるため、<u>訪日旅行客</u>向けの<u>宣伝</u>を、観光立国・日本として強化する必要がある。

Point

1 趣味の世界にも学術の世界にも専門語がある。

2 専門語はその専門の世界に通じていない人にとってはわかりにくい。

3 専門語を伝わりやすくするコツは、なじみのある言葉に言い換えること、具体例を並べて示すこと、上位語を使うこと、和語や漢語を活用することの四つである。

背広にとっくりで光る首飾り

世代を超えない言葉

Q 言葉の新陳代謝が激しいのはどんな領域ですか？

A とくに顕著なのはファッションの領域です。

「衣紋掛け」と「背広」

　衣紋（えもん）掛けをご存じでしょうか。昔はハンガーのことを衣紋掛けと呼んでいました。もちろん、そのことをご存じの読者もいるでしょうが、知らない読者のほうが多いと思います。

　衣紋掛けどころか、今は背広（せびろ）も知らない若い世代が増えていると聞きます。ひょっとすると若い読者のなかには今、「背広」を辞書で確認した方もいるかもしれません。背広はスーツのことですが、今ではスーツが圧倒的多数派でしょう。ここまでスーツが広まると、スーツを知らない高齢者は少ないでしょうが、背広を知らない若い世代は多く、スーツへの言い換えが必要になってきているのです。

　ここでは、こうした世代による言葉の違いを考えてみたいと思いますが、前提として言葉が違えば意味も違う場合がある点には注意してください。**厳密には同義表現の言い換えではなく、意味のズレを含むことがあります。**たとえば、衣紋掛けは、今でも「和服用のハンガー」を呼ぶときに使います。服を掛ける部分が長く、直線の棒になっているものです。和服は洋服と違って平面的で直線的なので、そうした特殊なハンガーを衣紋掛けと呼ぶわけです。また、スーツは背広よりも意味が広いです。スーツは女性用も存在するからです。そのため、「男性用のスー

ツ」は意味をなしますが、「男性用の背広」は「後で後悔する」と同じパターンの重複表現になってしまいます。

「ファッション」だけに廃れやすい

　この種の古めかしい表現はとくに身につけるものに多い傾向があります。以下に示すのは昔はよく使われたものの、今は廃れつつある言葉です。ものによっては死語に近い言葉もあります。現代的にはどのように言い換えられるでしょうか。

Before

①指輪　　②首飾り　　③ズボン　　④ジーパン
⑤チョッキ　⑥バンド　　⑦ランニング　⑧トレーナー
⑨オーバー　⑩ジャンパー

このように言い換えると、現代でも通用する言葉になるでしょう。

After

①リング　②ネックレス　③パンツ　　④ジーンズ／デニム
⑤ベスト　⑥ベルト　　⑦タンクトップ　⑧スウェット
⑨コート　⑩ブルゾン／ジャケット

　こうした世代的な言葉の言い換えが起きるのは和語から外来語へというパターンが多いのですが、ファッション関係の言葉は外来語間の言い換えが多いのが特徴です。
　もちろん、「指輪」から「リング」、「首飾り」から「ネックレス」のような言い換えもあります。ほかにも、「外套」から「コート」、「襟巻き」から「マフラー」、「とっくり」から「タートルネック」のようなものが目立ち、比較的古い時代に進行した言い換えが多いのが特徴です。
　一方、外来語間の言い換えはとくに上の世代に気づかれにくく、コ

ミュニケーション障害の一因となりやすいもので、注意が必要です。「パンツ」にたいする「ズボン」、「ジーンズ」や「デニム」にたいする「ジーパン」、「ブルゾン」「ジャケット」にたいする「ジャンパー」は時代の色は感じるものの、今でも多くの若者世代に理解してもらえそうですが、「チョッキ」「バンド」「トレーナー」「オーバー」あたりは不安が残ります。

　もちろん、若者世代におもねる必要はありません。自分たちの世代が使っていた世代語に誇りを持つことは大事ですが、**伝わらないというのは致命的**です。「トップス」や「ボトムス」、「インナー」と「アウター」など、下の世代にとって伝わって当然だと思う言葉が上の世代に伝わらない一方、上の世代にとって伝わって当然のこうした言葉が下の世代に伝わらないことがあります。

　つまり、ある世代にとって当然と思える言葉遣いが伝わらないということがあり、それはここで取り上げたようなファッションや、外食におけるグルメなど、言葉の新陳代謝が速い、はやり廃りのある業界によく見られますので注意が必要です。

Point

1　「背広」が「スーツ」に変わるように、言葉は時代とともに入れ替わることがある。

2　ファッションの世界など、言葉の新陳代謝が激しい世界では、とくに意識して今使われている言葉を選ぶ必要がある。

3　若い世代を中心に使われている言葉は上の世代に通じないこともあるため、読み手の世代に合わせて言葉を選ぶ必要がある。

「日射病」と「成人病」

社会的に進む言い換え

Q 古い言葉遣いに注意するのは、世代の差によって違う語だけですか？

A それだけではありません。社会的な影響を受ける語にも注意が必要です。

専門性に基づく言い換え

　古い言葉遣いは、世代の差が明確に出るファッションやグルメなどの言葉に多いのですが、それ以外にもひそかに言い換えが進んでいる言葉も少なくありません。言い換えられるのは専門的な理由が多いようです。

　たとえば、「成人病」と「生活習慣病」があります。「成人」であってもかならず発症するわけではなく、成人であっても生活習慣の改善により予防が可能であり、また、成人でなくても、生活習慣によっては発症する可能性があることから、1996年に当時の厚生省によって「生活習慣病」と改称されました。

　実態に合った病名ということでは、「日射病」と「熱中症」の関係も似ているかもしれません。私の子どものころは「日射病」という名称しか聞かなかったのですが、現在では「熱中症」が一般的です。「日射病」は「熱射病」のうち太陽光によって引き起こされるもののみを指し、「熱射病」は「熱中症」の一部という関係です。つまり、「熱中症」のほうが幅広い名称で、実態に合っていると考えられます。

偏見を避けるための言い換え

　病名では、「精神分裂病」と「統合失調症」もよく知られています。「精神分裂病」という名称は病気の実態を反映したものとは言えず、当事者にとってショックですし、周囲の差別や偏見も誘発しかねません。そこで、精神機能を十分に統合できない状態という意味の「統合失調症」という名称が使われるようになりました。

　偏見を招きかねないという点では「痴呆」という言葉も似たような事情でしょう。「ぼけ」という言葉もやはり侮蔑的なニュアンスが感じられます。「痴呆」「ぼけ」から「認知症」というより実態に即した、客観的な名称が作られたのも、似たような事情だと考えられます。

　学校教育に関わる「登校拒否」から「不登校」への言い換えも当事者にたいする配慮が働いたものでしょう。「登校拒否」というのは、学校に行ける状況なのに、行きたくない、気分が乗らないという理由で学校に行かない、いわゆるサボりをイメージさせます。もちろん、学校が嫌いで、断固として登校を拒否する子どももいるでしょう。一方、「不登校」は、登校しないという事実のみを指し、いじめ、トラブル、ストレスなど、何らかの原因で行きたくても行けない状況を含意します。

社会的な言い換えへの感度を上げる

　「いじめ」というのも難しい用語です。「いじめ」は今でもふつうに使われますが、「いじめ」という語の語感が「暴行」「虐待」「傷害」などといった犯罪である事実を隠してしまうという指摘がされることもあります。

　「仮想通貨」も「暗号資産」に徐々に置き換わりつつあります。「仮想通貨」の「通貨」はインターネットの世界で使われる法定通貨であるかのような誤解を招きかねないことや、国際的にも法定通貨と区別するために「crypto assets（暗号資産）」という名称が使われ、金融庁でも採用されています。

私たちの身近でも、「リターンキー」だったものが知らぬ間に「エンターキー」に変わっていたり、「チャック」と呼んだら「ファスナー」だと訂正されたり、言葉は日々変わっています。

　社会の変化によって言葉は言い換えられていくものですので、自分自身の言葉遣いを絶対視することをせず、社会的な感度を上げ、不安があったら調べてみるという心がけが必要になりそうです。

Point

1　世代語にかぎらず、言葉の社会的な言い換えはつねに進行している。

2　「生活習慣病」や「熱中症」のように専門的な正確さからの言い換えがある。

3　「統合失調症」や「不登校」のように社会的な偏見を避ける言い換えもある。

4　「いじめ」や「仮想通貨」のようなより実態にあった言い換えなど、身近なところで言い換えは進んでおり、文章を書くさいには社会的な感度を上げる必要がある。

猫の鳴き声は本当に「ニャーン」か

オノマトペの使い方

Q オノマトペはどんな文章に向いていますか？

A 登場人物のいる、映像化できる文章に向いています。

「音象徴」としてのオノマトペ

　オノマトペという言葉を聞いたことがあるでしょうか。「ピンポーン」のように音を言葉で写しとる擬音語、「にこにこ」のように様子を言葉で写しとる擬態語が典型です。**擬音語は通常片仮名で、擬態語は通常平仮名で書かれることが多く、語の持つ音と意味が感覚的に結びつく音象徴という性格を持っています。**たとえば、「ピンポーン」という音はドアのチャイムを写しとった音なので「誰か来た」と感じさせたり、テレビのバラエティ番組で回答が合っていたときに鳴る音として「正解！」をイメージさせたりします。これが音象徴です。**日本語は、韓国語やベトナム語などと並んで、オノマトペが発達している言語**としてよく知られています。

オノマトペが有効な文章のジャンル

　オノマトペは、適切なところで使えば効果的になる一方、適切でないところで使うとかえって強い違和感を与えてしまうため、使う勘どころが難しい言葉です。実際にオノマトペを使うときには、次の4点に気をつけて使うとよいでしょう。

オノマトペを使うポイントの一つ目は、**具体的で感覚的な文章に向く**
のにたいし、抽象的で論理的な文章には向かないので、文章のジャンル
を考えて使うかどうかを決めることです。人物が出てくる、映像化でき
る文章でよく使われ、小説やマンガにはよく現れます。また、私的な体
験を描くブログやSNS、グルメ雑誌やファッション雑誌でもオノマトペ
は定番です。次の例はオノマトペのない文章です。

Before

夏の冷たいざるうどんは最高。麺は張りがあり、食感は嚙みごた
えがあり、なめらかにのどを通る感触がたまらない。これに、衣
が歯切れよく、ネタに弾力がある海老天が添えられていれば言う
ことはない。

これにオノマトペを使うと、次のように書き換えられます。文章から
説明っぽさが抜け、感覚的に伝わる文章になることが実感できるでしょ
う。

After

夏の冷たいざるうどんは最高。麺は<u>しゃっきり</u>、食感は<u>しこしこ</u>、
<u>つるつる</u>とのどを通る感触がたまらない。これに、衣が<u>サクサク</u>、
中が<u>プリプリ</u>の海老天が添えられていれば言うことはない。

なお、映像化しにくい説明の文章、学術的な論文やレポート、新聞の
政治・経済面や社説などではオノマトペはあまり使われませんし、使っ
ても効果が低いと考えられます。

オノマトペは「動詞」のイメージを豊かにする

オノマトペを使うポイントの二つ目は、**具体的で感覚的な文章で使う**
場合に、動詞だけでは表現の力が弱く、動詞のイメージを豊かにしたい

ときに活用することです。日本語の動詞は単独では力が弱く、副詞であるオノマトペとセットで使うことで、イメージが鮮明に読み手に伝わるようになります。

新美南吉の童話『手袋を買いに』をご存じでしょうか。雪の日に冷え切った手で帰ってきた子ギツネに、母ギツネは手袋を買ってやろうと思い立ちます。母ギツネは子ギツネの片手を人間の子どもの手に変え、人間の住む町の帽子屋へ行かせます。そして、帽子屋が戸を少しだけ開けたら、人間のほうの手を出し、お金を出して手袋をくださいと言うように教えます。以下は、子ギツネが帽子屋に到着したときの場面です。

　　とうとう帽子屋がみつかりました。お母さんが道々よく教えてくれた、黒い大きなシルクハットの帽子の看板が、青い電燈に照らされてかかっていました。
　　子狐は教えられた通り、<u>トントン</u>と戸を叩きました。
「今晩は」
　　すると、中では何か<u>ことこと</u>音がしていましたがやがて、戸が一寸ほど<u>ゴロリ</u>とあいて、光の帯が道の白い雪の上に長く伸びました。

雪の降った夜の町の様子が描かれている印象的な場面ですが、戸を叩くときは「トントン」、中でしている物音は「ことこと」、戸があくときは「ゴロリ」と表現されています。こうした擬音語があることで、物語の世界に音が響き、読み手もまるでそこにいるような錯覚に襲われるのです。

手垢の付いたオノマトペを避ける

オノマトペを使うポイントの三つ目は、**手垢の付いたオノマトペを避け、現実を観察してオノマトペを作ること**です。擬音語ではイヌは「ワンワン」、ネコは「ニャー」だと単純に考えがちですが、ほんとうにそうか、疑ってみる姿勢が重要です。たとえば、ネコの鳴き声を注意深く

観察すると、いくつかの鳴き声を使い分けていることがわかります。短い「ニャッ」はあいさつ、甘えた「ニャオ」は嬉しさ、長い「ニャーン」は欲求、低い声の「アオーン」は不安、強めの「シャー」は威嚇など、細かく分けると、いろいろな気づきがあるはずです。ネコの鳴き声を何でも「ニャー」で済ますのでは、オノマトペのよさを十分に引きだしているとは言えません。**オノマトペは観察に基づいて自由に作りだせるところに魅力のある言葉**ですので、オノマトペを使うときは手垢のついた形を避け、周囲の様子を観察して使うことが肝要です。

状況や気持ちを的確に描写する

オノマトペを使うポイントの四つ目は、**その場の状況や登場人物の様子、さらには気持ちまで表せるように、オノマトペ選びを工夫すること**です。次の［　　　　］にどんなオノマトペが入りますか。

Before

①何かにとりつかれたように、オフィスまでの道を急いで
　［　　　］歩く。
②私は一人ため息をつきながら、暗い夜道を［　　　　］歩いて
　アパートまで帰った。
③歩きスマホの人は、駅のホームを異常なまでに［　　　　　］
　歩き、ぶつかりそうで怖い。
④彼氏は一緒に歩いていても、［　　　　　］先に行ってしまう。
⑤酔っ払いがお土産をぶら下げ、上機嫌で［　　　　　］歩いている。

①には「せかせか」が入ります。急いでいる雰囲気を出すのに向いています。せっかちで、目的まで最短距離で行きたい人はせかせか歩く傾向があります。

②には「とぼとぼ」が入ります。「とぼとぼ」はひとりぼっちという印象があるため、寂しさを伴います。孤独を感じさせるこの文脈に合っているでしょう。

　③には「のろのろ」が入ります。意味としては「のんびり」でも通用しますが、「のんびり」はポジティブな意味であり、「異常なまでに」という言葉からここではネガティブな「のろのろ」がよいでしょう。

　④には「すたすた」が入ります。置いてけぼりになる場合、パートナーが「すたすた」歩く場合が多いようです。「てくてく」も早歩きではありますが、脇目も振らずに進んでいく印象ではなく、置いてけぼりにはされにくいでしょう。

　⑤には、「ふらふら」が入ります。酔っ払いの千鳥足には「ふらふら」がぴったりです。もちろん、「よろよろ」や「よたよた」でも意味をなしますので、そうしたオノマトペも候補になりそうです。

After

> ①何かにとりつかれたように、オフィスまでの道を急いで<u>せかせか</u>歩く。
>
> ②私は一人ため息をつきながら、暗い夜道を<u>とぼとぼ</u>歩いてアパートまで帰った。
>
> ③歩きスマホの人は、駅のホームを異常なまでに<u>のろのろ</u>歩き、ぶつかりそうで怖い。
>
> ④彼氏は一緒に歩いていても、<u>すたすた</u>先に行ってしまう。
>
> ⑤酔っ払いがお土産をぶら下げ、上機嫌で<u>ふらふら／よろよろ／よたよた</u>歩いている。

1 オノマトペ（擬音語・擬態語）が発達している日本語では活用が望まれる。

2 人物が登場し映像化できる文章（創作や SNS 等）はオノマトペが向くのにたいし、映像化しにくく論理的な文章（報告や論文等）には向かないので控えたほうがよい。

3 オノマトペは、動詞のイメージを豊かにしたいときに添えると、描写力がアップする。

4 オノマトペは、手垢の付いたオノマトペを避け、自分なりの語形を自由に作りだすほうが面白みが増す。

5 オノマトペは、文脈に合ったものが限定されやすいので、その場の状況や登場人物の様子、気持ちなどを考慮して、いくつかのオノマトペを比較しながら選択するとよい。

「がっちり支援させていただきます。」

ビジネス文書のオノマトペ

Q ビジネスで使えるオノマトペの特徴は何ですか？

A 行為を指示するオノマトペだということです。

ビジネス文書にも進出するオノマトペ

　抽象的で論理的な文章にオノマトペは向かないと申しました。そう考えると、ビジネス文書にオノマトペは使えないように思うかもしれません。たしかに、フォーマルなビジネス文書にはオノマトペは使いにくいのですが、カジュアルなビジネス文書ではオノマトペはたくさん使われています。社内や取引先との文書のように比較的近い関係にあるもの同士のやりとりにも、クラウドソーシングのように比較的くだけたコミュニケーションが許容されている文書にも、広報や広告のように読み手に直接語りかけることが求められる文書にもオノマトペは頻用されます。こうしたビジネス文書に共通しているのは、**行為を指示するオノマトペ**だということです。

　一般に、オノマトペは描写に力を発揮します。外界の音や声、様子や気持ちなどをあるがままに切り取り、できるだけ手を加えないように再現するのが描写であり、状況の再現性の高いオノマトペは描写に向いています。そのため、小説をはじめとする文章で、風景や人物を描写するのにオノマトペがよく使われます。これにたいし、**ビジネス文書では状況を再現するためにオノマトペが使われることは少なく、未来の行動にたいしてこうしてほしいという要望を出すときにオノマトペは使われます。**

「ていねいな作業」を指示するオノマトペ

では、未来の行動に使われるオノマトペにはどのようなものがあるのでしょうか。一つ目は、ていねいな作業を指示するオノマトペです。下線部の副詞的表現をオノマトペに変えてみてください。

Before

- ▶ 在宅ワークで<u>地道に</u>作業をするのが得意な方を募集します。
- ▶ 業務終了時には<u>忘れずに</u>連絡・報告を入れるようにお願いします。
- ▶ 過去の資料を<u>十分</u>に調べて報告書を書いてください。
- ▶ 創造的な成果を生むには<u>腰を据えて</u>取り組む必要があります。

次のように、「地道に」を「こつこつ」に、「忘れずに」を「きちんと」に、「十分に」を「しっかり」に、「腰を据えて」を「じっくり」にすると、作業のていねいさが伝わるでしょう。

After

- ▶ 在宅ワークで<u>こつこつ</u>作業をするのが得意な方を募集します。
- ▶ 業務終了時には<u>きちんと</u>連絡・報告を入れるようにお願いします。
- ▶ 過去の資料を<u>しっかり</u>調べて報告書を書いてください。
- ▶ 創造的な成果を生むには<u>じっくり</u>取り組む必要があります。

「作業の勢い」を表すオノマトペ

未来の行動に使われるオノマトペの二つ目は、作業の勢いを表すオノマトペです。先ほどと同じように下線部の表現をオノマトペに変えてください。「迅速な」は「〜とした」としてください。

▸ 先着順ですので、<u>積極的に</u>ご応募ください。
▸ 窓口業務では、<u>迅速な</u>対応がお客さまの好感を得ます。
▸ 生成系 AI の力を借りれば、執筆作業が<u>急速に</u>進みます。
▸ 時間をかける必要はないので、<u>手際よく</u>終わらせましょう。

　上記の副詞的表現は順に、「積極的に」を「どしどし」に、「迅速な」を「てきぱきとした」に、「急速に」を「どんどん」に、「手際よく」は「さっと」にすると、作業の勢いが伝わるでしょう。「さっと」は「ぱぱっと」「さくっと」なども考えられるところです。

After

▸ 先着順ですので、<u>どしどし</u>ご応募ください。
▸ 窓口業務では、<u>てきぱきとした</u>対応がお客さまの好感を得ます。
▸ 生成系 AI の力を借りれば、執筆作業が<u>どんどん</u>進みます。
▸ 時間をかける必要はないので、<u>さっと</u>終わらせましょう。

「行為の支援」に用いられるオノマトペ

　ビジネスのオノマトペは上記二つの使い方が代表的ですが、行為の指示だけでなく、行為の支援にも使うことができます。次の「しっかり」「がっちり」「きちんと」などが行為を支援するオノマトペです。

● 製品購入後も<u>しっかり</u>サポートさせていただきます。
● みなさまの就職活動を<u>がっちり</u>支援させていただきます。
● 作業内容については<u>きちんと</u>ご説明させていただきます。

　オノマトペは描写に用いるのが基本ですが、ビジネスのオノマトペは

行為に用いて、行為の精度や勢いを高めるということは知っておいて損
のない知識です。

Point

1 ビジネス文書のオノマトペは出来事の描写ではなく、未来の行為にたい
して使われる。

. . . .

2 「こつこつ」「きちんと」などのオノマトペはていねいな作業の指示に用
いられる。

. . . .

3 「どしどし」「てきぱき」などのオノマトペは作業の勢いを表すのに用い
られる。

. . . .

4 「しっかり」「がっちり」などのオノマトペは行為の支援を表すのに用い
られる。

七色の「陳述副詞」一覧

副詞と共起

Q 動詞が最後に来る日本語で、確実に伝達をするにはどうすればよいですか？

A 陳述副詞を活用することです。

日本語は最後まで読まなくてもわかる

　日本語はSOV語順で動詞が最後に来ます。文の最後に言いたいことが来るために、文を最後まで読まないと意味がわからないという特徴があるとされます。しかし、実際には文を最後まで読まなくても、意味がわかることが少なくありません。人間には先読みをする予測能力があるからです。話の途中でも相手の話をさえぎって、話しはじめることができるのはそのためです。

　そのような話の先読み機能に役立っている重要な要素の一つが**陳述副詞**です。陳述副詞は、文末がどのような言い方になるかを予告するものです。

　ここでは陳述副詞を **「疑問」「否定」「推量」「感嘆」「願望」「比況」「仮定」** の七つに分けて整理していくことにします。

「疑問」の陳述副詞

　次の文を読んでください。誤りはありませんが、疑問文がいきなり出てくる感じがし、自問するような疑問文です。

> ▸ 近所でハクビシンの目撃情報が相次いでいる。どこから来たの
>   だろうか。
> ▸ 韓国で大人気のスイーツ。日本でどのぐらい売れるのだろうか。

　そこで「疑問」の陳述副詞を入れてみましょう。**「いったい」「はたし
て」**が「疑問」の陳述副詞に当たります。

> ▸ 近所でハクビシンの目撃情報が相次いでいる。<u>いったい</u>どこか
>   ら来たのだろうか。
> ▸ 韓国で大人気のスイーツ。<u>はたして</u>日本でどのぐらい売れるの
>   だろうか。

　「いったい」「はたして」という副詞があると、疑問が来ることがわか
ると同時に、疑問にたいする期待が膨らむのもわかるでしょう。

「否定」の陳述副詞

　次に扱うのは「否定」の陳述副詞です。次の文を読んでください。
「否定」の陳述副詞のない、ふつうの否定文です。

> ▸ SNS の活用が進み、地方の発信力は大都市に負けていない。
> ▸ 世界の国々の平均から見ると、日本は国土の狭い国ではない。

　ここに、「否定」の陳述副詞を加えます。**「少しも」「けっして」**が
「否定」の陳述副詞に当たります。

▸ SNSの活用が進み、地方の発信力は<u>少しも</u>大都市に負けていない。

▸ 世界の国々の平均から見ると、日本は<u>けっして</u>国土の狭い国ではない。

「少しも」や「けっして」がなかったとしても、否定であることには変わりませんが、「少しも」や「けっして」があることで、強い否定の意図が読み手にまっすぐに届きます。

　否定の陳述副詞の数は多く、完全な否定を表すものは「少しも」「けっして」以外に**「ぜんぜん」「まったく」「一切」「断じて」「ちっとも」**などが、強い否定を表すものには**「めったに」「ろくに」**などが、弱い否定を表すものには**「かならずしも」「たいして」**が、不可能の否定を表すものには**「とても」「到底」**などがあります。

Part
1
2
3
4

わかりやすい文章

「推量」の陳述副詞

　今度は「推量」の陳述副詞です。次の文も自然な文ですが、確信度が比較的強い文になります。

▸ AIで書いた作文は、AIの先生に見抜かれるにちがいない。

▸ 30歳という年齢から考えて、今回が最後のチャンスになるだろう。

　確信度を少し下げ、推量らしい柔らかな文にします。**「きっと」「おそらく」**といった「推量」の陳述副詞を使ってみます。

After

- ▶ AI で書いた作文は、<u>きっと</u> AI の先生に見抜かれるにちがいない。
- ▶ 30 歳という年齢から考えて、<u>おそらく</u>今回が最後のチャンスになるだろう。

「**きっと**」「**かならず**」のような強い推量は断定や「**にちがいない**」のような文末と、「**おそらく**」「**たぶん**」のような中程度の推量は「**だろう**」「**と思う**」のような文末と、「**もしかして**」「**ひょっとしたら**」のような弱い推量は「**かもしれない**」のような文末と相性が良さそうです。否定と組み合わせた「**まさか**」「**よもや**」のような否定推量もあり、「**ないだろう**」「**あるまい**」のような文末と共起しそうです。

「感嘆」の陳述副詞

ここでは「感嘆」の陳述副詞を見てみます。次の文は驚きを表そうとした感嘆文ですが、「感嘆」の陳述副詞がないために驚きが感じられにくくなっています。

Before

- ▶ 幼なじみとバリ島で出会うとは、不思議な偶然だろう。
- ▶ 自分の目で青い空を見られるなんて、幸せなことか。

「**なんて**」「**なんと**」などの「感嘆」の陳述副詞を入れてみましょう。

After

- ▶ 幼なじみとバリ島で出会うとは、<u>なんて</u>不思議な偶然だろう。
- ▶ 自分の目で青い空を見られるなんて、<u>なんと</u>幸せなことか。

感嘆文らしくなりました。詠嘆を表す**「だろう」「ことか」**のような文末を伴うこともありますし、「なんという幸せ」「なんていう偶然」のように**「という」**をあいだに挟んで、**体言止めで終わる**ものも見られます。

「願望」の陳述副詞

さらに、「願望」の陳述副詞を見てみましょう。次の文は願望を前面に出さず、穏やかに書かれています。

Before

> ▶ 簡単なヒントでよいのです。問題解決の手がかりを教えてください。
> ▶ サッカーを生で見たことのない人も、スタジアムに足を運んでほしい。

「どうか」「ぜひ」のような「願望」の陳述副詞を使って、願望を強く表現してみましょう。

After

> ▶ 簡単なヒントでよいのです。<u>どうか</u>問題解決の手がかりを教えてください。
> ▶ サッカーを生で見たことのない人も、<u>ぜひ</u>スタジアムに足を運んでほしい。

願望ですので、文末は**「てください」**や**「てほしい」**のような文末がふさわしいでしょう。もちろん**「ようお願いします」**のようなお願い文末を使うことも可能です。

「比況」の陳述副詞

今度は「比況」の陳述副詞です。「比況」というのは比喩のことです。次の文は「比況」の陳述副詞がなくても比喩であることがわかりますが、さらっと読み流してしまいそうです。

Before

▶ 日々忙しすぎて、心という劇場が仕事という観客に埋め尽くされたようだ。

▶ 昭和の人間は電話に出ると、相手が目の前にいるかのようにお辞儀を繰り返す。

比喩であることを明確に示すために、**「まるで」「あたかも」**といった「比況」の陳述副詞を使ってみましょう。

After

▶ 日々忙しすぎて、<u>まるで</u>心という劇場が仕事という観客に埋め尽くされたようだ。

▶ 昭和の人間は電話に出ると、<u>あたかも</u>相手が目の前にいるかのようにお辞儀を繰り返す。

「比況」の陳述副詞は比喩を生みだすものですので、文末には**「ようだ」「みたいだ」**を置き、それと対応させるようにするのが基本です。

「仮定」の陳述副詞

最後に「仮定」の陳述副詞です。「もし」「たとえ」などの「仮定」の陳述副詞がなくても、「たら」「ても」があれば仮定であることは理解可能です。

▸ 近くで爆発していたら、自分も命を落としていたかもしれない。
▸ レギュラーになれなくても、引退の日まで全力で練習に取り組みたい。

　文の冒頭に「仮定」の陳述副詞を使うことで、仮定であることがよりはっきりします。

▸ **もし**近くで爆発していたら、自分も命を落としていたかもしれない。
▸ **たとえ**レギュラーになれなくても、引退の日まで全力で練習に取り組みたい。

　順接の仮定であれば**「もし」「万一」「かりに」**などの陳述副詞が考えられ、**「ば」「たら」「なら」**などの条件表現と共起します。一方、逆接の仮定であれば**「たとえ」**が代表的で、**「ても」「でも」**などの条件表現と共起します。
　当然のことながら、こうした陳述副詞を使ったとき、共起するはずの表現がずれていると、読み手に違和感を与えることがありますので注意が必要です。
　以上の陳述副詞を表にまとめておきますので、参照なさってください。

Part

1

2

3

4

わかりやすい文章

代表的な陳述副詞の語形と文末対応表

用法	語形	→	文末
疑問	「いったい」「はたして」		「のか」「だろうか」
否定	「ぜんぜん」「けっして」「まったく」		「ない」
	「一切」「断じて」「少しも」「ちっとも」		
	「めったに」「ろくに」		
	「かならずしも」「たいして」		「わけではない」「とはかぎらない」
	「とても」「到底」		「できない」
推量	「きっと」「かならず」		「にちがいない」
	「おそらく」「たぶん」		「だろう」「と思う」
	「もしかして」「ひょっとしたら」		「かもしれない」
	「まさか」「よもや」		「ないだろう」「あるまい」
感嘆	「なんて」「なんと」		「だろう」「ことか」
願望	「どうか」「ぜひ」		「てください」「てほしい」
比況	「まるで」「あたかも」		「ようだ」「みたいだ」
仮定	「もし」「万一」「かりに」		「ば」「たら」「なら」
	「たとえ」		「ても」「でも」

Point

1 SOV語順の日本語でも、最後まで読まずに言いたいことがわかる陳述副詞が発達している。

2 陳述副詞があれば、文末にどのようなタイプの述語が来るのか、読み手が予測できる。

3 陳述副詞には、「いったい」「はたして」のような「疑問」の陳述副詞、「少しも」「けっして」のような「否定」の陳述副詞、「きっと」「おそらく」のような「推量」の陳述副詞、「なんて」「なんと」のような「感嘆」の陳述副詞、「どうか」「ぜひ」のような「願望」の陳述副詞、「まるで」「あたかも」のような「比況」の陳述副詞、「もし」「たとえ」のような「仮定」の陳述副詞がある。

「きちんと読みやすくしてください。」
曖昧になりやすい副詞

Q 副詞を使うと文章の内容が明確になりますか？

A 逆に不明確になりやすいので、具体的に書く必要があります。

副詞のかわりに数値で示す

　副詞は、動詞や形容詞に添え、様子や程度などを明確にする表現です。たとえば、「今日は暑い」にたいして、「今日はとても暑い」とすれば暑さの程度が甚だしいことを、「今日はまあまあ暑い」とすれば暑さの程度が甚だしくはないが、それなりであることを、「今日は案外暑い」とすれば思ったよりも意外と暑いことを表します。このように、副詞を付けたほうが様子や程度がはっきりしそうに思うのですが、**副詞の表す様子や程度は主観的で、読み手にはわかりにくいことも多い**ので、注意が必要です。

　次の文は、クラウドソーシングでよく見られる記事執筆依頼のお仕事にまつわる例です。

Before

> ▶ 納品された記事が、コピペチェックツールを使った結果、コピペ率が<u>とても高い</u>文章だった場合、承認できません。

　この「とても」はどうでしょうか。コピペ率がある程度高くても承認はされそうですが、「とても」が主観的で、どのぐらいのコピペ率であ

れば大丈夫であるか、その割合がはっきりしません。発注者である書き手の気分次第で承認されたり承認されなかったりしそうで、受注者である読み手は仕事を引き受けるのに不安を覚えるでしょう。

After

▶ 納品された記事が、コピペチェックツールを使った結果、コピペ率が <u>30%</u> を超える文章だった場合、承認できません。

　このように書けば、書き手の「とても高い」と読み手の「とても高い」の基準は明確になり、トラブルを避けられるでしょう。**程度は人によって解釈が異なるため、基準を数値化するのがポイント**です。

副詞の内実を具体的に示す

　今度は文章ではなく動画を納品する場合を考えます。

Before

▶ 動画は、<u>はっきり見やすいもの</u>をお願いします。

　今度は、「はっきり」という様子を表す副詞が、書き手と読み手の解釈のズレを誘発するおそれがありそうです。「はっきり」というのがどのぐらい「はっきり」なのか、数値化するのは難しいのですが、少なくとも目安を示す必要はあるでしょう。

After

▶ 動画は、<u>映っている人の表情がはっきりわかるもの</u>をお願いします。

　ここでは同じ「はっきり」を使っていますが、何がどのぐらい「はっきり」なのかがわかるので、受注者である受け手も混乱がなさそうです。

次の文章はどうでしょうか。

Before

▶ さまざまな人が読む文章です。<u>きちんと</u>読みやすくしてください。

読んだ人は誰もが納得する文章です。文章というのは人に読んでもらうことが目的ですので、「きちんと読みやすく」することは大事です。しかし、そうした当たり前のことを指示されても、何をどうしてよいのかわかりません。

After

▶ さまざまな人が読む文章です。<u>箇条書きを使い、見出しを付けるなどして、</u>読みやすくしてください。

このようにすれば、「きちんと」の内実が明確になり、何をどうしたら書き手が求める「きちんと」した文章になるのかが伝わります。

原則と例外を分ける

最後にもう一つ見ておくことにしましょう。

Before

▶ 商品名は<u>なるべく</u>使わない。

「なるべく」も読み手を戸惑わせる副詞です。これを「できるだけ」「可能なかぎり」としても意味は変わりません。「なるべく」の意味は、使わないように努めてほしいが、やむをえない場合は使ってもよいという例外を認める表現です。したがって、例外がどのような場合かを示す必要があるでしょう。

After

▶ 商品名は原則として使わない。ただし、ローソンやイオンのよううな店名は除く。

▶ 商品名は原則として使わない。ただし、「交通系 IC カード」のように、読者が理解しにくいときは、「Suica や PASMO など」としてもよい。

などとすることで、「なるべく」の意味がはっきりするでしょう。

`Point`

1 副詞は、様子や程度などを明確にする表現であるが、主観的な判断を伴うため、読み手にかえってわかりにくいことがある。

2 副詞の様子や程度がわかりにくい場合、数値を示したり、具体化したり、原則と例外に分けたりして、読み手に内容をはっきりと伝える必要がある。

「礼儀正しいコオロギ」の力

イメージを鮮明に伝える比喩

Q 読み手にイメージを鮮明に伝えたい場合に効果的な方法はありますか？

A 比喩表現を使うことです。

イメージを具体化する比喩の力

　比喩は、イメージしにくい何かを、身近にある似たようなものにたとえてイメージしやすくする表現です。

　たとえば、次のような文を書いたとします。

Before

▶ 今年の日本列島は暖冬のはずが、東京でドカ雪、沖縄でもみぞれが降るほどの寒波が襲来し、気温が乱高下している。

　もちろん、これでも十分に理解できるのですが、「乱高下」という表現がわかりにくい印象です。そこで、ここに「ジェットコースター」という表現を入れてみましょう。

After

▶ 今年の日本列島は暖冬のはずが、東京でドカ雪、沖縄でもみぞれが降るほどの寒波が襲来し、気温が<u>ジェットコースターのように</u>乱高下している。

「乱高下」という難しい言葉がイメージしやすくなり、気温が急激に上がったり下がったりする様子が生き生きと伝わるのではないでしょうか。これが比喩の力です。

作品のなかに見る比喩

　私たちは比喩の効果を日常的に実感しています。たとえば、宮崎駿監督の『天空の城ラピュタ』では、ムスカ大佐がラピュタから落ちてゆく人にむかって、笑いながら口にする言葉が印象的です。

● 見ろ！　人がゴミのようだ！

　文学作品では洗練された比喩が出てきます。たとえば、村上春樹の『世界の終りとハードボイルド・ワンダーランド』では次のような印象的な比喩が出てきます。2例挙げておきます。

● 彼はキュウリが好きなようで、パンをめくってキュウリの上に注意深く適量の食塩を振り、ぱりぱりという小さな音を立ててかじった。サンドウィッチを食べているときの老人はどことなく礼儀正しいコオロギのように見えた。

● しかし私の思いに反して雨の降り止む様子はなかった。ビニール・ラップを何重にもかぶせたようなぼんやりとした色の雲が一分の隙もなく空を覆っていて、そこから間断なく細かい雨が降りつづけていた。

　キュウリの好きな老人がサンドウィッチのキュウリを食べている様子を「礼儀正しいコオロギ」とたとえたり、細かい雨を降らせつづける、ぼんやりとした色の雲を「ビニール・ラップを何重にもかぶせた」とたとえたりするセンスには脱帽です。

直喩と隠喩

　比喩にはいくつか種類があります。一つは**直喩**と言われるもので、比喩であることを示す表現が入っているものです。「ジェットコースターのように」では**「よう」**が比喩を示す表現です。「よう」に似たものとして**「みたい」**がありますし、それらとセットになる副詞**「まるで」****「あたかも」****「いわば」**が代表的です。こうした比喩を示す表現を使えば比喩は簡単に作れます。

　また、**隠喩**と言われるものもあります。

● 今冬の気温の変化はジェットコースターだ。

　とした場合、「よう」「みたい」のような比喩を示す表現がなくても比喩であることがわかります。それは、「気温の変化」と「ジェットコースター」はカテゴリーがまったく異なるものであり、「AはBだ」と言われても、AとBが完全に一致することはないので、比喩であるという解釈に自ずとなるからです。このように、比喩を示す表現に頼らず、言葉の結びつきで比喩であることがわかるものは隠喩と呼ばれます。

　比喩にはこのほかいろいろな種類があり、73課「ヤカンを沸かし、洗濯機を回す。」では換喩と提喩を取りあげますが、典型的な比喩としては直喩と隠喩の二つがわかっていれば十分です。

Point

1 比喩は、イメージにしにくいものを、身近にある似たようなものにたとえてイメージしやすくする表現である。

2 比喩の効果的な使い方は、文学や映像などの作品から学ぶことができる。

3 代表的な比喩としては、「よう」「みたい」を使う直喩と、そうした言葉を使わずに言葉の結びつきだけで比喩を表す隠喩の2種がある。

Section 49　わかりやすい表現

「片栗粉のような小麦粉」

比喩によるカテゴリー転換

Q 効果的な比喩表現を選ぶ方法はありますか？

A できるだけ離れたカテゴリーのものから選ぶことです。

カテゴリー間の距離

　比喩表現というのは、何かを何かにたとえるものですが、**近い関係の
ものにたとえてもあまり効果はありません。**

Before

▶ 片栗粉のようにさらさらな小麦粉

と言ってみても、似たもの同士で比喩としての効果に乏しそうです。

After

▶ 粉雪のようにさらさらな小麦粉

とすることで、さらさら感がより効果的に伝わります。
　カテゴリーが異なるほうが、意外性があり、読み手の印象に残ります。
たとえば、川端康成の『雪国』には次のような有名な比喩が出てきます。

● 駒子の脣は美しい蛭の輪のように滑らかであった。

Part2　わかりやすい文章

女性の唇を「美しい蛭（ヒル）の輪」とたとえることで、なまめかしさを出すことに成功しています。

料理の比喩で練習する

ここでは料理を無生物にたとえる練習をしてみます。[　　]に入る言葉を考えてみてください。

Before

①[　　　　] のようにつやつやしたお米
②[　　　　] のように薄く切られた生ハム
③[　　　　] のように固いフランスパン
④[　　　　] のように大きいハンバーグ
⑤[　　　　] のようにふわふわのシフォンケーキ
⑥[　　　　] のように赤く煮えたぎる激辛スープ

①ではつやつやしたものを考えます。もちろん、つやつやしたと言ってもお米のつやつやですから、エナメルや濡れたカラスの羽のような黒光りするつやつや感は不適切です。この種の比喩としては「宝石のように」が典型的です。また、お米のつやつや感であると考えると「真珠のように」や「水晶のように」も考えられるでしょう。

②では薄いものを考えます。薄いものの代表は紙ですので「紙のように」はまず考えられます。また、向こうが透けて見えるほどに薄いハムだとすると「フィルムのように」あるいは「セロファン」というのも考えられるでしょうか。

③では固いものを考えます。フランスパン自体、比較的固いものですが、中までがちがちに固いものを考えることになりそうです。まず思い浮かぶのは「石のように」です。そのほか、「レンガのように」や「セメントのように」なども思い浮かびます。

④では大きいものを考えますが、ハンバーグ、トンカツなどが大きい

わかりやすい文章

場合、履き物が連想されやすいのが特徴です。形も考慮すると、「わらじのように」「ぞうりのように」「サンダルのように」が考えられそうです。

　⑤ではシフォンケーキの柔らかさを表現する比喩を考えます。まず思いつくのは「スポンジのように」でしょうか。少しひねって考えると、「羽毛布団」や「毛糸玉」のようなものを思いついた人もいるかもしれません。

　⑥の激辛は赤く煮えたぎるイメージを喚起する比喩になります。「火」や「炎」がその典型でしょうが、「マグマ」のような表現が思いつくと、赤く煮えたぎった感じがより鮮明に描きだせそうです。

After

①{宝石／真珠／水晶}のようにつやつやしたお米
②{紙／フィルム／セロファン}のように薄く切られた生ハム
③{石／レンガ／セメント}のように固いフランスパン
④{わらじ／ぞうり／サンダル}のように大きいハンバーグ
⑤{スポンジ／羽毛布団／毛糸玉}のようにふわふわのシフォンケーキ
⑥{火／炎／マグマ}のように赤く煮えたぎる激辛スープ

Point

1　比喩は、たとえるものとたとえられるものとの意味的な距離が遠いほうが効果的になりやすい。

2　比喩の表現効果を高めるには、異なるカテゴリのものに類似性を見いだすセンスが必要である。

「頭が固い上司をよく目にする。」
慣用句の活用

Q 動詞の語彙力が足りません。どうしたらよいですか？

A 慣用句をうまく使うことが必要です。

語の組み合わせを活用する

　語彙力と言うと、一般的に名詞の語彙力に目が行きがちですが、**動詞の語彙力**も名詞に劣らず重要です。「言う」「見る」「聞く」のような基本動詞ばかりが文末に連なり、文章が単調になってしまう。しかし、その単調さをどのように解消してよいかわからない。そのようなときはどう対処すればよいでしょうか。

Before

> ▶ 周囲に好かれる人は、「ありがとう」の一言をよく<u>言います</u>。
> ▶ 新聞を読んでいると、経済指標という言葉をしばしば<u>見ます</u>。
> ▶ 最近よく<u>聞く</u>リスキリングは、リカレント教育とどう違うのだろうか。

　そこで、役に立つのが、**身体名詞を組み合わせた慣用句**です。「言います」は「口にします」、「見ます」は「目にします」、「聞く」は「耳にする」と置き換えることが可能です。こんな簡単な工夫で語彙が増え、表現の単調さを避けられます。

▶ 周囲に好かれる人は、「ありがとう」の一言をよく<u>口にします</u>。
▶ 新聞を読んでいると、経済指標という言葉をしばしば<u>目にします</u>。
▶ 最近よく<u>耳にする</u>リスキリングは、リカレント教育とどう違うのだろうか。

足と手と腕の慣用句

　身体名詞を組み合わせた慣用句を用いる練習をしてみましょう。まず、「足」を使った慣用句です。下線の部分を、「足」を使った表現で言い換えてください。

▶ お酒を飲む人が多く、会費だけでは足りず、<u>予算オーバーになってしまった。</u>
▶ 年度末も押し迫った時期、ライトアップされた夜桜を見に都内の公園に<u>行った。</u>

「予算オーバー」には赤字という意味の「足が出る」という表現が使えます。また、「行く」には「足を運ぶ」という表現が合いそうです。

▶ お酒を飲む人が多く、会費だけでは足りず、<u>足が出てしまった。</u>
▶ 年度末も押し迫った時期、ライトアップされた夜桜を見に都内の公園に<u>足を運んだ。</u>

　次は、「手」を使った慣用句です。下線の部分を、「手」を使った表現

で言い換えてください。

▶ お忙しいところ、<u>ご苦労をおかけしてしまい</u>、申し訳ありません。

▶ 真新しい<u>ユニホームを着て</u>、グラウンドに出た。

「ご苦労をおかけする」では「お手を煩わせる」という表現がよく用いられ、メールなどを書くときに有効です。また、「手」という漢字の入った「お手数をおかけしてしまい」「お手間を取らせてしまい」を考えた方もいそうです。一方、「ユニホームを着る」は「ユニホームの袖に手を通す」というしゃれた表現があり、お勧めです。

▶ お忙しいところ、<u>お手を煩わせてしまい</u>、申し訳ありません。

▶ 真新しい<u>ユニホームの袖に手を通し</u>、グラウンドに出た。

　今度は、「腕」を使った慣用句です。下線の部分を、「腕」を使った表現で言い換えてください。

▶ 当社では、難しい外壁の塗装を、<u>高い技術</u>の職人が丹精を込めて仕上げます。

▶ 当店では、有名な京都の料亭で 18 年<u>修行した</u>店主が、厳選した食材を用いた日本料理を提供しております。

「技術」は「腕」とつながることはよく知られています。「高い技術」は「腕の立つ」と言い換えることが可能で、この文脈に合いそうです。「腕の利く」「確かな腕」なども考えられるでしょうか。また、「修行した」は「腕を磨いた」と言い換えると、PRの文章として効果的になり

そうです。

▸ 当社では、難しい外壁の塗装を、<u>腕の立つ</u>職人が丹精を込めて仕上げます。
▸ 当店では、有名な京都の料亭で 18 年<u>腕を磨いた</u>店主が、厳選した食材を用いた日本料理を提供しております。

頭と顔と首の慣用句

　ここからは、身体の上のほうの身体名詞を使った慣用句を見てみましょう。扱うのは「頭」「顔」「首」で、まずは「頭」からです。下線部を、「頭」を使った慣用句で表現してください。

▸ 上司は<u>いつも同じ発想</u>で、自分の経験に基づいた考え方しかできない。
▸ 地方都市はどこも、若い労働力不足に<u>悩んでいる</u>。

「いつも同じ発想」は柔軟な発想が苦手で創造力に乏しいということで、「頭が固い」という慣用句が思い浮かびます。また、「悩んでいる」は「頭を悩ませている」も可能ですが、もう一歩踏みこむと「頭を痛めている」が出てきそうです。

▸ 上司は<u>頭が固く</u>、自分の経験に基づいた考え方しかできない。
▸ 地方都市はどこも、若い労働力不足に<u>頭を痛めている</u>。

　次は「顔」です。下線部を、「顔」を使った慣用句で表現してくださ

い。

▶ 営業担当者は、知り合いが多く、社交的な人が望ましい。

▶ 紹介者に失礼なことはできないので、気は進まなかったが、会
うことにした。

「顔」は人とのコミュニケーションの基本です。人は顔を合わせること
でネットワークを作ります。「知り合いが多く」は「顔が広く」で表せ
ます。また、「顔」はメンツともつながります。「失礼なことをする」は
「顔を潰す」で表現できそうです。

After

▶ 営業担当者は、顔が広く、社交的な人が望ましい。

▶ 紹介者の顔を潰すことはできないので、気は進まなかったが、
会うことにした。

今度は「首」です。下線部を、「首」を使った慣用句で表現してくだ
さい。

Before

▶ 不景気でリストラに遭い、前の会社を辞めさせられた。

▶ 周囲の人の事情に関わりたがる人は、よく言えば、人の力にな
りたいと思っている人、悪く言えば、出しゃばりでおせっかい
な人である。

会社の解雇は俗に「首」で表現されます。「辞めさせられる」は「首
になる」で表現することができます。また、「関わる」ことは「首を
突っこむ」で表現することができます。

▶ 不景気でリストラに遭い、前の会社を首になった。
▶ 周囲の人の事情に首を突っこみたがる人は、よく言えば、人の力になりたいと思っている人、悪く言えば、出しゃばりでおせっかいな人である。

目と鼻と口の慣用句

　最後は、顔のなかのパーツ、「目」と「鼻」と「口」です。いずれも慣用句が多く、表現のバリエーションが豊富です。まずは「目」から。「目」を使った慣用句で下線部を置き換えてください。

Before

▶ 子どもたちはびっくりして、本物のサンタさんを見ていた。
▶ 経営者は失敗という事実を認められず、現実を見ないようにした。

　「目」を使った表現で「びっくりして」を置き換えると、「目を丸くして」がまず思い浮かびます。似たような表現として「目を見開いて」や「目が点になって」なども考えられそうです。また、「現実を見ないようにした」は「現実から目を背けた」「現実から目を逸らした」「現実に目を塞いだ」などが考えられます。

After

▶ 子どもたちは目を丸くして、本物のサンタさんを見ていた。
▶ 経営者は失敗という事実を認められず、現実から目を背けた。

　次は「鼻」です。「鼻」を使った慣用句で下線部を置き換えてください。

▶ 徹夜をして準備した企画書も、部長に<u>軽く扱われた</u>。

▶ 年下の部下の一言が、プライドの高い夫の<u>自信をくじいた</u>。

「軽く扱われた」は「鼻であしらわれた」と言い換え可能です。似たような言い方に「鼻で笑われた」もあります。また、「自信をくじいた」は「鼻をへし折った」と言い換え可能です。鼻が高いというのは自信満々な様子を表しますので、それを「へし折った」のであれば、そのプライドを打ち砕いたことになります。

▶ 徹夜をして準備した企画書も、部長に<u>鼻であしらわれた</u>。

▶ 年下の部下の一言が、プライドの高い夫の<u>鼻をへし折った</u>。

そして、「口」です。「口」を使った慣用句で下線部を置き換えてください。

▶「今のはセーフでしょう」と監督は審判の判定に<u>不満を述べた</u>。

▶「早くうちに帰りなさい」と言いかけて、遙人は<u>話すのをやめた</u>。

「口」の入った慣用句で「不満を述べた」と言うには「口をとがらせた」がもっとも良さそうです。不服そうな人はだいたい口がとがっているものです。また、「話すのをやめた」は「口をつぐんだ」がよさそうです。「口を閉ざした」「口ごもった」「口を濁した」なども考えられるところです。

▶「今のはセーフでしょう」と監督は審判の判定に<u>口をとがらせ</u>

た。

▶「早くうちに帰りなさい」と言いかけて、遥人は口をつぐんだ。

　基本的な動詞は数も少なく、同じ動詞の使い回しになりがちです。身体名詞を使った慣用句は、そうした動詞不足を補う有力な方法になります。**難しい言葉を覚える必要もありませんし、洗練された印象を読者に与えることもできますので、一石二鳥です。**文脈に合った動詞が見つからずに困ったときは、慣用句を使って複合的に表現するという観点を思い出していただければさいわいです。

　以下に、身体名詞を使った慣用句を表にしておきますので、ご参照ください。

慣用句
【足と手と腕の慣用句】

足	揚げ足を取る、足が出る、足下を見る、足を運ぶ、足を向ける、二の足を踏む
手	手が空く、手がかかる、手が届く、手が離れる、手が早い、手に余る、手にする、手に入る、手に渡る、手を上げる、手を貸す、手を切る、手を出す、手を付ける、手を通す、手を止める、手を引く、手を広げる、手を回す、手を汚す、手を煩わせる
腕	腕が立つ、腕が鳴る、腕によりをかける、腕を上げる、腕を振るう、腕を磨く、腕を見せる

【頭と顔と首の慣用句】

頭	頭が上がらない、頭が固い、頭が切れる、頭が下がる、頭が柔らかい、頭に来る、頭に血が上る、頭を痛める、頭を使う、頭を冷やす
顔	顔が利く、顔が曇る、顔が立つ、顔が広い、顔から火が出る、顔に泥を塗る、顔を合わせる、顔を売る、顔を貸す、顔を出す、顔をつぶす、顔をつなぐ、顔を見せる
首	首がつながる、首が飛ぶ、首が回らない、首になる、首をかしげる、首を縦に振る、首を突っ込む、首を長くする、首をひねる、首を横に振る

【目と鼻と口の慣用句】

目	目が泳ぐ、目が曇る、目が肥える、目が冴える、目が覚める、目が点になる、目がない、目が回る、目に余る、目に浮かぶ、目に障る、目にする、目に付く、目を疑う、目を覆う、目をかける、目を配る、目を皿にする、目を逸らす、目をつむる、目を留める、目を盗む、目を塞ぐ、目を細める、目を丸くする、目を見る、目をやる、目を背ける
鼻	鼻が利く、鼻が高い、鼻が曲がる、鼻を鳴らす、鼻であしらう、鼻で笑う、鼻にかける、鼻に付く、鼻を明かす、鼻をへし折る、木で鼻をくくる、鼻に掛ける、鼻につく
口	口がうまい、口が重い、口がかかる、口が堅い、口が軽い、口が肥える、口が裂ける、口が寂しい、口が過ぎる、口が滑る、口が立つ、口が悪い、口車に乗る、口ごもる、口にする、口に出す、口を利く、口を滑らせる、口をつぐむ、口をとがらせる、口を閉ざす、口を濁す、口を挟む、口を開く、口を封じる

Point

1 語彙力において、動詞の語彙を考える場合、「言う」「見る」「聞く」のような単純な基本動詞を言い換えることが有効で、「口にする」「目にする」「耳にする」のような慣用句の活用を考えるとうまくいきやすい。

2 慣用句を豊富に作りだす場合、身体に関係する名詞を軸に考える方法がある。とくに、足と手と腕の慣用句、頭と顔と首の慣用句、目と鼻と口の慣用句のバリエーションが豊富である。

文は短くなくていい
長くても読みやすい文の構造

Q どの文章術の本を見ても、一文は短くと書いてあるのですが、文の長さは短いのがベストなのでしょうか？

A 短いほうがよいとはかぎらず、適度な長さであることが大事です。

文は適度な長さで

　文は短くというスローガンは、どの文章指南書にも書いてありますが、ほんとうに短く書かなければいけないのでしょうか。たしかに短い文のほうが読みやすいことは多いのですが、短い文が並んでいるとかえって読みにくいこともあります。具体例を挙げて示しましょう。まずは、長い文からなる次の文章を読んでください。

Before

　「こんな研究を続けて、何の意味があるのですか」と聞かれて困った経験は、研究者ならきっと誰にでもあるはずです。

　多くの研究者は、自分の研究にどんな意味があるのかわからないが、直感的に鉱脈につながっている気がするから、採掘してみているというのが正直なところでしょう。

　最初から、金やダイヤモンドが埋まっているとわかっていたら、みんなその場所を掘るはずで、おそらくそんな場所はないでしょうし、あったとしてもすでに多くの人に掘りつくされて荒れているはずです。

　研究には、わからないから掘ってみて、掘りながら意味を考え

るというゆとりが大事だと私は思います。

　この文章は四つの段落からできていますが、どの段落の文も長い一文です。長い一文のなかが、一つのまとまった内容ならばよいのですが、どの一文も複数のまとまった内容が含まれていて、情報の整理が行き届いていません。

　では、すべての文を短い文にしてみます。

　「こんな研究を続けて、何の意味があるのですか」。そう聞かれて困った経験はありませんか。研究者ならきっと誰にでもあるはずです。

　多くの研究者は、自分の研究にどんな意味があるのかわからない。しかし、直感的に鉱脈につながっている気がする。だから、採掘してみている。それが正直なところでしょう。

　最初から、金やダイヤモンドが埋まっているとわかっている。そうだとしたら、みんなその場所を掘るはずです。おそらくそんな場所はないでしょう。あったとしてもすでに多くの人に掘りつくされている。その結果、荒れているはずです。

　わからないから掘ってみる。掘りながら意味を考える。研究にはそんなゆとりが大事だ。私はそう思います。

　今度は文章の流れがぶつ切りにされてしまい、一つのまとまった内容が複数の文に分かれてしまい、やはり情報の整理が行き届いていない印象を受けます。

　では、適度に長い文で文章を構成してみましょう。

　「こんな研究を続けて、何の意味があるのですか」。そう聞かれて困った経験は、研究者ならきっと誰にでもあるはずです。

多くの研究者は、自分の研究にどんな意味があるのかわからないが、直感的に鉱脈につながっている気がする。だから、採掘してみているというのが正直なところでしょう。

　　最初から、金やダイヤモンドが埋まっているとわかっていたら、みんなその場所を掘るはずです。おそらくそんな場所はないでしょうし、あったとしてもすでに多くの人に掘りつくされて荒れているはずです。

　　わからないから掘ってみる。掘りながら意味を考える。研究にはそんなゆとりが大事だと私は思います。

　これが一番読みやすいはずです。まとまった内容を一文に一つ入れるようにし、セットにすべき内容は複数の文に分けずに一つの文のなかに入れる。また、長い文ばかり、あるいは短い文ばかりで統一するのではなく、適度に緩急をつける。これが、読みやすい文章を構成する文の長さの基本だと思います。

長くても読みやすい文

　長い文は文の構造が複雑になりやすく、読みにくくなりがちではあるのですが、「長い文」＝「読みにくい文」ではありません。長い文でも読みにくい文と読みやすい文があるのです。では、長くても読みやすい文というのは、どのような文なのでしょうか。結論から申し上げると、長くても読みやすい文は二つの条件を備えています。

　①文を先頭から一読して頭に入りやすい
　②文全体のバランスが一目でわかりやすい

　次の文を読んでください。

> 今年の全国最高となる **39.7** 度を群馬県桐生市で記録した **16** 日に続き、太平洋側の太平洋高気圧と日本海側のチベット高気圧のダブル高気圧の影響で、**17** 日も厳しい暑さになりそうだ。

　ぱっと見て頭に入りにくく、再読して初めて意味が取れるような文です。それは、「今年の全国最高となる39.7度を」という細部の情報から語りはじめられているため、**読んでいてどこに連れていかれるのかがわかりにくい**ことが影響していると思われます。

　そこで、16日と17日のペアが明確になるような語り出しはどうでしょうか。

> **16** 日は、今年の全国最高となる **39.7** 度を群馬県桐生市で記録したが、**17** 日も、太平洋側の太平洋高気圧と日本海側のチベット高気圧のダブル高気圧の影響で、厳しい暑さになりそうだ。

　ずいぶん読みやすくなった気がします。「16日は」「17日も」という語り出しにより、文の内容の予測がしやすくなったためだと思われます。「16日は」で始まることで、16日がどんな日であったか、内容を埋めるように予測しながら読めますし、「17日も」とあることで、17日も16日と同様に厳しい暑さであるという内容が来ると見当をつけながら読みすすめることができます。

　このように、**文を先頭から読んだときに予測しやすくなるように書く**こと、「16日は」「17日も」のペアのように文全体のバランス、とくに前後の対称性が明確になるように書くと、長くても読みやすい文になります。文の後続内容の予告という点では、46課の陳述副詞も参考になりますので、合わせて確認してください。

1 文は短いほうが読みやすいとはかぎらない。

2 まとまった内容は一文に一つ入れるようにする一方、セットにすべき内容は複数の文に分けずに一つの文のなかに入れる必要がある。

3 長い文ばかり、あるいは短い文ばかりで統一するのではなく、適度に緩急をつけたほうが読みやすい。

4 「文が長い」＝「読みにくい」とはかぎらない。文を先頭から読んだときに予測が利きやすく、文全体のバランスが一目で理解できる文であれば、長くても読みやすい。

「おすすめの本や書評の記事」は何がおすすめか

係り受けの組み合わせが複数ある文

Q 長い文で正確に意味を伝えるためにはどうしたらよいですか？

A 係り受けの関係を確認することです。

誤解を招く四つの原因

　文章の基本は、読み手に書いた内容を正確に伝えることです。正確な伝達のためには、読み手に誤解させないことが大事です。そのためには、誤解の原因となる文のあいまいさを取り除くことが必要になってきます。

　文のあいまいさを生みだす原因は、大きく分けて四つです。一つ目は、**係り受けの関係が複数ある文**、二つ目は、**助詞の解釈が分かれる文**、三つ目は、**全部否定と部分否定に分かれる否定文**、四つ目は、**制限用法と非制限用法を持つ連体修飾です**。ここでは、その四つの原因を順に考えていくことにしましょう。

読点や語順を活用する

　まずは、係り受けの関係が複数ある文を取り上げます。それ以外の三つの原因は、あとに続く課で説明します。次の文では「あわてて」が何を修飾するか、その解釈の違いによって意味が複数生じます。

Before

▶ 私はあわてて返信メールを送る部下を注意した。

「あわてて」が「返信メールを送る」を修飾しているのか、「部下を注意した」を修飾しているのかによる違いです。34課で見たように、読点を打ち分ければ、誤解はなくなるでしょう。

After

▶ 私は、あわてて返信メールを送る部下を注意した。
▶ 私はあわてて、返信メールを送る部下を注意した。

また、この種のあいまいさを避けるには、修飾するものと修飾されるものの位置を近づける語順にするのが原則です。その原則に従うと、次のようになります。

After

▶ 私は返信メールをあわてて送る部下を注意した。
▶ 私は返信メールを送る部下をあわてて注意した。

この種のあいまい文は次のような長い文で起こりがちですが、対処法は同じです。

Before

▶ 海山商事は大胆な構造改革を実現して長年売上首位を誇っていた老舗商社から業界トップの座を奪いとった。

「大胆な構造改革を実現」したのが老舗商社なら、読点や語順の変更によって次のように表現できます。

After

▶ 海山商事は、大胆な構造改革を実現して長年売上首位を誇っていた老舗商社から業界トップの座を奪いとった。
▶ 大胆な構造改革を実現して長年売上首位を誇っていた老舗商社

から、海山商事は業界トップの座を奪いとった。

　一方、「大胆な構造改革を実現」したのが海山商事なら、読点や語順の変更をうまく使って次のように表現できます。

After

> ▶ 海山商事は大胆な構造改革を実現して、長年売上首位を誇っていた老舗商社から業界トップの座を奪いとった。
> ▶ 海山商事は長年売上首位を誇っていた老舗商社から、大胆な構造改革を実現して業界トップの座を奪いとった。

並列関係を明確にする

　先ほどの例は動詞を修飾するときの例ですが、名詞を修飾するときにも起こります。

Before

> ▶ おすすめの本や書評の記事を作成するお仕事です。

　この文は、「おすすめの本の記事」や「おすすめの書評の記事」を作成する仕事でしょうか。それとも、「おすすめの本の記事」やおすすめとはかぎらない「本の書評の記事」を作成する仕事でしょうか、あるいは、「おすすめの本の記事」や「おすすめの本の書評の記事」を作成する仕事でしょうか。この三つを区別するには、次のようにするとよいでしょう。

After

> ▶ おすすめの本の記事やおすすめの書評の記事を作成するお仕事です。

▸ おすすめの本の記事やさまざまな本の書評の記事を作成するお仕事です。

▸ おすすめの本の紹介記事や書評記事を作成するお仕事です。

　このように並列助詞「や」でつないでいる要素が何と何かを明確にするように表現すれば、文の意味があいまいになるのを避けられます。

Point

1 文の意味のあいまいさを生みだすのは、係り受けの関係が複数ある文、助詞の解釈が分かれる文、全部否定と部分否定に分かれる否定文、制限用法と非制限用法を持つ連体修飾である。

2 係り受けの関係が複数ある文では、読点を適切に打ったり、修飾・被修飾の要素が近くなるように語順を変更したりすることで、文の意味のあいまいさを解消できる。

3 名詞を「や」や「と」の助詞で並列する場合、前後の何と何を「や」や「と」で結んでいるのかがわかるよう、省略をせずに表現すると、文の意味のあいまいさを軽減できる。

「田中さんに話したいことがある。」

助詞の解釈が分かれる文

Q 短い文はあいまいになりにくいですか？

A そうでもありません。とくに、助詞の使い方によって、あいまいになることがあります。

複数の解釈を生む格助詞「に」

長い文は係り受けの構造が複雑になりやすいものですが、短い文は別の理由であいまいになりやすいものです。短い文は省略が多く、情報が不足しがちです。そこに、助詞のあいまいさが加わると、複数の意味に読めてしまうことが少なくありません。とくに**格助詞「に」**ではそのような現象が起きやすくなります。

Before

▶私は会議で議長に推薦された。

この文は一見すると、私は議長というポストに推薦されたように見えますが、会議の議長に別の委員になるように推薦された可能性もあります。次のようにすれば、誤解は防げます。

After

▶私は会議で議長として推薦された。
▶私は会議で議長から推薦された。

次の文はどうでしょうか。

▶ シンポジウムの開催日は 10 月 1 日に変更された。

　この文は見たところ、10 月 1 日にシンポジウムが開催されると解釈するのがふつうでしょう。しかし、もう一つの解釈があります。それは、変更されたことの決まった日が10月 1 日という解釈です。誤解を防ぐには次のようにします。

▶ 変更の結果、シンポジウムの開催日は 10 月 1 日に決まった。
▶ シンポジウムの開催日の変更が、10 月 1 日に決まった。

　次の文も二つの意味に解釈可能です。

▶ 上司に見えないように行動した。

　一つの解釈は、上司の目には見えないように隠れて行動したという解釈、もう一つの解釈は、自分が上司でありながら、いかにも上役と周囲の目に見えないように行動したという解釈です。それぞれ次のように言い換えが可能です。

▶ 上司からは見えないように行動した。
▶ 上司らしく見えないように行動した。

格助詞「に」は主体か対象か

一方、次の文はどうでしょうか。

> ▶ 海山商事には競争入札でかならず勝ってほしい。

この文も一見すると、海山商事が競争入札に勝つという海山商事応援歌のように見えるかもしれません。しかし、我が社も競争入札に参加する場合、我が社が海山商事にかならず勝ってほしいという意味になる可能性もあります。次のようにすれば、誤解はなくなります。

> ▶ 海山商事に競争入札でかならず落札してほしい。
> ▶ 我が社には海山商事に競争入札でかならず勝ってほしい。

次の文も複数に解釈できます。

> ▶ 田中さんに話したいことがある。

一つは「話したい」相手が田中さんという解釈、もう一つは「話したい」主体が田中さんという解釈です。それぞれ次のようにすれば、誤解は防げます。

> ▶ 田中さんにたいして話したいことがある。
> ▶ 田中さんには、話したいことがある。

格助詞「を」で起きる複数の解釈

なお、格助詞「に」だけがつねに多様な解釈を含むわけではありません。

Before

▶ 子どもを迎えに行かせる。

のような**使役文**の場合、むしろ格助詞「を」が複数の意味を生んでいます。

After

▶ 子どもに迎えに行かせる。
▶ 夫に子どもの迎えに行かせる。

のように格助詞「に」を使ったほうが、意味が正確に伝わります。

Point

1 　格助詞「に」は複数の解釈を含みやすい。

2 　とくに「から」と言い換え可能な起点の意味を含む場合、「に」が主体とも対象とも理解できる場合に意味があいまいになりやすい。

3 　使役文で使われる格助詞「を」も複数の解釈を含む場合がある。

「会議には、全員来なくていい。」
全部否定と部分否定

Q 否定文を使うときのポイントはありますか？

A 意味があいまいにならないように注意することです。

会議に来たのは何人か

　前課までで見たあいまい文がとくに出現しやすいのが否定文です。次の文を見て、どのような意味だと思いますか。

Before

▶ 会議に二人は来なかった。

　ぱっと見て、一瞬戸惑ったのではないでしょうか。常識的には次のような意味に解釈されそうです。

After

▶ 会議に二人とも来なかった。

　つまり、ある特定の二人がいて、その二人が両方とも休んだという解釈です。

　しかし、それ以外の解釈をした人もいるのではないでしょうか。たとえば、次のような解釈もありそうです。

After

> ▶ 会議に来なかったのは（少なくとも）二人だ。

　こちらは、会議に来なかった人が（少なくとも）二人いたという解釈です。ここでは二人という人数だけを問題にしていて、特定の二人を指しているわけではありません。

　さらに、次のような解釈も成り立ちそうです。

After

> ▶ 会議には一人しか来なかった。

「二人は」の「は」を対比の意味で捉えると、「二人は」来なかったが「一人は」来たという意味になります。

全部否定か部分否定か

　ここからわかることは、**否定文というのは、あいまいになりやすい**ということです。次の例を見てください。

Before

> ▶ 会議には、全員来なくていい。

　この文も二つの意味に分かれます。一つは全部否定であり、一人残らず誰も来なくてよいという意味です。もう一つは部分否定であり、全員集合する必要はなく、少し休む人がいても問題ないという意味です。前者の全部否定であれば「誰も来なくていい」、後者の部分否定であれば「全員は来なくていい」とすると意味がはっきりします。

> ▶ 会議には、誰も来なくていい。
> ▶ 会議には、全員は来なくていい。

もう一つ見てみましょう。

> ▶ 会議では、すべてが自分の思いどおりにはいかない。

これも全部否定と部分否定がありそうです。全部否定であれば、何から何まで自分の思いどおりにはいかないという解釈に、部分否定であれば、すべてのことが自分の思いどおりにいくとはかぎらないことを示します。前者であれば「あらゆることが」とし、後者であれば「思いどおりにいくわけではない」とすると、意味が明確になるでしょう。

> ▶ 会議では、あらゆることが自分の思いどおりにはいかない。
> ▶ 会議では、すべてが自分の思いどおりにはいくとはかぎらない。

「～ように…ない」のあいまいさ

さらに、もう一つ見てみましょう。

> ▶ 会議では、議長のように自由に発言できない。

「～ように…ない」もあいまいになりやすいパターンです。一つの解釈は、会議では自由に発言できない議長と同様に、私も自由に発言できな

いというもの。もう一つの解釈は、会議では自由に発言している議長と
は異なり、私は自由に発言できないというものです。「議長と同様」と
すれば前者の意味に、「議長と違って」とすれば後者の意味になります
ので、「ように」の意味が明確になるように言い換えることが必要です。

After

▶ 会議では、議長と {同様／同じように} 自由に発言できない。

▶ 会議では、議長と {違って／同じようには} 自由に発言できな
い。

Point

1 否定文はあいまいになりやすい。

2 とくに、全部否定と部分否定、「～ように…ない」はあいまいになりや
すいので、意識して限定的な意味になるよう言い換える必要がある。

二種類の「小さいハムスター」
制限用法と非制限用法

Q 英語で連体修飾節の制限用法と非制限用法の違いを習いました。日本語にもそうした違いはあるのでしょうか？

A 形には表れませんが、違いがあり、それが複数の解釈を生む原因となります。

連体修飾の制限用法と非制限用法

「小さいハムスター」には二つの意味があると言われても、ピンとこない人が多いでしょう。しかし、文脈があれば、二つの意味に分かれることは簡単にわかります。

- 我が家には、小さいハムスターと大きいハムスターがいる。
- げっ歯類には、小さいハムスターと大きいカピバラがいる。

「小さいハムスターと大きいハムスター」は、2匹のハムスターの区別に役立ちます。たとえば、家でハムスターを飼育していて、1匹が小さく、もう1匹が大きい場合、その2匹のハムスターを区別する意味で「小さいハムスター」「大きいハムスター」と言います。ここでのポイントは、「小さい」「大きい」という修飾語がハムスターの区別に役立っていることであり、これが**制限用法**です。

　一方、「小さいハムスターと大きいカピバラ」の場合、ハムスターは小さいサイズの生物だという前提に立っています。ハムスターは小さいもの、カピバラは大きいもので、「小さいハムスター」はハムスターの

区別には役に立っておらず、非制限用法と呼ばれます。「げっ歯類には、ハムスターとカピバラがいる」と言っても同じことなのですが、両者の違いを明確に説明するために「小さいハムスター」と言っているにすぎないわけです。

「赤いポスト」「白いマスク」は本来非制限用法です。なぜなら、日本では伝統的にポストは赤いものであり、マスクは白いものだからです。ところが、郵便ポストでも海外を視野に入れると、制限用法になります。アメリカのポストは青、フランスのポストは黄色、中国のポストは緑色であり、「赤いポスト」の「赤い」はポストの色の区別に役に立つからです。マスクの色も、とくにコロナ禍以降カラフルになってきており、現在では「白いマスク」はマスクの色の区別に役立つ制限用法と言っても支障はないでしょう。

制限用法と非制限用法の区別が難しい日本語

　この制限用法と非制限用法を区別するために、英語では、連体修飾節において関係詞の直前にカンマを入れることで非制限用法であることを明示しますが、日本語では意味の区別だけであり、表記上の区別はしません。そのため、二つの意味に解釈可能になってしまうことがあります。次の文を見てください。

Before

▶ 共働きが増えた今、預かり保育の時間が短い幼稚園は、入園児の数が減っている。

　この文には二つの解釈があります。一つの解釈は制限用法としての解釈で、幼稚園には預かり保育の時間が長いものと短いものがあり、幼稚園のなかでも預かり保育の時間が短いものが入園児の数が減っており、経営上苦戦しているという幼稚園のなかでの違いです。もう一つの解釈は非制限用法としての解釈で、幼稚園というものは保育園とくらべてど

こも預かり保育が短いために入園児の数が減っており、経営上苦戦しているという幼稚園と保育園の違いです。これは、かなり大きな意味の違いですので、書くときにはこの違いが明確になるように表現する必要があります。

After

- ▶ 共働きが増えた今、預かり保育の時間が短い幼稚園は、長い幼稚園にくらべて入園児の数が減っている。
- ▶ 共働きが増えた今、預かり保育の時間が短い幼稚園は、保育園にくらべて入園児の数が減っている。

制限用法と非制限用法の区別は難しいので、いくつか例を見ておきましょう。

Before

- ▶ 弊社では、お客さまとのお約束なしにお伺いする訪問営業はいたしません。

この文だけでは、アポを取ったうえでの訪問営業ならばするのか、そもそも訪問営業自体をしないのかがわかりません。次のように区別する必要があるでしょう。

After

- ▶ 弊社では、訪問営業のうち、お客さまとのお約束なしにお伺いするタイプの営業はいたしません。
- ▶ 弊社では、お客さまとのお約束なしにお伺いする営業、いわゆる訪問営業はいたしません。

次の文はどうでしょうか。

Before

▶ 我が社は、コンテンツ使用料が高額な映画会社とは契約しない。

この例も、コンテンツ使用料が高額でない映画会社であれば契約をするのか、そもそも映画会社自体と契約しないのかがわかりません。次のように書き換えることで、制限用法と非制限用法の区別は容易になるでしょう。

After

▶ 我が社は、映画会社のうち、コンテンツ使用料が高額なところとは契約しない。

▶ 映画会社は総じてコンテンツ使用料が高額なので、我が社は映画会社とは契約しない。

この文章を書いている2023年5月現在、LGBTQ＋の人たちへの理解を増進するための議員立法をめぐり、政権与党の自民党の会議が開かれ、焦点となっている「差別は許されない」という文言を「不当な差別はあってはならない」と変更する案が示されていました。おそらくこの変更案の意図は、差別には不当なものと不当でないものがあり、不当な差別はあってならないという制限用法としての解釈を許すためでしょう。もちろん、差別というのはすべて不当なものであり、差別は一切許されないという非制限用法としての解釈も可能ですが、それならば、もとの「差別は許されない」という表現で十分であり、わざわざ「不当な」をつける必要はないわけです。

しかし、差別に不当なものと不当でないものがあるという区別を設けること自体に疑義があり、その結果としてこうした論争が引き起こされたとも考えられます。これもまた、制限用法と非制限用法の表記上の区別がなく、両方の解釈を許す日本語が上げている悲鳴とみることができるのかもしれません。

1 連体修飾節には、「小さいハムスターと大きいハムスター」のように名詞を区別するための制限用法と、「小さいハムスターと大きいカピバラ」のように名詞を区別せず、名詞に説明を加えるだけの非制限用法がある。

2 日本語の場合、制限用法と非制限用法を区別する表記法がないので、こうした二つの解釈が生じないよう、表現自体を変えて区別する必要がある。

「だから何？」と思われない構成

基本となる文章構成

Q 文章では「言いたいこと」はどこに置きますか？

A 「言いたいこと」は、冒頭の段落、末尾の段落のいずれか、あるいはその両方に置くのが基本です。

文章構成の基本型三つ

　文章を書くときに悩ましいのが、「言いたいこと」、すなわち書き手が自分の文章をつうじて読み手に伝えたいメッセージをどこで書くかということです。そのときに考えるべきは文章構成、すなわち文章全体の巨視的な構成です。私たちは、小学校で「はじめ」－「なか」－「おわり」を習い、大人になってからは「序論」－「本論」－「結論」を意識するように、文章を三部構成で考えることになじみがあります。そのため、ここでは文章を「冒頭部」－「展開部」－「結尾部」の三部構成で捉えることにしましょう。

　文章構成は「言いたいこと」をどこに配置するかによって議論されることが多く、文章の冒頭部に「言いたいこと」が置かれる**「頭括型」**、文章の結尾部に「言いたいこと」が置かれる**「尾括型」**、冒頭部と結尾部の両方に「言いたいこと」が置かれる**「両括型」**の三つが基本です。それ以外にも、文章の中間部に「言いたいこと」が来る型、文章の複数箇所に「言いたいこと」が来る型、反対に、文章のどこにも表面的には「言いたいこと」が現れない型などありますが、文章を書くときには「頭括型」「尾括型」「両括型」の三つを知っておけば十分です。**文章を**

書くときには、文章の最初か（あるいは最初と）最後に「言いたいこと」を配置することがポイントです。

　次に示すのは、「言いたいこと」がぼんやりとしかわからない文章です。流れはそれなりに追えるのですが、ポイントがずれていくような印象があり、読んだあと**「だから何？」**となりがちな文章です。

　そこで、文章の「言いたいこと」を明確にしたうえで、「頭括型」「尾括型」「両括型」のいずれかに書き換えてみてください。

Before

　朝が起きられないという悩みを持つ人は少なくない。朝の苦手な人がまず思いつくのが、目覚まし時計を変えることだが、それで改善することは少ない。次に着手するのが、早く寝ることだが、早く布団に入っても目が冴えてしまい、なかなか寝つけるものではないし、運よく早めに入眠できても、今度は深夜に目が覚めてしまう。そこで考えたいのが、睡眠の質の向上である。

　睡眠の質向上の一つ目のカギは「運動の習慣」、すなわち昼間に適度に身体を動かしておくことである。適度な疲労は、回復のために十分な睡眠を必要とするので、睡眠の質が上がる。社会人の場合、平日は身体を動かすのは一見難しいように思えるが、通勤の行き帰りに階段を使ったり、帰宅途中の駅で一駅早めに降りてそこから歩いて帰ったりするなど、運動の機会は工夫次第で作ることが可能である。

　睡眠の質向上の二つ目のカギは「入眠の準備」、すなわち寝るまえの数時間をどう過ごすかであり、その数時間が睡眠の質を左右する。寝るまえにお勧めなのが、入浴やストレッチなどのリラックス行為、反対に寝るまえに避けたいのが、スマホやディスプレイなどの画面の光である。ブルーライトをはじめとする強い光は睡眠の質を悪化させるおそれがある。

　睡眠の質向上の三つ目のカギは「睡眠の環境」、すなわち睡眠を支える寝具や部屋の環境である。体型・体質に合った布団と枕

は、熟睡のための必須アイテムであることはよく知られている。また、寝室が適度な温度・湿度に保たれていることも、睡眠の質を左右する。一般に、室温が20度前後、湿度が50％前後がよいとされ、とくに、夏場と冬場には注意が必要である。

「尾括型」に変える

　まずは、「尾括型」から考えてみましょう。「尾括型」は文章の末尾に「言いたいこと」が来る文章ですが、もともと「言いたいこと」がなかった文章の場合、最後に「言いたいこと」を加えれば「尾括型」になるので、もっとも直しやすい文章構成となります。

　この文章で書き手が「言いたいこと」は、「睡眠の質の向上」のカギとなるのが、「運動の習慣」「入眠の準備」「睡眠の環境」という三つの条件である」ということです。そこで、もとの文章の最後に新たな段落を作り、そこに加筆した「言いたいこと」を入れました。

　「尾括型」は、「頭括型」や「両括型」と違い、最初に書き手の「言いたいこと」を示さないため、書き手がどちらの方向に読み手を引っ張っていこうとしているのか、追いにくいのが弱点です。そこで、下記の修正例では、第一段落の終わりに、最後の段落の内容が答えとなるような問いの文「睡眠の質を向上させるカギは、いったい何だろうか。」を入れ、「言いたいこと」を焦点化しました。それにより、文章の流れが追いやすくなっています。

After

　朝が起きられないという悩みを持つ人は少なくない。朝の苦手な人がまず思いつくのが、目覚まし時計を変えることだが、それで改善することは少ない。次に着手するのが、早く寝ることだが、早く布団に入っても目が冴えてしまい、なかなか寝つけるものではないし、運よく早めに入眠できても、今度は深夜に目が覚めて

しまう。そこで考えたいのが、睡眠の質の向上である。睡眠の質を向上させるカギは、いったい何だろうか。

　一つ目のカギは「運動の習慣」、すなわち昼間に適度に身体を動かしておくことである。適度な疲労は、回復のために十分な睡眠を必要とするので、睡眠の質が上がる。社会人の場合、平日は身体を動かすのは一見難しいように思えるが、通勤の行き帰りに階段を使ったり、帰宅途中の駅で一駅早めに降りてそこから歩いて帰ったりするなど、運動の機会は工夫次第で作ることが可能である。

　二つ目のカギは「入眠の準備」、すなわち寝るまえの数時間をどう過ごすかであり、その数時間が睡眠の質を左右する。寝るまえにお勧めなのが、入浴やストレッチなどのリラックス行為、反対に寝るまえに避けたいのが、スマホやディスプレイなどの画面の光である。ブルーライトをはじめとする強い光は睡眠の質を悪化させるおそれがある。

　三つ目のカギは「睡眠の環境」、すなわち睡眠を支える寝具や部屋の環境である。体型・体質に合った布団と枕は、熟睡のための必須アイテムであることはよく知られている。また、寝室が適度な温度・湿度に保たれていることも、睡眠の質を左右する。一般に、室温が20度前後、湿度が50％前後がよいとされ、とくに、夏場と冬場には注意が必要である。

　「運動の習慣」「入眠の準備」「睡眠の環境」、この三つの条件が整えば、睡眠の質が向上して夜の眠りが深くなり、朝が気持ちよく迎えられるようになる。

「頭括型」に変える

　今度は、文章の最初に書き手の「言いたいこと」を置く「頭括型」に挑戦してみましょう。「頭括型」の場合、冒頭の段落のおわりに書き手の「言いたいこと」を置くことが多いです。このため、第一段落が文章

全体の要約となり、第一段落を読んだだけで書き手の「言いたいこと」の全体像がわかるようになります。第二段落以降は補足の説明を受け、理解を深めるような読み方になります。**書き手の主張を誤りなく理解できるという点は長所ですが、続きを読ませる力が相対的に弱くなるという短所があり、その短所をどう補うかが書き手の力量**ということになりそうです。

After

　朝が起きられないという悩みを持つ人は少なくない。朝の苦手な人がまず思いつくのが、目覚まし時計を変えることだが、それで改善することは少ない。次に着手するのが、早く寝ることだが、早く布団に入っても目が冴えてしまい、なかなか寝つけるものではないし、運よく早めに入眠できても、今度は深夜に目が覚めてしまう。そこで考えたいのが、睡眠の質の向上である。そして、その睡眠の質の向上に欠かせないカギとなるのが、「運動の習慣」「入眠の準備」「睡眠の環境」の三つの条件である。

　「運動の習慣」は、昼間に適度に身体を動かしておくことである。適度な疲労は、回復のために十分な睡眠を必要とするので、睡眠の質が上がる。社会人の場合、平日は身体を動かすのは一見難しいように思えるが、通勤の行き帰りに階段を使ったり、帰宅途中の駅で一駅早めに降りてそこから歩いて帰ったりするなど、運動の機会は工夫次第で作ることが可能である。

　「入眠の準備」は、寝るまえの数時間をどう過ごすかであり、その数時間が睡眠の質を左右する。寝るまえにお勧めなのが、入浴やストレッチなどのリラックス行為、反対に寝るまえに避けたいのが、スマホやディスプレイなどの画面の光である。ブルーライトをはじめとする強い光は睡眠の質を悪化させるおそれがある。

　「睡眠の環境」は、睡眠を支える寝具や部屋の環境である。体型・体質に合った布団と枕は、熟睡のための必須アイテムであることはよく知られている。また、寝室が適度な温度・湿度に保た

れていることも、睡眠の質を左右する。一般に、室温が20度前後、湿度が50％前後がよいとされ、とくに、夏場と冬場には注意が必要である。

「両括型」に変える

「両括型」は「頭括型」と「尾括型」を兼ね備えた文章構成で、いわばオールマイティです。書き手の「言いたいこと」が最初と最後に二度出てきますので、書き手のメッセージを確実に読み手に印象づけられます。半面、「言いたいこと」が繰り返されるくどさもあり、その点が「両括型」の目立ちやすい短所となります。そのため、**いかにくどくならないように繰り返すのか、そこに書き手は苦心することになります。**

After

　朝が起きられないという悩みを持つ人は少なくない。朝の苦手な人がまず思いつくのが、目覚まし時計を変えることだが、それで改善することは少ない。次に着手するのが、早く寝ることだが、早く布団に入っても目が冴えてしまい、なかなか寝つけるものではないし、運よく早めに入眠できても、今度は深夜に目が覚めてしまう。そこで考えたいのが、睡眠の質の向上である。そして、その睡眠の質の向上に欠かせないカギとなるのが、「運動の習慣」「入眠の準備」「睡眠の環境」の三つの条件である。

　「運動の習慣」は、昼間に適度に身体を動かしておくことである。適度な疲労は、回復のために十分な睡眠を必要とするので、睡眠の質が上がる。社会人の場合、平日は身体を動かすのは一見難しいように思えるが、通勤の行き帰りに階段を使ったり、帰宅途中の駅で一駅早めに降りてそこから歩いて帰ったりするなど、運動の機会は工夫次第で作ることが可能である。

　「入眠の準備」は、寝るまえの数時間をどう過ごすかであり、

その数時間が睡眠の質を左右する。寝るまえにお勧めなのが、入浴やストレッチなどのリラックス行為、反対に寝るまえに避けたいのが、スマホやディスプレイなどの画面の光である。ブルーライトをはじめとする強い光は睡眠の質を悪化させるおそれがある。

「睡眠の環境」は、睡眠を支える寝具や部屋の環境である。体型・体質に合った布団と枕は、熟睡のための必須アイテムであることはよく知られている。また、寝室が適度な温度・湿度に保たれていることも、睡眠の質を左右する。一般に、室温が20度前後、湿度が50％前後がよいとされ、とくに、夏場と冬場には注意が必要である。

「運動の習慣」「入眠の準備」「睡眠の環境」、この三つが整えば、睡眠の質が向上して夜の眠りが深くなり、朝が気持ちよく迎えられるようになる。

Point

1　文章構成は、書き手の「言いたいこと」をどこに配置するかで大枠が決まる。

2　書き手の「言いたいこと」を文章の冒頭部に置く「頭括型」は、読み手に文章全体を冒頭部だけで要約的に伝えられる長所を持つ。半面、読み手に中間部以降を読みたくなるモチベーションを持たせるのが難しく、続きを読ませる工夫が課題となる。

3　書き手の「言いたいこと」を文章の結尾部に置く「尾括型」は、読み手に最後に文章の要点を種明かしできる長所を持つ。半面、「冒頭部」で読み手をどちらの方向に引っ張っていくかが見えにくくなり、方向性を示す工夫が課題となる。

4　書き手の「言いたいこと」を文章の冒頭部・結尾部の両方に置く「両括型」は「頭括型」と「尾括型」の特徴を兼ね備えており、読み手にもっとも確実にメッセージを伝えられる。半面、メッセージが二度出現するくどさを減らす工夫が課題となる。

長い文章を書けない人への処方箋

パラグラフ・ライティングの基本

Q 長い文章が書けるようになるためには、どうすればよいですか？

A 長い文章を段落という短いパーツに分けて書き、それを最後につなげて長くすることです。

短いパーツに分けて書く

　長い文章を書くのが苦手という人は多いものです。では、長い文章を書くのはどうすればよいか。逆説的ですが、**長い文章を書かなければよいのです**。長い文章を構成するパーツを短く設定して、短いパーツをたくさん書く。そのパーツを数珠つなぎのように長く続ければ、長い文章になります。

　本書も全体として見れば長い文章ですが、一つひとつはさほど長くはない課を100以上つなげているので、結果として長く見えるようになっています。ペースとしては1ヶ月で平均して15課。つまり、1日書いて1日休むというペースで1日1課書き、7ヶ月ほどかけて本書全体を書きあげているわけです。

　1課はさほど長くないと申しましたが、それは私が書き慣れているからであって、実際にはそれなりの長さでしょう。この長さの1課もまた、まとめて一気に書こうとするとしんどいので、それなりに長い1課をさらに短く分割して書くようにします。そのときに使うのが**パラグラフ・ライティング**です。

文章の設計図を作る

　パラグラフ・ライティングは段落を単位に書く方法のことですが、パラグラフ・ライティングで最初にするべきことは、文章の設計図を作ることです。実際に設計図を作ってみましょう。

　たとえば、中学校や高校の生徒がどうしたら進んで作文を書くようになるのか、生徒が作文を書きたくなる文章を書いてほしいと依頼されたとしましょう。そこで、どんな文章を書こうか立ち止まって考えます。生徒は面倒なことが嫌いであり、文章を書くのは面倒なことだから、生徒は文章を書きたくならないという設計図を書いてみましょう。

Before

> (1) 生徒は面倒なことが嫌いである。
> (2) 文章を書くのは面倒なことである。
> (3) だから、生徒は文章を書きたくならない。
> (4) したがって、文章を書く手間をできるだけ省けばよい。
> (5) ChatGPT や Bard を使って作文を書けばよい。

　(4)と(5)は、(3)「生徒は文章を書きたくならない」の解決策として示したものです。論理的には必然的な展開のように見えますが、失格です。なぜなら、「生徒が作文を書きたくなる文章を書いてほしい」という依頼に応えていないからです。作文は、自分らしい文章が上手に書けるようになる練習であり、それを機械に任せては練習になりません。**文章の設計図は、文章を書く目的を実現するものでなければなりません。**

　そこで、考えを改めることにします。中学生や高校生はほんとうに文章を書くのが嫌いなのでしょうか。もし嫌いであれば、中学生や高校生は文章をまったく書かないはずですが、実際には書いています。彼らはSNSを使って日常的に文章を書いているのです。つまり、文章を書くのが嫌いなのではなく、作文を書くのが嫌いなのでしょう。

　だとしたら、なぜ生徒は作文が嫌いなのでしょうか。SNSの文章は自

分たちが書きたくて書いている文章なのにたいし、作文というものが、自分たちが書きたいわけではなく、書かされる文章だからです。ここで、ようやく解決法が見えてきます。作文を、書かされる文章から書きたくなる文章にすればよいわけです。

そのことを踏まえて次のような文章設計図を作ってみます。

After

(1) 作文を書くのが嫌いな生徒が多い。

(2) 生徒は文章を書くこと自体は嫌いではない。

(3) 生徒が作文を嫌いなのは、作文には弊害があるからである。

(4) 作文の弊害①：テーマを教師に強制される

(5) 作文の弊害②：読み手が教師に限定される

(6) 作文の弊害③：書く目的がはっきりしない

(7) この作文の三つの弊害を取り除けば、生徒は進んで作文を書くようになる。

これでパラグラフ・ライティングの準備は完了です。長い文章を書いていくと、文章全体の一貫性が失われ、文章の構成がぐらついてしまうことがあります。しかし、このように事前に設計図を作成して自分の論を進める方向を定め、それに沿って書くようにすれば、自分の主張をぶれずに書くことができます。

Point

1　長い文章を書くためには、長い文章を一気に書きあげようとせず、長い文章を短いパーツ、すなわち段落に分けて書き、それをつないで長くすればよい。

2　段落に分けて書くさいには、文章の設計図が必要になる。

3　文章の設計図は、その文章を書く目的を実現するように作成する。

ていねいな長い文章
パラグラフ・ライティングの実際

Q しっかりした文章構成で書くにはどうしたらよいですか？

A 書く目的に合った文章の設計図を作成し、それに沿って書くことです。

トピック・センテンスを膨らませる

　前課では、文章の設計図を作成しました。本課では、その文章の設計図に従って書くことにします。ポイントは、前課の(1) 〜 (7)の文を段落の先頭に置き、それぞれの文の説明をそのあとに続けて七つの段落を作ることです。文の先頭に置く文のことをトピック・センテンス（中心文）、その後に続く文のことをサポーティング・センテンス（支持文）と言います。つまり、**トピック・センテンスの内容をサポーティング・センテンスでふくらませて一つの段落を作る。そして、その段落をつなげて文章にする。それがパラグラフ・ライティングの基本です。**

Before

(1) 作文を書くのが嫌いな生徒が多い。

　この文、すなわちトピック・センテンスを先頭に置いて、段落を作ってみましょう。「作文を書くのが嫌いな生徒が多い。」ではやや表現が強いので、「作文を書くのが好きではない生徒は多い。」ぐらいにしましょうか。そのうえで、作文が好きではない生徒の具体的な姿を書いてみま

しょう。

(1) 作文を書くのが好きではない生徒は多い。作文が嫌いな生徒
は昔から多かったが、その点は今も変わらない。国語の授業で
先生が今日は作文にすると言って、歓声が上がることはない。
むしろ、めんどくさそうな顔になったり、不安そうな顔になっ
たりする子どもが目立つのが実情である。

(2) 生徒は文章を書くこと自体は嫌いではない。

　この文が第二段落のトピック・センテンスになります。ただ、単調な
ので、「生徒は文章を書くことが嫌いなのだろうか。けっしてそんなこ
とはない。」という2文に分けて示すことにします。ここでは、生徒が
文章を書くのが嫌いでない根拠をこのあとに詳しく書いて、説得力を持
たせるようにするとよいでしょう。

(2) 生徒は文章を書くことが嫌いなのだろうか。けっしてそんな
ことはない。事実、短い文章をSNSで発信することならば進
んでする生徒は多い。自分の考えたことを文章にすることにも
抵抗は少なく、一定のスキルを持つ生徒は少なくない。

(3) 生徒が作文を嫌いなのは、作文には弊害があるからである。

　この文は第三段落のトピック・センテンスですが、やはり唐突感があ
るので、(2)と同様に、「では、なぜ作文を書くのが嫌いなのだろうか。

1
2
3
4

わかりやすい文章

その理由は、作文というものには、書く気を失わせる弊害が存在するからである。」として疑問文とその答えというペアにして示すことにします。それ以降の文章では、作文の弊害を三つ並べて書くことになるので、そのための予告文を忍ばせておくことにします。

After

(3) では、なぜ作文を書くのが嫌いなのだろうか。その理由は、作文というものには、書く気を失わせる弊害が存在するからである。作文嫌いを生みだしてしまう弊害は、大きくは三つに分かれる。

Before

(4) 作文の弊害①：テーマを教師に強制される

　これをきちんとした１文にすると、「作文の弊害の一つ目は、テーマを教師に強制される点である。」となります。このトピック・センテンスのあとに、テーマを教師に強制されるということがどのようなことかを説明し、その弊害を克服する代案を示しておきます。

After

(4) 作文の弊害の一つ目は、テーマを教師に強制される点である。テーマが自分の関心にあっていなかったり、興味をそそられなかったりした場合、書く気が起きないのは当然のことである。こうした弊害を防ぐには、生徒が書きたいテーマを自由に選ばせることである。テーマを自分で決められれば、自分の関心のあるテーマを探してこられるようになり、作文を書こうという意欲も生まれる。

(5) 作文の弊害②：読み手が教師に限定される

　この文を完全文にすると、「作文の弊害の二つ目は、読み手が教師に限られる点である。」とできます。そのあとには、それがなぜ弊害になるのかを説明し、その弊害を解消する方策を続けます。

(5) 作文の弊害の二つ目は、読み手が教師に限られる点である。作文は書いても、授業を担当する教師にしか読まれないのが一般的である。評価を目的として読む教師から高い評価を得るには教師が喜びそうなことを書くしかない。そんな文章を生徒が書きたくなるだろうか。生徒が読んでほしいと思うのは、むしろ同世代の読み手である。それならば、生徒同士に読んでもらい、「いいね」をたくさん獲得した文章に高い評価をつければよい。読み手という文章の宛先を変えることで、生徒の執筆のモチベーションは高まる。

(6) 作文の弊害③：書く目的がはっきりしない

　このトピック・センテンスも完全文にする必要があります。「作文の弊害の三つ目は、何のために書くのか、書く目的がはっきりしない点である。」とできるでしょう。そのあとには、書く目的がはっきりしないとはどういうことなのかをわかりやすく説明し、書く目的をはっきりさせる方法を示します。

(6) 作文の弊害の三つ目は、何のために書くのか、書く目的が
はっきりしない点である。文章には実用上の目的が存在する。
説明文ならば読み手に知っておいてほしい、意見文ならば読み
手に納得してほしい、物語文ならば読み手に共感してほしいと
いった目的があって書かれるものである。しかし、作文は練習
のために書く文章なので、目的が明確でない。そのため、練習
のための練習になりがちとなる。そこで、大事なのは生徒に目
的を提示することである。文章を書く目的が情報伝達なのか、
説得なのか、共感なのか。その点をはっきりさせることで作文
は効果が上がる。また、生徒同士で評価をさせるにしても、そ
うした目的を達成しているかどうかで評価をさせると、自分た
ちの作文を見る目を養うことにもなる。

(7) この作文の三つの弊害を取り除けば、生徒は進んで作文を書
くようになる。

これが最後のまとめの文です。この文を段落の内容全体に反映させま
す。

(7) このように、作文を書かせるには、テーマの強制、教師とい
う読み手、目的の不明確さといった、書かされている気にさせ
てしまう作文の弊害を取り除くことが必要である。同時に、
テーマの自由選択、生徒という読み手、目的の明確な設定と
いった、そのかわりとなる方法を採り入れることで、生徒の書
こうという意欲は向上すると考えられる。

段落をつなぎあわせる

　以上の(1)〜(7)をまとめた文章を最後に示しておきます。この文章はパラグラフ・ライティングによって作られたものです。すなわち、まず文章の設計図を作り、その設計図の文をトピック・センテンスとします。そして、トピック・センテンスにサポーティング・センテンスを加え、段落として膨らませていきます。このようにして全体構造を先に作ってしまい、その全体構造を損なわないように段落という部分から組み立てていけば、長い文章を書くのがさほど苦痛にならずに済みます。

After

　作文を書くのが好きではない生徒は多い。作文が嫌いな生徒は昔から多かったが、その点は今も変わらない。国語の授業で先生が今日は作文にすると言って、歓声が上がることはない。むしろ、めんどくさそうな顔になったり、不安そうな顔になったりする子どもが目立つのが実情である。

　生徒は文章を書くことが嫌いなのだろうか。けっしてそんなことはない。事実、短い文章を SNS で発信することならば進んでする生徒は多い。自分の考えたことを文章にすることにも抵抗は少なく、一定のスキルを持つ生徒は少なくない。

　では、なぜ作文を書くのが嫌いなのだろうか。その理由は、作文というものには、書く気を失わせる弊害が存在するからである。作文嫌いを生みだしてしまう弊害は、大きくは三つに分かれる。

　作文の弊害の一つ目は、テーマを教師に強制される点である。テーマが自分の関心にあっていなかったり、興味をそそられなかったりした場合、書く気が起きないのは当然のことである。こうした弊害を防ぐには、生徒が書きたいテーマを自由に選ばせることである。テーマを自分で決められれば、自分の関心のあるテーマを探してこられるようになり、作文を書こうという意欲も生まれる。

作文の弊害の二つ目は、読み手が教師に限られる点である。作文は書いても、授業を担当する教師にしか読まれないのが一般的である。評価を目的として読む教師から高い評価を得るには教師が喜びそうなことを書くしかない。そんな文章を生徒が書きたくなるだろうか。生徒が読んでほしいと思うのは、むしろ同世代の読み手である。それならば、生徒同士に読んでもらい、「いいね」をたくさん獲得した文章に高い評価をつければよい。読み手という文章の宛先を変えることで、生徒の執筆のモチベーションは高まる。

　作文の弊害の三つ目は、何のために書くのか、書く目的がはっきりしない点である。文章には実用上の目的が存在する。説明文ならば読み手に知っておいてほしい、意見文ならば読み手に納得してほしい、物語文ならば読み手に共感してほしいといった目的があって書かれるものである。しかし、作文は練習のために書く文章なので、目的が明確でない。そのため、練習のための練習になりがちとなる。そこで、大事なのは生徒に目的を提示することである。文章を書く目的が情報伝達なのか、説得なのか、共感なのか。その点をはっきりさせることで作文は効果が上がる。また、生徒同士で評価をさせるにしても、そうした目的を達成しているかどうかで評価をさせると、自分たちの作文を見る目を養うことにもなる。

　このように、作文を書かせるには、テーマの強制、教師という読み手、目的の不明確さといった、書かされている気にさせてしまう作文の弊害を取り除くことが必要である。同時に、テーマの自由選択、生徒という読み手、目的の明確な設定といった、そのかわりとなる方法を採り入れることで、生徒の書こうという意欲は向上すると考えられる。

　最初に文章の設計図を作成してトピック・センテンスを設定し、それぞれのトピック・センテンスを膨らませて段落を作り、一連の段落をつ

なげて一つの文章にすると、短い文章の積み重ねで長い文章ができるだけでなく、文章全体としての筋が一貫し、説得力のある文章になるという特徴があります。

文章が長く書ける人は、書くことをたくさん持っているという錯覚があります。しかし、実際はたくさん書くことがあるわけではなく、一つの事柄を深めたり広げたりする技術が長けているのです。文章を長く書ける人は、次々に書くことを並べているわけではなく、一つひとつのことをていねいに詳しく書くようにしているのです。そのことに気づければ、長い文章を書くことがぐっと楽になるでしょう。

Point

1 筋の通った文章を書くには、文章の設計図をあらかじめ作成し、その設計図に従って文章を書く必要がある。

2 文章の設計図の一つひとつの文をトピック・センテンスとし、その文の内容を膨らませて段落を作り、最後に一連の段落をつなぐことで、筋の通った文章ができあがる。

3 文章を長く書ける人は、たくさんのことを次々に書ける人ではなく、一つひとつの事柄をていねいに詳しく説明できる技術を持った人である。

わかりやすい文章

「つなぐ」だけでなく
「深める」ための接続詞
接続詞を使った発想の広げ方

接続詞から考える

Q トピック・センテンスを書いても、そこでサポーティング・センテンスが思い浮かびません。トピック・センテンスの内容を膨らませるにはどうしたらよいですか？

A 内容を深める接続詞を使ってみることです。

　長い文章を書こうとするときに、あらかじめ文章の設計図を書き、そこに表れたトピック・センテンスを膨らませて段落を構成する必要性があることは前課で示しました。しかし、トピック・センテンスを書いたあと、手が止まってしまうことがあります。トピック・センテンスに、どんな内容のサポーティング・センテンスを加えていけばよいかが思い浮かばないのです。内容を深めたり広げたりすると言われても、その深め方、広げ方がわからないわけです。

　そうしたときに大事なことは、**トピック・センテンスに働きかけてみることです。働きかけのさいに役立つのが、「なぜなら」「たとえば」「つまり」「なかでも」などの内容を深める接続詞です。**

「なぜなら」で理由を考える

　たとえば、次のような文があるとします。

> ▶ 自分の幸せばかり考えている人は幸せになれません。

　この文を見て「なんでだろう？」と思いませんか。自分の幸せを求めている人は、幸せになれそうな気がするからです。しかし、自分の幸せだけを求める人は不幸になると言うのです。ここで大事なのは、**「なぜなら」** という接続詞で働きかけてみることです。なぜ自分の幸せを求める人が幸せにならないのか、その理由をあれこれ考えてみると、一つの段落を作ることができます。

> ▶ **自分の幸せばかり考えている人は幸せになれません。**<u>なぜなら</u>、**人から奪う人は奪われ、人を支配する人は人に支配され、人を捨てる人は人から捨てられるからです。自分の幸せだけでなく、まわりの人の幸せも考えられる人が、ほんとうに幸せになれるのです。**

　次の文を見てください。

> ▶ 周囲は私に「床が抜けるほどたくさん本を持っていてどうするの」と言いますが、私は本を買うのをやめるつもりはありません。

　この文も「なんでだろう？」と感じてしまいます。私という人は本好きさんのようですが、なぜこの人がここまで本が好きなのか、「なぜなら」という接続詞を介して想像を広げてみるのも楽しそうです。

Part

1

2

3

4

わかりやすい文章

▶ 周囲は私に「床が抜けるほどたくさん本を持っていてどうするの」と言いますが、私は本を買うのをやめるつもりはありません。<u>なぜなら</u>、本とともに暮らすのが私の生きがいだからです。働くなら正社員になれなくても書店一択ですし、家に帰っても本に囲まれて生活したい。私にとって必要なパートナーは、本なのです。

「たとえば」で具体例を考える

次の文はどうでしょうか。

▶ 言葉の使い方には、世代差が観察される。

この文は「なぜなら」では広げにくそうです。「なんでだろう？」という疑問は持たないからです。ですが、かわりに**「たとえば」**という接続詞で内容を深めてみたくなります。例がないとわかりにくいからです。

▶ 言葉の使い方には、世代差が観察される。<u>たとえば</u>、自分の女親のことを人前で言及するとき、「母」と言わず、「お母さん」「母親」というのは、20代・30代の若い世代が中心である。

次の文も例が必要なものです。

▶ 阪神ファンにたいするイメージはさまざまである。

関西に熱狂的なファンが多いことで知られる阪神タイガース。高校野球でも有名な甲子園球場を本拠地とするプロ野球球団ですが、詳しい人は「たとえば？」と聞かれて、すぐにいくつも思いつきそうです。

After

▶ 阪神ファンにたいするイメージはさまざまである。たとえば、応援がどの球団よりも熱い、全国どこへでも応援に行きそう、選手にたいするヤジがきつそう、勝てばいつまでも「六甲おろし」を歌いそう、気さくで隣の席のファンにもふつうに話しかけそう、などである。

これだけ挙げれば、阪神ファンのイメージは豊かになります。

「つまり」で意図を考える

トピック・センテンスの内容を膨らませるのは「なぜなら」と「たとえば」が代表的ですが、「つまり」や「とくに」も使えます。
「つまり」は、「何が言いたいかというと」とほぼ同義だと考えてよいでしょう。次の文を見てください。

Before

▶ 会社という組織でチームとして働く場合、周囲にたいして率直であることは大事なことです。

この文はやや抽象的でわかりにくいです。「つまり」「何が言いたいかというと」でわかりやすく言い換えることが可能です。結果として段落が膨らみ、適当な長さに落ち着きます。

▶ 会社という組織でチームとして働く場合、周囲にたいして率直
であることは大事なことです。つまり、「怒り」や「イライラ」
といったネガティブな感情はあって当たり前ですし、それを無
理に隠す必要はないということです。もちろん、それを表明す
るときは、できるだけポジティブな言葉で表現することがマ
ナーです。

「なかでも」で顕著な例を考える

**「なかでも」は「たとえば」と似ていますが、「たとえば」だと例が思
い浮かびすぎて発散しそうなときに有効です。「とくに」や「とりわけ」**
でも同じ効果を発揮します。次の文を見てください。

▶ 平成における技術の進歩は、電子的な技術に多く見られた。

これを「なかでも」で深めてみましょう。

▶ 平成における技術の進歩は、電子的な技術に多く見られた。な
かでも、スマホやタブレットの普及、情報通信技術（ICT）や
人工知能（AI）の広がりなど、超スマート社会につながるも
のが注目を集めた。

　平成は30年強ありましたので、そこではいろいろな技術の進歩があ
りました。電子的な技術の進歩に限っても、SNSの活用はめざましいも
のがありました。インターネットを介したビジネスも盛んになり、暗号

資産（仮想通貨）なども登場しました。しかし、ここでは「なかでも」を使うことで、「超スマート社会」につながるものを集中して挙げています。

　ここでは、「なぜなら」「たとえば」「つまり」「なかでも」などの内容を深める接続詞を取り上げました。トピック・センテンスの直後にこうした接続詞を加えて考えてみると、発想が広がりを見せることがあります。段落がなかなか膨らまないときに使える一つの技術として頭に入れておくことをお勧めします。

Point

1　トピック・センテンスの内容を膨らませようとしても、考えが思い浮かばないときがある。

2　トピック・センテンスの内容を深めたり広げたりする場合、「なぜなら」「たとえば」「つまり」「なかでも」などの内容を深める接続詞をつけてみて、次に続く内容を考えると効果的なことがある。

言葉は何のためにあるか、ご存じでしょうか。多くの方はコミュニケーションのためにあると答えるでしょう。コミュニケーションは伝え合いとも言います。つまり、コミュニケーションで人と人は何かを伝え合っているわけです。

では、言葉は何を伝え合っているのでしょうか。多くの人は情報を伝え合っていると答えるでしょう。たしかに私たちは日常の会話のなかで、今日の晩ご飯のメニューのことを伝え合い、明日の天気のことを伝え合っています。それは会話だけでなく、文章でも同じことでしょう。

しかし、私たちが伝え合っているのは情報だけでしょうか。もし情報だけを伝えるのなら、私たちが知り合いと会ったとき挨拶をするのはなぜでしょうか。「こんにちは」と言わなくても、顔が合えば知り合いに会ったことがわかるはずです。また、私たちが先輩や先生、上司や顧客にたいして敬語を使うのはなぜでしょうか。情報だけを伝えるのなら、敬語はいらないはずです。

ここからわかることは、言葉が伝え合っているのは情報だけではなく感情、

Part

3 配慮のある
文章

すなわち気持ちも伝え合っているのです。人間とは社会的な生き物で、コミュニケーションの相手に「あなたが大事だ」という気持ちを伝えることで、周囲の人と良好な関係が築けます。反対に、「私だけが大事だ」という気持ちを伝えてしまうと、周囲の人との関係が悪くなるわけです。

　私たちは周囲の人と信頼関係を構築・維持できるように配慮しながら生きています。相手の喜びそうな言い方を選び、傷つけてしまう言い方を避け、敬語を使って相手を立てたりするのは、そうした配慮の表れです。私たちは言葉選びに気を遣って生きているのですが、少し気を緩めると信頼関係を壊すような言い方をしてしまい、ときには、自分の気づかない物言いで周囲の人を傷つけていることもあるわけです。

　周囲の人と仲良くやっていきたいと思うのが私たちの思いですが、それがなかなかうまくいかず、失敗してしまうのが現実です。この章では、文章において相手への配慮をどのようにすればよいか、その勘どころを学びます。

配慮のある語彙

「保母さんですか。女性らしいですね。」

ジェンダーにたいする配慮

Q 言葉選びのさい、男女にかんしてとくに注意が必要な言葉は何ですか？

A 性の役割を固定する言葉です。

性をめぐる固定観念を前提とした言葉

男性と女性が異なる性なのは事実ですが、人の違いというのは性差よりも個人差のほうが大きいものです。しかし、性にたいする固定観念は強く、「男性は〜すべき」「女性は〜すべき」という潜在意識で使った言葉が、ふとした拍子に読み手を傷つけてしまうことがあります。

Before

▶ 笑顔で働ける職場を探している<u>保母さん</u>、募集中です。

「保母さん」は、「保育士さん」とすべきところです。保育園で働く多数は女性であるという意識で「保母さん」と書いてしまったのかもしれませんが、保育士は女性の役割であることが前提となってしまいます。その結果、応募をためらう女性もいるでしょうし、転職を考えている「保父さん」はそもそも応募できなくなってしまいます。

After

▶ 笑顔で働ける職場を探している<u>保育士さん</u>、募集中です。

「看護婦」「助産婦」「保健婦」も同様で、「看護師」「助産師」「保健師」とする社会的配慮が必要です。「スチュワーデス」を「キャビンアテンダント（CA）」「客室乗務員」とするのも同様の配慮に基づきます。

Before

> ▶ テレワーク化の時代、自宅で働く<u>ビジネスマン</u>必見です。

一方、「ビジネスマン」は、反対に女性を排除しています。「ビジネスパーソン」とするのが現代では一般的です。「サラリーマン」はそもそも男性のみを対象とした言葉で、「サラリーパーソン」とはしづらいので、「勤め人」「オフィスワーカー」などとするしかなさそうです。

After

> ▶ テレワーク化の時代、自宅で働く<u>ビジネスパーソン</u>必見です。

「カメラマン」も「カメラパーソン」とはしづらいので、「写真家」「フォトグラファー」とすることが考えられます。「女優」「女社長」「女流作家」「女性理事」「女子アナウンサー」「婦人警官」として「俳優」「社長」「作家」などと区別するのも同様の視点から気をつける必要があります。「俳優」「社長」「作家」「理事」「アナウンサー」「警官」が男性であるのが当然という意識が働いているからです。

LGBTQ＋への配慮

また、LGBTをはじめとするセクシュアル・マイノリティへの配慮も必要です。相手の配偶者を呼ぶ場合、「ご主人」「奥さま」を避けたいと思っている方はきっと多いでしょうが、「旦那さま」「ご夫人」ぐらいが限界でしょうか。だとしたら、**「お連れ合い」「お相手の方」「パートナーの方」**のように性を明確にしない呼び方のほうがよいように思います。そうした配慮をしておくと、相手の方のパートナーが同性の方の場

合、不快な思いをさせずにすみます。

▶ 心のこもった、こんなにかわいいお手製のプレゼントがもらえ
るなんて、<u>彼氏さん</u>も、お幸せですね。

などと書くのも注意が必要です。パートナーが異性とはかぎらないか
らです。

▶ 心のこもった、こんなにかわいいお手製のプレゼントがもらえ
るなんて、**お相手の方**も、お幸せですね。

ぐらいにしたほうがよいでしょう。

「男らしい」「女らしい」「男勝り」「女々しい」などといった言葉も配
慮を欠いた表現として読み手に伝わります。読み手は多様な背景を持っ
ているものです。性を区別する言葉はできるだけ控えるというのが配慮
の基本です。

Point

1 性別による固定観念に縛られた言葉遣いは避け、性差の表れにくい言葉
を選ぶのが、現代社会のマナーである。

2 異性愛を前提とせず、LGBTQ＋にも配慮した言葉遣いも必要である。

「肌色」と「父兄」と「底辺校」

少数者にたいする配慮

Q 言葉選びで気をつける必要があるのは、性に関わる言葉だけですか？

A 少数者にたいする言葉全般に注意が必要です。

当事者が傷つかない保護者の言葉

次の文を見てください。どこを直したらよいでしょう。

Before

▶ 来月の七夕発表会、2年1組のプログラムは『さるかに合戦』です。ご父兄のみなさまに見ていただくために、毎日がんばって練習しています。ぜひお越しください！

もちろん、前課でジェンダーに気をつけることを確認しましたので、すぐに「ご父兄のみなさま」が問題であることに気づかれたと思います。保護者が男性であることを前提とした表現だからです。では、どのように修正したらよいでしょうか。

Before

▶ 来月の七夕発表会、2年1組のプログラムは『さるかに合戦』です。<u>お父さま、お母さま</u>に見ていただくために、毎日がんばって練習しています。ぜひお越しください！

「お父さま、お母さま」という直し方には問題がありそうです。教師が、二親がいる家庭を暗黙の前提にしてこの案内を送っていると思われてしまわないでしょうか。父子家庭、母子家庭もありますし、実の親がなく、祖父母や親類、児童養護施設の職員の方が保護者を務めていることもあるでしょう。この案内を見た子どもは、そうした保護者に渡すことができなくなるかもしれません。せめて次のようにしたほうがよいでしょう。

After

> ▶ 来月の七夕発表会、2年1組のプログラムは『さるかに合戦』です。<u>おうちの方</u>に見ていただくために、毎日がんばって練習しています。ぜひお越しください！

高齢者を指す言葉

また、上から目線が感じられるのは、性に関わる言葉だけではありません。日本では、高齢者に関わる言葉で当事者が傷つくケースが増えています。

- 父ももう年なのだから、年相応のかっこうをしてほしい。
- 70歳まで会社にしがみつく老人が、うちの会社の競争力を弱めている。
- 高齢の親が言うことを聞かず、デイサービスでクレーマーになっている。

「老害」のようなあからさまな言葉でなくても、「もう年だ」「年相応」「会社にしがみつく」「言うことを聞かない」などの言葉で、年齢を理由にバッシングされています。高齢化のしわ寄せを受けている若い世代にとっては腹立たしい面もあるでしょうが、高齢者もいろいろです。**年配の人を十把一絡げにして問題視する表現は避けたほうがよいでしょう。**

人種的な差別の言葉

　また、人種差別もなかなか消えない問題です。「ヘイトスピーチ、許さない。」という法務省のホームページが示すような「○○人は出て行け」「祖国へ帰れ」などのあからさまな差別表現はもちろん避けるべきです。そこまでひどくなくても、サッカーのファンならば、「Japanese only」というサポーターの横断幕が人種差別行為と受け取られたことはよくご存じでしょう。「外人」という言い方が排外的なイメージを持つことは以前から指摘されており、現在では「外国人」という言い方が主流です。しかし、「外人」であっても、「外国人」であっても、こうした**「よその人」というラベルを貼り、「外国人お断り」とすることは立派な差別行為**になってしまいます。

「肌色」も注意が必要な表現になりました。黄色人種を基準にした「肌色」という名称を文具メーカーは使わなくなっており、絵の具やクレヨンでは**「ペールオレンジ」**や**「うすだいだい」**という名称に言い換えられています。それもまた、少数者にたいする配慮が進んだことの一つの表れです。

　出自については、時代のグローバル化に伴った問題が生じています。「混血児」「あいのこ」と言われ、かつて差別された子どもたちは、現代では一般に「ハーフ」と呼ばれています。この表現が普及した1970年代は中立的な呼び方として認識されていたのでしょうが、現在では「ハーフ（半分）」というこの和製英語の語感が問題視され、**「ダブル」**と呼ばれることが増えてきました。そうしたことも知っておく必要があるでしょう。

「障害」の表記

　心身の障害に関わる語では、「めくら」が「盲人」になり、「つんぼ」が「耳の聞こえない人」になりました。「社会的に進む言い換え」の節で見たように、「精神分裂病」は「統合失調症」になり、「ぼけ」が「痴

呆症」に、さらに「認知症」になりました。こうした言い換えによって、心身の障害に関わる差別をできるだけ露わにならないようにしているわけです。

　そもそも「障害」という表記も避けられ、「障がい」「障碍」と表記されることが増えてきています。この表記をめぐる問題は根深く、個人的には「障害者」「障がい者」「障碍者」どれを選んでも、それぞれの立場からの反論があり、将来的には「障害者」に代わる別語が定着することが望ましいように思われます。

学歴差別の言葉

　学歴差別も社会的課題の一つです。「上位校」「中堅校」「下位校」という言い方があります。「上位校」はいわゆる「偏差値の高い学校」、「下位校」はいわゆる「偏差値の低い学校」であり、「中堅校」はその中間です。「下位校」はひどい場合は「底辺校」と呼ばれたりもします。

　そうした差別的なニュアンスを弱めるために、たとえば高校では、「教育困難校」「課題集中校」「進路多様校」のような言い方がされます。言葉の置き換えだけで差別的なニュアンスがなくなるわけではありませんが、「底辺校」、さらには「バカ学校」「クズ学校」のような差別的な言葉を使ってよい理由にはなりません。身も蓋もない言い方を避けることから現実にたいする認識が少しずつ変わっていくものです。

Point

1　多数派の立場に立つと、無意識のうちに少数者を傷つけてしまうことがある。

2　とくに少数者を傷つけてしまいがちな言葉として、保護者を指す言葉、高齢者を指す言葉、人種差別の言葉、障害（がい／碍）者の言葉、学歴差別の言葉があり、言葉選びのさいには、こうした少数者の存在を意識する必要がある。

「昭和的なポエム」
不特定多数への配慮

Q 広報で気をつけるべき言葉遣いはありますか？

A 多様な環境に置かれた方が傷つく言葉遣いです。

古い偏った価値観

　読み手を傷つけるような言葉遣いは、誰もしたいとは思っていません。しかし、**使った言葉が結果として誰かを傷つけてしまうことがあります。それが言葉の宿命ですが、そうした被害は最小限に食いとめる努力が必要です。**そうした言葉の代表が、性に関わる表現であり、少数者に向けた表現です。先の課で見たように、ジェンダーについての偏ったものの見方をはじめ、年齢・人種・障害・学歴など、少数者の差別につながる言葉については、多くの方が意識的に気をつけるようにしているはずです。とくに、不特定多数に向けた文章を書く機会の多い広報担当者は、炎上を避ける意味でも、自分の書いた文章にそうした表現が含まれていないか、つねに意識をして文章を書いているはずです。

　しかし、昭和なものの見方は、なかなかなくならないものです。ユーモアやリップサービスのつもりで使った言葉が人をおとしめることもあり、それが舌禍事件につながっている現実があります。こんな言葉まで使っては駄目だと言われるなんて言葉狩りではないかと感じる向きもあるでしょうが、炎上によって一旦失ってしまった信頼を取り戻すことは大変です。信頼は構築に時間がかかりますが、失うのは一瞬です。読み手が傷つきかねない言葉遣いというものをつねに想像し、細心の注意を

払う必要があります。

意外なところに潜む刃物

　人を傷つける言葉遣いのリストがあればよいのかもしれませんが、感じ方は人によってさまざまであり、マニュアルで整理することは困難です。「えっ、こんな言葉が」という思いもよらぬ言葉で人は傷ついてしまうことがあります。

Before

▶ <u>地球の裏側</u>では、今カーニバルがフィナーレを迎えている。

　留学生教育に関わっていた私は、こうした文を読んで悲しくなるというブラジル人に出会ったことがあります。裏日本という表現までは気にしている人はいても、地球の裏側という表現で傷ついているラテンアメリカの人がいることに思いを馳せる人は少ないかもしれません。しかし、日系ブラジル人をはじめとする日系南米人は日本で数多く働いており、自分の書いた文章を読む機会があることは知っておく必要があります。

After

▶ <u>季節も時間も日本と対称の国ブラジル</u>では、今カーニバルがフィナーレを迎えている。

　したがって、書き手は想像力を巡らし、こうした言葉遣いが人を傷つけるおそれがないかを、つねに読み手の立場から想像する必要があります。じつは、先ほど「昭和なものの見方」とあえて書きました。

Before

▶ 昭和なものの見方は、なかなかなくならないものです。

これを見て、むっとされた方もいるのではないでしょうか。私自身、昭和の時代を生きてきた者として、「昭和」という慣れ親しんだ言葉でネガティブな括り方をされるのは不快です。人は愛着のあるものを否定されるのが嫌な存在です。たとえ表現として気が利いていなくても、次のように修正する必要があるでしょう。

▶ <u>古い偏った価値観</u>は、なかなかなくならないものです。

専門家が嫌う言葉

「将棋倒し」という言葉があります。花火など、多くの人が集まる事故現場でしばしば比喩として使われます。しかし、日本将棋連盟が過去に抗議したことからもわかるように、将棋好きにとってはこうした言葉遣いに悲しい思いをすることがあります。自分でやったことなのに、あたかも被害者を装うのに使われる「狂言」という言葉に、狂言関係者が違和感を表明した事例もあります。よい印象の言葉で綴られながら中身のない文章のことを「ポエム」と言うことがありますが、これにたいして詩人が胸を痛めることもあるでしょう。

「ぼけ」が「痴呆症」に、さらに「認知症」になったことはすでに紹介しましたが、この名称の検討が行われた当時、「認知症」ではなく「認知失調症」という名称が適切だと、日本心理学会・日本基礎心理学会・日本認知科学会・日本認知心理学会の4学会が意見書を出しました。これは「認知」という語の誤解につながるおそれがあると判断したことが背景にあります。認知自体ではなく、認知機能に何らかの変調を来していることが症状なのであり、そのことをきちんと示す必要があると考えたわけです。最終的には採用されなかったのですが、研究者は正確な用語使用を求めるということを表す事例です。心理学関係者のなかには「認知症」という名称に今でも違和感を覚える人がいることもまた、

知っておいて損はなさそうです。

侮蔑的なニュアンス

また、次のような語も問題になりそうです。

Before

> ▶ 認知機能の衰えから<u>徘徊</u>する高齢者の保護に警察が頭を痛めている。
> ▶ パソコンでの業務効率を上げるには、<u>ブラインドタッチ</u>の習得が必須だ。
> ▶ 俳優であっても、50歳を過ぎると、容姿の<u>劣化</u>は避けられない。

「徘徊」という語は、亡霊や妖怪のイメージがつきまとい、侮蔑的なニュアンスを持ちやすく、無目的にうろつくという含意を有するということでふさわしくないと言われることがあります。周囲からは「徘徊」のように見えても、認知（失調）症患者本人には目的も理由もあって歩き回っているかもしれないからです。そこで、「ひとり歩き」という言葉の導入が検討されています。

また、「ブラインドタッチ」は和製英語ですが、「ブラインド」、すなわち盲目という言葉が入っているためふさわしくないと考えられ、「タッチタイピング」という言葉が一般的になりつつあります。同様の意味で、「盲目的」というのも引っかかる表現です。

「劣化」という言葉は、金属や機械など、ものにたいして本来用いられる言葉ですが、最近では加齢による衰え、とくに容姿の衰えにたいして使われることが増えています。なかでも芸能人の見た目に使われることが多く、ルッキズム、すなわち外見で人の価値を判断する見方として、心を痛めている人が多いように感じられます。

▶ 認知機能の衰えから<u>ひとり歩きする</u>高齢者の保護に警察が頭を痛めている。

▶ パソコンでの業務効率を上げるには、<u>タッチタイピングの習得</u>が必須だ。

▶ 俳優であっても、50歳を過ぎると、容姿の<u>衰え</u>は避けられない。

「徘徊」「ブラインドタッチ」「劣化」など、一見差別的には見えない言葉でも、人によっては、そうした語の使用に複雑な思いを抱いたり、そうした語を無神経に使う配慮を欠いた姿勢に批判を寄せたりすることは心に留めておく必要があります。

Point

1　人は誰しも、使った言葉で結果として他者を傷つけてしまうことがある。

2　いわゆる差別語でなくても、読み手によっては傷ついてしまう言葉がある。

3　「将棋倒し」「狂言」「ポエム」のように、ある専門分野の言葉をネガティブな含みで使うと、反発を招きやすい。

4　「徘徊」「ブラインドタッチ」「劣化」など、侮蔑的なニュアンスを持つ言葉はとくに意識して避けるようにしたい。

「老後」と「死去」と「高齢者」

はっきりいうことの弊害

Q 表現は、読み手につねに明確に伝わるように選んだほうがよいですか？

A 状況によってはぼかしたほうがよいこともあります。

正確さより優先すべきもの

Part 1 「正確な文章」では、正確な言葉遣いについて考えました。情報を正確に伝えることは情報伝達の基本です。しかし、正確さはすべてに優先するわけではありません。Part 2 「わかりやすい文章」で学んだように、正確さとわかりやすさは両立しないときもあります。学術論文のように読み手が専門家であれば、わかりやすさを犠牲にしてでも正確さを優先すべき場合もありますが、市民向けの科学の読み物のように読み手が一般人であれば、正確さを犠牲にしてでもわかりやすさを優先すべき場合もあるでしょう。

Part 3 「配慮のある文章」でもこうした原則は同じです。正確さと配慮が両立しないとき、読み手への配慮を犠牲にしてでも正確さを優先しなければならない場合もあれば、正確さを犠牲にしてでも読み手への配慮を優先しなければならない場合もあります。

死をぼかす

ライフイベントという言葉を見聞きするようになりました。妊娠・出産に始まり、入園・入学、就職・転職、結婚・離婚、退職・老後、介

護・看護と続いていく生涯の営みを表す言葉であり、最後に来るのは「死去」であるはずです。しかし、「死去」は**「お別れ」**として表現されるのが一般的です。「お別れ」は死別だけでなく、多様な別れを含みますので、「死去」のほうが正確な表現でしょう。また、二字漢語が続くなか、最後に「お別れ」が来るのはややバランスを欠きます。しかし、「死去」というのは正確であるがゆえに生々しく、読み手の心に冷たく刺さるおそれがあります。死は一般に忌み言葉であり、生々しい表現は避けたほうがよいとされています。そうした配慮を考慮すれば、正確さを犠牲にしてでも、「お別れ」を選ぶことになるでしょう。

電車の車内や駅構内のアナウンスで使われる「人身事故」というのも似たニュアンスでしょう。「人身事故」として表現される事故の場合、多くは死を意味すると考えられますが、多様な背景を持つ乗客にたいし、電車の遅れの原因を生々しくアナウンスすることはマイナスでしかありません。一方で、道路脇の立て看板では、「重大事故（死亡）」などと明確に書かれるのを目にすることがあります。生々しく書くことでドライバーにたいして強い注意喚起を促す効果があると警察の交通課は判断しているのでしょう。状況によって、配慮が優先される場合と正確さが優先される場合があるわけです。

お葬式が行われる「葬儀場」は「斎場」や「式場」という言葉が使われます。「斎場」も「式場」も儀式が行われる場所という意味であり、葬儀という意味を含みません。それでも、定着すると次第に葬儀の色を帯びてきますので、記念館という意味の外来語**「メモリアルホール」**が好まれることになります。

高齢をぼかす

日本社会では、残念ながら年を取ることがネガティブな評価に結びつきがちです。次の文の「高齢者」「老後」は誤りではありませんが、当事者の心に強く響きそうです。

- ▶ <u>高齢者人材</u>の豊かな経験を生かし、地域社会への参加を促したい。
- ▶ <u>老後世代</u>の就業についての意識調査が市内 10 地点で同時に行われた。

　高齢に関わる言葉は「シルバー」「シニア」という外来語が好んで使われます。外来語を使うと生々しい語感が薄まり、ポジティブな評価に傾きやすい特徴があるからです。

- ▶ <u>シルバー人材</u>の豊かな経験を生かし、地域社会への参加を促したい。
- ▶ <u>シニア世代</u>の就業についての意識調査が市内 10 地点で同時に行われた。

　「シルバー」に関連して「白髪」のことを「銀髪」とも言いますが、最近では「白髪」は「グレイヘアー」と称されます。これなども、外来語をうまく用いた例でしょう。魅力的な初老の男性が持つ白髪交じりの頭髪を「ロマンスグレー」と呼ぶことは昔から行われています。

　身近なところでは、近年は祖父・祖母を指す語として「じいさん」「ばあさん」が避けられ、「おじいちゃん」「おばあちゃん」、さらには「じいじ」「ばあば」がよく用いられます。こうした名称は祖父母と孫の距離感を近づけると同時に、いかにも年配者という語感を避けるねらいもあると見られます。

　このように、意味を明確に表す言葉でも、社会的に語感がよくないとされる語は言い換えられる傾向があります。

ぼかす効果は、生々しさを薄めるだけではありません。ぼかすと明確には伝わりにくくなるのですが、そのほうが包括的に伝わるというものもあります。

▶ 親族等を装って現金が至急必要だとだます<u>オレオレ詐欺</u>にご注意ください。

最近では「オレオレ詐欺」という言葉を聞く機会が減りました。親族だと偽って高齢者に近づき、架空の名目で現金を振りこませる詐欺は、当初は自分の名前を名乗らず「おれおれ」と言う手口から「オレオレ詐欺」と呼ばれましたが、その後手口が洗練され、最終的に指定された銀行口座に金銭を振りこませることから「振り込め詐欺」と言い換えられました。しかし、さらにその後、手口が多様化して「振り込め詐欺」には収まらない手口も出てきたことから「特殊詐欺」という包括的な名称が使われるようになっています。

▶ 親族等を装って現金が至急必要だとだます**特殊詐欺**にご注意ください。

「不審物」という言葉もあります。「不審者」もそうですが、「不審者」以上に「不審物」はピンとこない名称で、どのようなものを指しているか、定義が難しい語です。「不審物」は、持ち主がわからない放置された荷物のことも、過度に厳重な包装がされた箱のことも、液体がしみでていたり異臭がしたりする鞄のこともあるでしょう。ただ、怪しいものにはいろいろあるわけで、これと限定せずに注意喚起できる言葉のほうがよいこともあるのでしょう。

「有事」という言葉もあります。もともとは軍事用語であり、戦争やテロなど、軍隊の出動が要請されるような緊急事態を指す言葉でした。しかし、最近では意味が広がり、大規模な自然災害や、世界的な感染症の流行にも使われるようになっています。国家的に対処しなければならない非常事態を一括できるという意味で、便利な言葉です。一方、「有事法制」のように「有事」という言葉が一人歩きし、意味の範囲が広がりすぎると、市民の人権を国家が圧迫しかねない、そんな怖さもあります。**表現の選択はかならずこちらのほうがよいと言えるものではなく、メリットとデメリットを天秤にかけながら、状況におうじて柔軟に考えることが重要です。**

Point

1 正確さと配慮が両立しない場合、正確さよりも読み手への配慮を優先することが必要な場合もある。

2 「死」を直接指す表現は、読み手への配慮の観点から、ぼかしたほうがよい場合が多い。

3 「高齢」に関わる表現は、老いにまつわるネガティブな印象から、外来語を用いたポジティブな言葉に言い換えたほうがよい場合が多い。

4 具体的な名称のほうがイメージはしやすいが、意味の広がりを持たせるために包括的な表現のほうが適切なこともある。

配慮のある語彙

「シーチキンに
サランラップをかける。」

まぎれこむ固有名詞

Q 公平な立場から文章を書くときに気をつけたほうがよい言葉はありますか？

A 商品名やサービス名などの登録商標を避けることです。

気づかない固有名詞

　私たちの生活には商品名やサービス名などの登録商標があふれています。自宅に荷物を届けてくれるサービスを考えた場合、「宅急便」というのはヤマト運輸の登録商標、いわば固有名詞であり、固有名詞を避けるためには「宅配便」と呼ばなければなりません。

　スタジオジブリの映画『魔女の宅急便』では、原作者の角野栄子氏が、「宅急便」がヤマト運輸の登録商標であることを知らずに使ってしまったものの、映画化を期にヤマト運輸とスポンサー契約を締結したことで事なきを得たエピソードが知られています。しかし、公務員をはじめとする公共性の高い立場にある人の場合、固有名詞を選んで特定の企業に肩入れしていると周囲に受け取られることは望ましくないでしょう。身近な商品名やサービス名にたいする感度を上げ、固有名詞と気づかずに普通名詞のように使ってしまうことは避けたほうがよさそうです。

固有名詞を意識化する

　次の例文のなかから商品名やサービスブランド名を探し、それを適切な言葉に直してください。

①海外のトイレではウォシュレットが普及していない。
②読みかけの本にポストイットを貼り、メモを書いた。
③封筒の封をするときはセロテープを使わないでください。
④耐熱容器にサランラップをかける。
⑤シーチキンとしめじの炊き込みご飯を作ってみた。
⑥今や全国のほとんどの小中学校で iPad が導入されている。
⑦飲み物の自動販売機では Suica が使える。
⑧駅前で一番安いタイムズを探して車を止めた。

　①の「ウォシュレット」は、言わずと知れたTOTOの登録商標です。「温水洗浄便座」と言い換える必要があります。

　②の「ポストイット」は、アメリカの化学メーカー・3M（スリーエム）の登録商標になり、普通名詞にする場合は「ふせん」となります。

　③の「セロテープ」は一見すると「セロハンテープ」の略語なので大丈夫そうですが、実際にはニチバンの登録商標です。③ではニチバンの「セロテープ」だけが使えず、他社の「セロハンテープ」であれば問題ないという屁理屈がまかり通ってしまいそうです。他に文房具で有名なのにホッチキスがありますが、ホッチキスはもはや登録商標名ではなくなっているので、使用しても問題ないでしょう。

　④の「サランラップ」は旭化成社製の食品用ラップフィルムのことです。ただし、「食品用ラップフィルム」と書くと大げさなので、短く「ラップ」として誤解がなければそれで十分でしょう。

　⑤の「シーキチン」は、はごろもフーズ社の登録商標です。マグロの油漬けの缶詰のことで、一般的には「ツナ缶」と呼ばれています。⑤のような文脈では単に「ツナ」で十分でしょう。

　⑥の「iPad」もよく使われます。もし⑥がそのままの意味だとすると、日本全国の小中学校がApple社製の「iPad」を導入していることになってしまいますが、おそらくそうした意味ではないでしょう。「タブレッ

ト」の代表的なブランドが「iPad」なだけで、おそらく⑥の文脈では「タブレット」全般を指していると思われます。

　⑦の「Suica」は「交通系ICカード」のことを指しています。「交通系ICカード」は全国にさまざまな種類がありますし、首都圏でも私鉄系の「PASMO」があります。公平性の観点に立つと、多少わかりにくくても「交通系ICカード」と書かざるをえないでしょう。

　⑧の「タイムズ」もパーク24の登録商標「タイムズ24」に由来します。業界では圧倒的なシェアを占めている関係で、よく使われますが、公平を期す場合は「コインパーキング」と書く必要があるでしょう。

After

> ①海外のトイレでは<u>温水洗浄便座</u>が普及していない。
> ②読みかけの本に<u>ふせん</u>を貼り、メモを書いた。
> ③封筒の封をするときは<u>セロハンテープ</u>を使わないでください。
> ④耐熱容器に<u>ラップ</u>をかける。
> ⑤<u>ツナ</u>としめじの炊き込みご飯を作ってみた。
> ⑥今や全国のほとんどの小中学校で<u>タブレット</u>が導入されている。
> ⑦飲み物の自動販売機では<u>交通系ICカード</u>が使える。
> ⑧駅前で一番安い<u>コインパーキング</u>を探して車を止めた。

　以上のように、市場シェアが大きい商品やサービスが通用名になるケースが多く、気づかれにくいので、とくに公共性の強い機関で働く方は表現選択に注意が必要です。

Point

1　身近な商品名やサービス名などの登録商標は固有名詞とは気づかず、普通名詞のように使われやすい。

2　とくに公共性の強い立場にある人は固有名詞にたいする感度を上げ、意識的に使用を避ける必要がある。

「故・徳川家康」の違和感
亡くなった方につける「故」

Q　亡くなった方に「故」をつけるのはなぜですか？

A　故人を弔うためです。

「故」をつける目安

　文章を書いているとき、しばしば迷うのが、亡くなった方につける「故」です。亡くなった方すべてに「故」をつけてしまうと、ことさらに死を強調してしまっているように感じられ、気が引けます。しかし、書かないと、哀悼の意を表していないようで、気がとがめます。どのような場合に「故」をつけ、どのような場合に「故」を控えるのか、難しいところですが、ここではそのおおよその目安を示します。

Before

▶ 故・徳川家康

▶ 故・樋口一葉

▶ 故・井上ひさし

▶ 故・坂本龍一

　まず、故人がいつ亡くなったかによります。いくら故人だからと言って、故・徳川家康（1616年没）や故・樋口一葉（1896年没）といった書き方をする人はまずいないでしょう。会ったことのある人はもはやおらず、歴史上の人物になっているからです。これにたいして、故・井上ひ

さし（2010年没）、故・坂本龍一（2023年没）は自然です。**故人と親交の
あった人、あるいは故人の現役時代に影響を受けた人が存命である可能
性が高いからです。**

After

> ▶ 徳川家康
> ▶ 樋口一葉
> ▶ 故・井上ひさし（変更なし）
> ▶ 故・坂本龍一（変更なし）

　今、私たちが時代を振り返るとき、近い時代は「令和の時代」「平成
の時代」と「の」入りで振り返るのにたいし、遠い時代は「明治時代」
「大正時代」と「の」なしで振り返ります。昭和はボーダーラインで、
初老にある私は「昭和の時代」と考えますが、若い世代は「昭和時代」
と言うでしょう。つまり、**自分と切り離された時代は「○○時代」とい
う一つの名詞になってしまう**のです。それと同じように、その人物が一
つの名詞になってしまうように感じられたら、現代と切り離されている
わけですので、もはや「故」は不要と考えることができそうです。

「故」と文章の賞味期限

　また、書いている文章の賞味期限にも影響がありそうです。たとえば、
本書では「故・○○」という表現は使うことが難しいと思います。かり
に賞味期限が20年であったとしたら、本書が刊行された2023年から20
年経った2043年に本書を購入して読んでくださる方もいらっしゃるか
もしれません。今は「故・○○」という感覚で語られるべき人物も、そ
のころには「故」のない「○○」になっている可能性が高いでしょう。
本書を2043年に手に取った方は、「故・○○」という表現をご覧になっ
て、本書の古さを感じ取られるかもしれません。その意味で、本書は時
代を意識させないよう、「故・○○」を使わないようにして書くべき文

章です。

　反対に、新聞のように文章の賞味期限が短く、時代の「今」を伝える速報性の高い文章では、「故・〇〇」は欠かせません。次の文章は2023年5月5日の『朝日新聞』の記事で、「故ミハイル・ゴルバチョフ氏」が広島平和記念資料館を訪れたときのことを書いています。

● 元ソ連大統領の故ミハイル・ゴルバチョフ氏も退任後の1992年、「歳月を経ても広島の悲劇は和らいでいない。これを繰り返してはならない。原子爆撃の犠牲者が永遠に追慕されんことを」という趣旨の言葉を残した。

　ソビエト連邦の最後の最高指導者であるミハイル・ゴルバチョフは、もはや歴史上の人物かもしれませんが、亡くなったのはこの記事の書かれた1年前の2022年であり、「故・〇〇」として書くのは適切だったと思われます。

　「故・〇〇」という表現は、多くの場合、「故・〇〇氏」「故・〇〇さん」のように、「氏」や「さん」という敬称をつけるのが一般的です。つまり、亡くなった方であっても、存命の人物に準じて扱うということを示す必要があるわけです。そこには、故人を弔うという感覚が残っているように見受けられます。**歴史上の人物になってしまえば、その必要はなくなります。**

Point

1　亡くなった方には「故」をつけて示すことがある。

2　亡くなって時間が経ち、歴史上の人物になった場合は「故」はつけない。

3　「故」をつけるのは存命中のことを知っている読者がいて、故人を弔うという感覚が残っている場合である。

4　「故」をつける場合は名前に「氏」や「さん」をつけることが多い。

「会長は夕食を食べられた。」
身につけたい敬語の基本

Q 敬語で大事なことは何ですか？

A 丁寧語以外に尊敬語・謙譲語の基本を身につけることです。

尊敬語と謙譲語

　日本語のなかで敬語はやっかいな存在です。敬語とは何か、自信を持って答えられますか。以前勉強したけれども忘れてしまった方や、そもそも敬語とは何かわからないまま生きてきた方も、なかにはいらっしゃるでしょう。敬語はタメ語の反対で、「です・ます」をつければ敬語になると、単純に考えている人も少なくないかもしれません。たしかに「です・ます」も敬語の一種なのですが、それを敬語のすべてと考えると誤解が生じます。

　敬語は、大きく二つに分かれます。**読み手や聞き手という相手にたいする対者敬語と、文のなかに表れる主語にたいする素材敬語**です。相手にたいする対者敬語が丁寧語、いわゆる「です・ます」であり、それとは別に文内の主語に使う素材敬語である尊敬語・謙譲語があります。難しいのは後者、すなわち尊敬語・謙譲語なので、ここではその二つの敬語について考えることにしましょう。

尊敬語の三つの形

　尊敬語は主語を高める敬語です。

▶ 会長は夕食を<u>食べた</u>。

　という文を考えてみましょう。「会長」が主語で敬意の対象です。した
がって、「会長」に合わせて「食べた」という動詞を尊敬語にする必
要があります。
　普通の動詞を尊敬語の動詞に変えるには三つの方法があります。一つ
目は、**「れる・られる」をつける方法**です。「食べる」を「食べられる」
にすると、尊敬語になります。

▶ 会長は夕食を<u>食べられた</u>。

　日本語としては間違いがありません。しかし、どことなく落ち着きが
ないのはなぜでしょうか。それは、「れる・られる」は尊敬だけでなく、
受身、可能にも使われる形なので、区別がつきにくくなるのです。「夫
に夕食を食べられた」とすれば受身、「深夜になってようやく落ち着い
て夕食を食べられた」とすれば可能です。**「れる・られる」は敬意自体
も軽いので、敬意を控えめにしたいときに使うとよいでしょう。**
　二つ目は、**「お〜になる」にする方法**です。「食べる」を「お食べにな
る」とすると、やはり尊敬語になります。

▶ 会長は夕食を<u>お食べになった</u>。

　さきほどの「れる・られる」敬語よりも敬意が強くなるのが特徴です
が、何となく耳慣れない感じがします。敬語にする動詞にもよるのです
が、次に示す特殊形がある場合、ややこなれない印象を与えてしまいま
す。

三つ目は、**特殊形を使う方法**です。よく使う動詞には特殊形という特別な尊敬語があります。すでに見た「食べる」にたいする「召し上がる」が特殊形です。

After

▶ 会長は夕食を<u>召し上がった</u>。

　先ほどの「お食べになる」よりも「召し上がる」のほうがこなれた印象がありますので、**特殊形のある動詞は特殊形を使うことをお勧めします**。特殊形のある動詞については、次の表にまとめましたので、参考にしてください。

尊敬語の特殊形をもつ動詞一覧

動詞	対応する尊敬語（特殊形）
いる・行く	いらっしゃる
する	なさる
来る	いらっしゃる／お出で・お見え・お越しになる
食べる・飲む	召し上がる
言う	おっしゃる
くれる	くださる
見る	ご覧になる
寝る	お休みになる
着る	お召しになる
買う	お求めになる／お買い上げになる

謙譲語の三つの形

　一方、謙譲語は主語を低める敬語であり、その結果、主語以外の人物を高めることにつながります。

> ▶ 私は夕食を食べた。

　この文を謙譲語にしてみましょう。動詞を謙譲語に変える方法は三つです。**一つ目は「お〜する」にする方法**です。

> ▶ 私は夕食を<u>お食べ</u>した。

　しかし、この敬語は誤りです。次に挙げる特殊形の謙譲語がある場合、「お〜する」は使わないのが原則です。ただし、「お聞きする」「お受けする」「お会いする」「お呼びする」は使います。そのほか、「話す」にたいする「お話しする」、「送る」にたいする「お送りする」などは日常的に使います。

　二つ目の方法は、**謙譲語の特殊形を使う方法**です。「食べる」であれば「いただく」が特殊形になります。

> ▶ 私は夕食を<u>いただいた</u>。

　尊敬語で特殊形のある動詞の多くは謙譲語でも特殊形があります。特殊形がある語については特殊形を使うほうが洗練された印象を与えるのも、尊敬語と同様です。

　とくに「拝〜する」の形は多く、ここに挙げた「拝見する」「拝聴する」「拝受する」「拝承する」以外にも、「借りる」にたいする「拝借する」、「察する」にたいする「拝察する」、「読む」にたいする「拝読する」、「（任務を）受ける」にたいする「拝命する」などと生産性の高さが窺われます。

謙譲語の特殊系をもつ動詞一覧

動詞	対応する謙譲語(特殊形)
いる	おる
する	いたす
行く	伺う／参る
食べる・飲む	いただく
言う	申す／申し上げる
あげる	差し上げる
もらう	いただく
見る	拝見する
聞く	拝聴する／伺う(質問するの意)
受ける	承る／拝受する／拝承する
知る	存じる／存じ上げる
会う	お目にかかる
呼ぶ	お招きする

　謙譲語にする三つ目の方法は複合的な形である**「〜させていただく」という形にする方法**です。

After

　▶ 私は夕食を食べさせていただいた。

　「座る」にたいする「お座りする」、「買う」にたいする「お買いする」はどことなく落ち着かないですが、「座らせていただく」や「買わせていただく」とすれば落ち着きがよくなります。また、「利用します」にたいする「利用いたします」や「検討する」にたいする「検討いたします」は謙譲語として成立する形ですが、「利用させていただきます」や「検討させていただきます」とすることでより高い敬意を示すことができます。

　以上が尊敬語と謙譲語の基本です。「です・ます」の丁寧語のみなら

ず、こうした尊敬語と謙譲語が使えて初めて、敬語が身についたことに
なります。

「本書を書かせていただきます。」

距離を遠ざける敬語

Q 敬語の使い方で気をつける点はありますか？

A 過剰な敬語です。敬語の使いすぎは相手との関係を遠ざける働きがあります。

敬語は相手との距離を遠ざける

　敬語はていねいにすればするほどよいと思っている方もいるかもしれませんが、それは誤解です。**敬語は相手との距離を遠ざけてしまうから**です。

　敬語は、書き手と読み手の社会的・心理的な距離を示し、それによって人間関係を良好にする表現です。そのため、自分よりも立場が上の相手、初対面の相手など、距離の遠い相手にたいして敬語を使うのは適切ですが、ふだんから親しくしている距離の近い相手にたいして敬語を使うと、かえって人間関係が悪くなってしまいます。目上とはいえ、近い関係にある父や母に敬語を使うと、「今日はどうしたの？」などと気持ち悪がられる家庭も多いのではないでしょうか。

二重敬語の過剰さ

　一般に、使い慣れていない人が敬語を使うと、どうしても敬語の使用が過剰になりがちです。敬語の過剰使用には大きく分けて二つのパターンがあります。一つは二重敬語です。

▸ お客さまがロビーに<u>お越しになられました</u>。

▸ 今すぐ契約書を<u>お持ちいたしましょうか</u>。

「来る」にたいする尊敬語は「お越しになる」で、それで十分です。さらに「なる」を「なられる」にすると、尊敬語の二重敬語になります。一方、「持つ」にたいする謙譲語は「お持ちする」で、やはりそれで十分ですが、「する」を「いたす」にすると、謙譲語の二重敬語になります。上掲の例では、「お越しになる」「お持ちする」で十分でしょう。

▸ お客さまがロビーに<u>お越しになりました</u>。

▸ 今すぐ契約書を<u>お持ちしましょうか</u>。

「お召し上がりになる」「おっしゃられる」のような二重敬語はよく耳にするので、さほど目くじらを立てる必要はありません。また、若い世代のあいだではとくに尊敬すべき相手にたいして二重敬語を積極的に用いる傾向があるようです。しかし、年配の世代では二重敬語は過剰敬語であると受け取る向きも多く、二重敬語を気にする読み手が一定数存在することに留意は必要です。

「させていただく」敬語

敬語の過剰使用のパターンの二つ目は「させていただく」表現です。前課で見たように謙譲語として使用頻度が拡大していますが、へりくだる必要がないことにまで「〜させていただく」を使うと過剰感が出ます。次の「〜させていただく」の使用は自然でしょうか。

▶ 発表者募集中：締切は 8 月 10 日と<u>させていただきます</u>。

▶ 当日説明に用いたスライドを<u>共有させていただきます</u>。

「～させていただきます」は「～いたします」で十分なようにも思います。

▶ 発表者募集中：締切は 8 月 10 日と<u>いたします</u>。

▶ 当日説明に用いたスライドを<u>共有いたします</u>。

　しかし、もとの「～させていただく」のままのほうがていねいでよいと思った方も少なくないのではないでしょうか。「～いたします」だと一方的な通達のようにも見えますので、「～させていただきます」を使う必然性はありそうです。

　一方、次の「～させていただく」はどうでしょうか。

▶ 万引き防止のため、警備員が店内を<u>巡回させていただいています</u>。

▶ 毎週日曜日にホームページを<u>更新させていただいています</u>。

「～させていただく」は読み手に許可を求めるニュアンスがあります。警備員の店内巡回の許可をお客さまに求めたり、自分が一方的に行うホームページの更新の許可を閲覧者に求めたりするのはどこかおかしい印象です。ここまでするのは、過剰な「～させていただく」の使用と受け止められそうで、あまりお勧めできない使用です。

> ▶ 万引き防止のため、警備員が店内を<u>巡回しています</u>。
> ▶ 毎週日曜日にホームページを<u>更新しています</u>。

Point

1 過剰な敬語使用は送り手と受け手の距離を遠ざけてしまうため、親しい
人間関係においては好ましくない。

2 過剰な敬語使用で問題にされるものの一つは二重敬語であり、現代では
さほど大きな問題はないが、年配の世代を中心に気にする人は一定数存
在する。

3 過剰な敬語使用で問題にされるもう一つのものは「させていただく」敬
語であり、周囲の許可が必要な場合など、主語がへりくだる必然性があ
る文脈での使用は自然だが、そうでない場合は過剰な敬語使用として読
み手の目に映ることもある。

「お客様が申された内容」について

敬語にならない敬語

Q 敬語の間違いは人間関係に影響が及びますか？

A 一部の間違いは人間関係に悪い影響が及ぶことがあります。

敬語の致命的な誤り

　敬語の誤りとされる現象はいろいろあります。前課で紹介した二重敬語の使用や「させていただく」の多用なども近年よく指摘されますので、取りあげることにしました。しかし、こうした過剰使用や多用は読み手に違和感を与えることはあっても、人間関係に悪影響を及ぼすことはさほどなく、その意味では致命的な問題に結びつきにくいと考えられます。

　むしろ、人間関係にひびを入れかねない敬語は、**敬語を使っているつもりであっても、敬語の役割を果たしておらず、むしろ逆効果になってしまう敬語**です。ここでは、そうした敬語にならない敬語を考えます。

尊敬語と謙譲語の混同

　敬語にならない敬語の代表は、尊敬語と謙譲語の混同です。テレビやYouTubeのバラエティを注意してみていると、謙譲語を尊敬語のつもりで使っている人をよく見かけます。たとえば、次のようなものです。

Before

▶ すでに<u>お聞きしている</u>方も多いでしょうが、相続に関するルー

ルが大幅に変わります。

▶ すでに<u>伺っている</u>方もいらっしゃるでしょうが、量子コンピュータの実用化が始まっています。

「お聞きしている」や「伺っている」がおかしいことに気づかれたでしょうか。ここでの尊敬の対象は「聞いている方」になります。したがって、尊敬語である「お聞きになっている」を使うのが正しいのですが、そこに謙譲語である「お聞きしている」「伺っている」を使ってしまうと、読み手にたいする敬意が伝わらなくなるどころか、見下されることになります。とくに、尊敬語のつもりで「お〜になる」のかわりに謙譲語「お〜する」を誤って使う人が少なくないので注意が必要です。

After

▶ すでに<u>お聞きになっている</u>方も多いでしょうが、相続に関するルールが大幅に変わります。

▶ すでに<u>耳にされている</u>方もいらっしゃるでしょうが、量子コンピュータの実用化が始まっています。

尊敬語と謙譲語の組み合わせミス

また、敬語にならない敬語には、謙譲語と尊敬語の組み合わせミスというものもあります。

Before

▶ 先ほどお客さまが<u>申された</u>内容については弊社でも検討しております。

▶ 渡辺部長さまは先ほど弊社に<u>参られ</u>ました。

「申す」は謙譲語で「される」は尊敬語、「参る」は謙譲語で「られる」

は尊敬語です。謙譲語で主語を低め、尊敬語で主語を高める組み合わせは矛盾が生じ、聞き手には理解できず、失礼な敬語使用になります。尊敬語プラス尊敬語の二重敬語は同一方向への敬意なので敬意が強くなるだけですが、謙譲語プラス尊敬語の二重敬語は対立方向への敬語になりますので、同じ二重敬語でも後者は厳禁です。

After

▶ 先ほどお客さまが<u>おっしゃった</u>内容については弊社でも検討しております。

▶ 渡辺部長さまは先ほど弊社に<u>お見えになりました</u>。

敬語にしにくい言葉

最近増えてきている敬語に「やられる」というのがあります。

Before

▶ 先生は気分転換に週末キャンプを<u>やられている</u>そうです。

「やる」の尊敬語が「やられる」というのは敬語の形としては間違いではないのですが、やや違和感を覚えます。受身と間違えられやすいということもあるでしょうが、それ以上に**「やる」という動詞の語感が俗語的で敬語に合わない**ということが大きいでしょう。「食う」にたいする「食われる」、「やらかす」にたいする「やらかされる」、「しでかす」にたいする「しでかされる」なども同様で、**本来敬語になりにくい動詞を敬語にすると、皮肉っぽく響いてしまいます。**「やる」「やらかす」「しでかす」であれば「される」「なさる」が、「食う」であれば「食べられる」「召し上がる」が適切になるでしょう。

▶ 先生は気分転換に週末キャンプを<u>なさっている</u>そうです。

　さらに、耳慣れない敬語というのもあります。先日、私がホテルで車を発進しようとしたとき、案内の方に次のように言われて一瞬戸惑いました。

Before

▶ こちらの道を<u>下られますか</u>。

　おそらく「下る」を「下っていく」と考え、

After

▶ こちらの道を<u>下っていかれますか</u>。

　とすればさほど違和感がなかったと思います。「我が家に寄られますか」よりも「我が家に寄っていかれますか」、「タクシーに乗られますか」よりも「タクシーに乗っていらっしゃいますか」のほうが自然というのも同じでしょう。

　このように、**動詞単独よりも「〜していかれる」「〜していらっしゃる」のほうが敬語として落ち着きがよいものもあり**、覚えておいてよい用法だと思います。

Point

1　形のうえでは敬語でも、敬語になっておらず、読み手に違和感を与える敬語使用がある。

....

2　一つ目が尊敬語と謙譲語の混用であり、尊敬語として謙譲語の形を使ってしまうケースが多い。

....

3 二つ目が尊敬語と謙譲語の組み合わせであり、「申される」や「参られる」のように謙譲語プラス尊敬語の形は敬意の方向が異なり、読み手が混乱してしまう。

4 三つ目は尊敬語にしにくい動詞を尊敬語にしてしまうケースであり、「やる」を「なさる」にするように動詞そのものを変えたり、「下られる」を「下っていかれる」「下っていらっしゃる」のように補助動詞を敬語にしたりして違和感を下げる必要がある。

「私のご趣味は、おパソコンです。」

じつは難しい名詞の敬語

Q 名詞を敬語にするときに注意すべき点は何ですか？

A 一つは「お」と「ご」の使い分け、もう一つは自敬敬語の問題です。

「お」にするか「ご」にするか

「店」「客」と言われて、そのぞんざいな物言いにむっとしたことはありませんか。「お店」「お客」と言わないと、ていねいさに欠けるもの。動詞だけでなく、名詞にも敬語は必要です。

　尊敬語と謙譲語で形を区別する動詞とは異なり、名詞を敬語にするのは簡単です。語頭に「御」をつけるだけで済みます。しかし、「御」という漢字は硬いので、「お」「ご」と平仮名にすることも多いでしょう。その場合、「お」と「ご」どちらを使うかが問題となります。

　基本的には、訓読みになる和語の場合は「お」、音読みになる漢語の場合が「ご」になります。つまり、和語の「花」「手紙」「父上」は「お花」「お手紙」「お父上」となり、漢語の「挨拶」「趣味」「子息」は「ご趣味」「ご意見」「ご子息」となるわけです。これが基本です。ちなみに、外来語には「お」も「ご」もつけないのが一般的です。「おパソコン」も「ごアイデア」もほとんど見ないでしょう。

　しかし、身近なものの場合、漢語であっても「お」がつきます。「お財布」「お弁当」「お中元」などです。「ご財布」「ご弁当」「ご中元」とすると日本語として不自然な印象になります。

　また、困るのは「お」も「ご」も両方使える言葉で「お返事」「ご返

事」が代表的です。正直、どちらが正しいと言えるものでもありません
が、「返事」自体は日常性が強く感じられるらしく、現在では「お返事」
が優勢のようです。ただ、少なくとも「ご返信」や「ご回答」など、漢
語という意識が高まると「ご」がつきやすくはなります。

自敬敬語の問題

名詞の敬語のもう一つの問題は、自敬敬語です。

Before

▶ 前便でお伝えした当方のご指摘、ご理解いただけましたか。
▶ 会議でお示しした私どものご意見をまとめました。ご参考にな
れば幸いです。

と書いてしまうのは問題です。指摘をするのは自分であり、**自分の行**
為に敬語をつけることになってしまうからです。こうした場合、「ご」
はつけないほうがよいでしょう。

After

▶ 前便でお伝えした当方の指摘、ご理解いただけましたか。
▶ 会議でお示しした私どもの意見をまとめました。ご参考になれ
ば幸いです。

しかし、これもじつはかなり微妙で、**相手が受け取るものという意識**
が強まれば、自分の作成したものでも、敬語を使うことは可能です。

Before

▶ みなさまへの説明が不足していたこと、お詫び申し上げます。
▶ 先日お送りした案内、ご覧いただけたでしょうか。

「説明」や「案内」といった名詞、ややぶっきらぼうに響かないでしょうか。「ご」をつけたほうが落ち着きそうです。

After

> ▸ みなさまへのご説明が不足していたこと、お詫び申し上げます。
> ▸ 先日お送りしたご案内、ご覧いただけたでしょうか。

　はっきりしていることは、「指摘」「意見」のように自らの意向がつよく反映されたものに「お」や「ご」をつけてしまうと、相手の気分を害するおそれがあるということです。そうしたものに「お」や「ご」をつけると、うまくいくものもうまくいかなくなってしまいますので、注意が必要です。

Point

1　名詞の敬語は、語頭に「お」か「ご」をつければよい。

2　和語の場合は「お」、漢語の場合は「ご」をつけるが、身近な言葉の場合は漢語でも「お」がつきやすくなる。

3　名詞に「お」や「ご」をつける場合、相手の言動に「お」や「ご」をつけてもよく、自分の言動でも、相手が受け取るものという意識が強ければ「お」や「ご」をつけてもかまわないが、自分の意向が強く反映される自分の言動には使用を避けたほうがよい。

「拝啓　石黒圭くん」
相手の気持ちに配慮する宛名

Q メールなどで宛名をどう書けばよいですか？

A 相手との関係によって使い分けましょう。

「さん」「くん」づけ

　敬語はおもに動詞で敬意を明確にしますが、前課でも見たように、普通名詞でも敬意を明確にできます。ただ、名詞の場合、書くときにもっとも気を遣うのは固有名詞であり、読み手の呼び方ではないでしょうか。

　たとえば、この本の著者にメールを送ることを想定しましょう。宛名としてまず考えられるのは「さん」づけです。

Before

　石黒さん／石黒圭さん

　初めてメールを送る相手に「さん」づけは抵抗があるでしょう。**「さん」づけは、相手との関係が対等か、目上でも親しい関係のときに使います。**つまり、友人であったり、同僚であったり、親しい先輩であったりすれば、親しみを込めて「さん」づけで表せます。しかし、そうでない相手には「さん」づけは失礼であり、なれなれしいと思われるリスクがあります。

　同期と言えるような間柄や、後輩や部下の場合には「くん」づけを使えますし、学生時代からの友人であれば、「石黒へ」のように呼び捨て

＋「へ」も使うことも可能かもしれません。

Before

石黒くん／石黒へ

　ただ、一般には「くん」づけは避けたほうがよいように思います。「くん」をつけると、相手を下に見る意識が働くからです。受信者に見下されていると感じさせてよいことはあまりありません。昔は部下に「くん」づけをする習慣がありましたが、現在は学校でも「くん」はほとんど使わず、男女を問わず「さん」づけする時代です。学生時代から「くん」づけで呼び合うような関係を除き、「くん」づけは避けたほうが賢明です。同様の理由で、呼び捨ても避けたほうがよいでしょう。話し言葉では呼び捨てを使っていたとしても、書き言葉の呼び捨てではよりぞんざいな印象を与えます。呼び捨てを使うぐらいならば、LINEやチャットの感覚で、宛名を記さないほうがむしろ無難だと思われます。

「様」「さま」づけ

　「様」や「さま」はもっとも一般的な名称で、フォーマルなものでもお勧めです。

After

石黒圭様／石黒さま

　漢字書きの「様」はあらたまった印象を与えますし、一般的でしょう。一方で、やや硬い印象もあるために、メールという媒体では、最近ではより軟らかく親しみやすい「さま」もよく用いられます。

　ただし、「様」「さま」を万能視しないほうがよいでしょう。「さん」や「くん」で呼びあえるような親しい関係にたいして「様」「さま」を使うと、よそよそしく響きます。また、「様」「さま」は相手との距離は

遠く、敬意は込められているものの、あくまでも相手との関係は対等ですので、直接的な上下関係があるときに「様」「さま」を使うと、相手に失礼だと思われることもあります。そうした場合は、後ほど述べるように、自分と相手との関係に基づく名称、すなわち「○○部長」と役職名をつけたり、「○○先生」と敬称をつけたりしたほうが安全です。

「殿」づけは官公庁などでよく用いられるものです。

Before

石黒殿／石黒圭殿

官公庁などで慣習的に使う場合はやむをえませんが、**上から目線を感じ、相手から失礼だと受け取られるリスクが高い表現ですので、基本的に使用はお勧めしません。**

相手を役職づけで呼ぶということはあります。

Before

石黒圭教授／石黒センター長

このうち、「教授」を宛名に使うのは不自然で、使用はお勧めしません。「教授」は「代表取締役」「マネジャー」などと並ぶ肩書きです。**肩書きは組織内の上下関係によって決まるものではありませんので、宛名には向きません。**一方、「社長」「部長」「課長」「センター長」のように組織内の上下関係によって決まる役職はつけても大丈夫です。ただし、「課長補佐」「係長」「主任」などは、役職としての重さが組織によって異なります。積極的につけたほうがよい職場と、使うとかえって失礼になる職場があります。それぞれの慣習に従っておくのが無難でしょう。

「先生」づけは、学校の教員のほか、コーチや師範などの教える立場にある方全般、さらには著名な作家や漫画家、医者・弁護士・政治家にも使われます。

After

石黒先生／石黒圭先生

　自分が教え子の場合、教わった相手を「先生」と呼ぶのに抵抗がある人は少ないでしょうが、自分が直接教わる立場にない場合は、「様」「さま」を使っても、本来問題はありません。たとえば、私の教え子が「石黒さま」と送ってきたら、もう先生と思われていないのだなと感じる一方、出版社の編集者が「石黒さま」と送ってきても、教え子ではないので抵抗もないわけです。ただ、「先生」と呼ばれ慣れている人に「様」「さま」を使うと、人によっては「なぜ先生と呼ばないのか」と反発を覚えるケースもあり、そうした場合は、「先生」を使っておくほうが無難ではあります。

Point

1 「さん」づけは、相手との関係が対等か、目上でも親しい関係のときに使える。

2 「くん」づけや呼び捨ては、とくに親しい同僚や部下にかぎって使えるが、リスクを伴う。

3 「様」「さま」づけは、もっとも一般的な名称で幅広く使える。一方、「殿」は見下す感じがあり、控えたほうがよい。

4 「教授」「代表取締役」のような肩書きは宛名には向かないが、「部長」「センター長」のような役職は宛名でも使える。

5 「先生」は直接教わった相手にも、教える職業の相手にも使えるが、後者では「様」「さま」でも原則問題はない。

「ＣＣ」と「ＢＣＣ」の悲劇

使い方の難しいCC

Q CC はどんなときに使いますか。

A CC の相手が直接の当事者ではないことを示すときに使います。

CCの役割

　　CCはカーボン・コピー（Carbon Copy）の略で、誰に宛てたメールか、その区別を明確にするときに使います。CCがついていない宛先はメインの宛先、CCがついている宛先はサブの宛先です。

　　CCをつけてメインの宛先とサブの宛先を分けるもっとも大きい理由は、そのメールに対処する責任を明確にするためです。CCがついていない宛先は対処の義務がありますが、CCがついている宛先は確認の義務しかありません。ですから、**CCとして受け取った人はそれだけ気持ちの負担が楽になるわけです。**一方、CCがついていない宛先の人は、このメールには責任を持って対処するという心構えができます。

　　ただ、CCのついたメールを複雑な気持ちで受け取ることもあります。**CCに入っている人が差出人の関係者であり、自分の知らない人である場合です。**

Before

石黒圭さま
CC　渡辺課長　山口主任

> 初めまして。○○出版営業部の藤田と申します。このたびは、弊社編集部の武田よりご連絡先を伺い、メールいたしました。{後略}

　こうしたメールを受け取ると、私は複雑な気持ちになります。CCに入っているのが誰かわからないからです。そうした場合、受信者は差出人の事情を、説明もなく一方的に押しつけられたような気分になり、あまり気持ちのよいものではありません。したがって、差出人としては、相手に一度断りを入れてからCCに入れたほうがよいでしょうし、初回からCCに入れる必然性があったとしても、なぜその人をCCに入れたのかという理由を示すのがマナーだと思われます。

After

石黒圭さま
CC　渡辺課長　山口主任

初めまして。○○出版営業部の藤田と申します。課長の渡辺と主任の山口、そして私、藤田の３名で、先生のご著書の販売とPRを担当しております。このたびは、弊社編集部の武田よりご連絡先を伺い、メールいたしました。{後略}

BCCの役割

　一方、そうした社内的な説明を省くためにBCCを使う方法があります。BCCはブラインド・カーボン・コピー（Blind Carbon Copy）の略で、受信者にCCの存在がわからないように送るCCです。もちろん、そうした送り方に気持ち悪さを感じる受信者もいるでしょうが、BCCに入れておけば受信者にはわかりませんし、送ったという記録を関係者にも伝えられますので、一つの方法ではあるでしょう。

一方、本文に宛先を明示するBCCもあります。その場合は誰に送ったのかを明確にすると同時に、BCCの相手同士がとくに親しくない場合、メールアドレスという個人情報を見ず知らずの他人に知られなくて済むという効用があります。とくに、**BCCの相手先の人数が多く、たがいに知り合いでない場合、断りもなく、たくさんの人に個人情報を伝えることは社会的に問題となる案件**です。とくに、イベントの案内などを参加者に送る場合はBCCでなければならず、全宛先のメールアドレスを誤送信してしまうと、個人情報の漏洩となり、多くの人に迷惑をかけ、謝罪に追われることになります。

　なお、CCの書き方にはいろいろと流儀があるようです。全角で「ＣＣ」とするか、半角で「CC」とするか。大文字の「CC」か、小文字の「cc」か、組み合わせの「Cc」か。コロン付きの「CC:」か、ピリオド付きの「CC.」か、スペースのみか、何も入れないかなど、好みがあります。読み手に認識されやすい形であれば、どれでもよいと思います。

Point

1 CC は，相手が直接の当事者ではなく、メールの内容を確認するのみでよいことを示す。

2 CC は、差出人、受取人双方が、関係者だとわかる人に限定するのが望ましい。そうでない場合は、CC に入れる理由を示す必要がある。

3 BCC は、複数の受取人がたがいに相手のことを知らない場合に用いる。とくに、イベントの参加者等、不特定多数に送る場合は BCC を使わないと個人情報の漏洩になりかねないので注意が必要である。

「ダボハゼ」のような比喩表現

比喩の功罪

Q 比喩表現を使うと、つねにプラスの表現効果が得られますか？

A たとえられるものによっては、かえってマイナスの表現効果が生じることがあります。

ダボハゼの悲しみ

Part 2の48課や49課で見たように、**比喩**は難しい内容をわかりやすく伝えることができ、「たとえるもの」がイメージのよいものであれば、表現自体のイメージもよくなります。**裏を返すと、「たとえるもの」のイメージが悪ければ、表現自体のイメージも悪くなるわけです。**とくに、その「たとえるもの」に思い入れのある読み手にとっては、その比喩自体に嫌悪感を抱くことになります。

Before

> ▶ 事情がよくわからないのに、儲かりそうな話にすぐに飛びついてしまうダボハゼのような個人投資家は、結局は儲からない。

私自身は、この例に違和感を持ちます。それは、ダボハゼは我が家のペットとして飼育している愛着のある魚だからです。

釣りに行くと、食欲旺盛で、餌と見れば何にでも飛びつく魚であるため、対象や手段を選ばず、欲望のままに飛びついてしまう品のなさを揶揄する比喩としてよく使われますが、それはダボハゼに失礼ではないで

しょうか。ダボハゼを飼ってみればわかりますが、餌を食べるのにも慎重な繊細な魚です。そもそもダボハゼという名称自体が失礼な気がします。ダボハゼは小さなハゼ類の総称であり、実際にはダボハゼという魚はいません。我が家にいるのはチチブです。それをダボハゼと一括されること自体に抵抗があります。

After

▶ 事情がよくわからないのに、儲かりそうな話にすぐに飛びついてしまう個人投資家は、結局は儲からない。

　もちろん、ダボハゼにたいしてこのように感じる人は少数派であり、そのような読み手の存在まで気にしていたら文章は書けません。ですが、どんな比喩を用いても、そのように感じる人がいる可能性があることは知っておいて損はないでしょう。
　理想論を語っていると、かならず現実を引き合いに出して、世の中はそんなきれいごとばかりでないとしたり顔で言い、「お花畑のような」という比喩で貶めようとする人がいます。ガーデニング好きには耐えられない比喩でしょう。二刀流で活躍する大谷翔平選手を「マンガのような」という比喩で語るのも定番ですが、それはプロとして日々努力している大谷選手に失礼ですし、大谷選手自身も含めたマンガ好きにも失礼でしょう。

注意したい「宗教の比喩」

　私自身はクリスチャンですが、その立場から見て誤用が目立つのが「三位一体」です。小泉内閣における聖域なき構造改革の一環として生まれた、国から地方への税源移譲の政策は「三位一体の改革」と呼ばれます。国庫補助負担金、税源移譲、地方交付税の見直しの三つを一体として行う地方分権推進政策のことで、日本のなかでこの「三位一体」という言葉は、三つで一つのセットというときに使われます。しかし、キ

リスト教の教義における「三位一体」は一つのものが三つに分かれるというのがその本質であり、その違いは大きいのです。当時「骨太の改革」が流行ったように、「三位一体」もまた、政策によい印象を持ってもらうことを意図したキャッチフレーズでしょうが、そうしたところに違和感を覚える人がいることも知っておく必要があるでしょう。「三位一体」は「神学論争」から生まれたものですが、この「神学論争」というのも不毛な論争という意味で使われます。しかし、本来の「神学論争」はそうしたものではありません。

　言葉の無神経な使い方に疑問を抱いているのは、おそらく仏教界も同様ではないかと思われます。

Before

▶ お経のような退屈な研修に、眠気をこらえて参加した。

　お経を退屈なものと決めつける態度に反発を持つご住職も少なくないのではないでしょうか。仏教界において「お経」というのが好ましくない意味で使われることに憤りを覚えている関係者もきっといるはずです。

After

▶ 難しい教科書を棒読みするような退屈な研修に、眠気をこらえて参加した。

　そもそも「宗教」という言葉自体、根拠もなく怪しいものを信仰しているという偏見のもとで使われることが日本社会では多いように思います。

Before

▶ 私たちは、宗教のようなご都合主義の理想を掲げて活動しているわけではない。

キリスト教も仏教も、ご都合主義の理想を掲げているわけではありません。いずれも、深い人間理解に根ざした宗教です。宗教を問題視するにしても、せめて「カルト宗教」ぐらいに限定しておく必要があるでしょう。

After

▶ 私たちは、<u>カルト宗教のような</u>ご都合主義の理想を掲げて活動しているわけではない。

　ここでは例を示しませんが、多くの読者を対象にした読みものの場合、政治的な事柄にも注意が必要なことは言うまでもありません。

　比喩は、たとえるものを文脈とは無関係に自由に選んでくることができます。そのため、**書き手の偏見が顔を出しやすいものでもあります。**読み手にわかりやすいものを選んだつもりでも、それが炎上の原因にもつながります。読み手が比喩を見てどんな反応をするかにたいする鋭敏な感覚が必要です。

Point

1　比喩は、たとえるものを文脈とは無関係に自由に選べるため、書き手の偏見が顔を出しやすい。

2　否定的な内容を比喩でたとえる場合、たとえるものの選定は、読み手の反発を招かないものを慎重に選ぶ必要がある。

3　とくに、宗教や政治など、読み手のアイデンティティに関わるものをたとえるものとして選定する場合には注意が必要である。

配慮のある表現

「ヤカンを沸かし、洗濯機を回す。」

表現をサボらない

Q 言葉選びがいい加減で、意味がわからないことがあると言われました。何に気をつけたらよいですか？

A 換喩や提喩に見られる無意識の省略です。

換喩と提喩

　比喩は、すでに見たように、たとえるものとたとえられるものがある直喩と隠喩が代表的です。直喩は、「スポンジみたいなパン」の「みたいな」のように比喩を表す言葉があるもの、隠喩は、「メロンパン」のように比喩を表す言葉がなく、「メロン」と「パン」の結びつきで比喩であることがわかるものです。ただ、それ以外にも比喩があり、ここでは換喩と提喩について考えます。

　換喩は「どんぶりを食う」のようなものです。「どんぶりを食う」と言っても、どんぶりをバリバリと音を立てて食べるわけでなく、どんぶりの中身を食べるわけです。このように、**近い関係にある目立つもので表す比喩を換喩**と言います。一方、提喩は「飯を食う」のようなものです。「飯」は本来はお米を炊いたものですが、それを食事全体にたいして使っています。このように、**下位概念にあるもので上位概念を表すもの、反対に「花見」のように「花」という上位概念で「桜」という下位概念を表すものを提喩**と言います。

　では、少し練習してみましょう。「目玉焼き」「きつねうどん」「親子丼」は、直喩、換喩、提喩のどれに当たるでしょうか。

　「目玉焼き」は隠喩です。卵を割ったものを「目玉」という似たものに

たとえているからです。「きつねうどん」は換喩です。「きつねうどん」に入っているお揚げはきつねの好物であり、両者は近い関係にあるからです。「親子丼」は提喩です。「親子丼」の「親子」は通常、鶏肉と卵というニワトリの親子を指します。そう考えると、上位概念で下位概念を指していると見なせます。

換喩は省略を含む

ここで問題にしたいのは換喩です。換喩は本質的に省略を含むと考えられます。たとえば、「どんぶりの中身を食う」が「どんぶりを食う」ですし、「きつねの好物が入っているうどん」が「きつねうどん」になるからです。こうした換喩は日常生活で多く使われます。換喩はすべてを言葉にせずに済み、楽だからです。たとえば、「ヤカンを沸かす」と言えば、ヤカンのなかの冷水を湧かして熱湯にすることですが、「ヤカンを火にかけて、なかに入っている水を湧かしてお湯にする」と正確に表現すると疲れてしまいます。「洗濯機を回す」の「回す」は洗濯機のなかの洗濯槽、とくにドラム式であればドラムを回すことでしょうが、そこまで言わなくても十分に伝わります。

しかし、こうした「省略で楽をする」という日常感覚が、読み手に違和感を与えることがあります。

Before

▶ 電気がついていたのでトイレをノックした。

▶ 机に座り、参考書を読んでいる。

▶ 1週間毎食マックを食べつづけると、何キロ太るのだろう。

「電気がついていたのでトイレをノックした」という文を見て、ぱっと状況を飲み込めた人とそうでない人がいそうです。ここで言おうとしているのは「灯りがついていたので（誰か中にいるのかと思って）トイレのドアをノックした」ということです。電気を「灯り」とし「トイレのド

ア」とすることで理解は進むでしょう。

「机に座り」はほんとうに机に座っていれば正しい表現です。しかし、実際には、「机のまえの椅子に座り」のことが少なくありません。その場合は、「机にむかって座り」のほうがよいでしょう。

「マックを食べつづける」というのは、お店を食べるわけではもちろんなく、マクドナルドで販売されているハンバーガーのことです。「マクドナルドの商品を食べつづける」とすれば正確です。

After

▶ 灯りがついていたので、<u>トイレのドア</u>をノックした。
▶ 机にむかって座り、参考書を読んでいる。
▶ 1週間毎食<u>マクドナルドの商品</u>を食べつづけると、何キロ太るのだろう。

提喩は意味がぼんやりする

換喩だけでなく、提喩でも同様の違和感は生じます。とくに、上位概念を示すときに、意味がぼんやりしがちです。

Before

▶ パーキングが満車だった。
▶ 富裕層はクラシックを好む。

「パーキング」というのは駐車場でしょうが、「コインパーキング」のことも、「パーキングエリア」のこともあります。その意味でパーキングのほうが駐車場よりも意味が広くなりますので、限定する言葉をつけたほうが誤解が少なくなります。

「クラシック」と言えば、「クラシック音楽」でしょうが、「クラシックカー」、「クラシックインテリア」、なかにはディズニーではない原作の

絵本の「クラシックプー」を思い浮べる人がいるかもしれません。「クラシック」＝「クラシック音楽」という前提が、読み手によっては崩れる可能性があるわけです。

After

> ▶ <u>コインパーキング</u>が満車だった。
> ▶ 富裕層は<u>クラシック音楽</u>を好む。

　このように、書き手が深く考えずに、自明だと思うものを無意識のうちに省略してしまうと、換喩や提喩によるサボりが生まれ、読者にとって必要な情報が抜けてしまうことにつながります。

生活のなかの比喩

　この種の誤解は、日常会話やLINEのようなカジュアルな書き言葉で頻繁に起こります。

Before

> ▶ ガスコンロのフライパン、見ておいて。

　こう言われた人がフライパンをじっと見つめるだけで何もせず、チャーハンが黒く焦げついてしまうことがあります。気が利かないと思うかもしれませんが、きちんと言わなかった側にも責任があります。「見ておいて」と言っただけではダメで、「焦げてきたら火を止めて」まで言わないといけません。

After

> ▶ ガスコンロのフライパン、見ておいて、<u>焦げてきたら火を止めて</u>。

次の例はどうでしょうか。

Before

▶ 水道を閉め忘れ、半日間水が出しっぱなしになった。

「水道を閉め忘れ」るという表現はわかりにくいです。考えられる可能
性は二つで、一つは「水道の蛇口」、もう一つは「水道の元栓」です。
水道は「止める」ことはできても「閉める」ことはできませんので、注
意が必要です。

After

▶ 水道の蛇口を閉め忘れ、半日間水が出しっぱなしになった。

こちらも、日常生活でよく見られる文です。

Before

▶ ゴールドだと、保険が安くなるはずだよ。

「ゴールド」は「ゴールド免許」、正式には「優良運転者免許証」であ
り、「保険」は「保険料」、正確には「自動車の保険料」です。「免許」
と言えば「自動車の運転免許」がすぐに思い浮かぶでしょうが、世の中
には「教員免許」「医師免許」「薬剤師免許」「調理師免許」など多様な
免許があるということを頭に入れることが必要です。

After

▶ ゴールド（の運転）免許だと、自動車の保険料が安くなるはず
だよ。

このように書き手は、気づかないうちに、読み手とは異なる暗黙の前
提に基づいて省略を行いがちであり、それが換喩と提喩に表れるという

点を頭に入れておいてください。

Point

1　「どんぶりを食う」で容器に入っているご飯を食べることを示す換喩、「飯を食う」でお米の上位概念であるご飯を食べることを示す提喩は日常生活でよく使われる。

．．

2　換喩は隣接するものを指すもので、潜在的に省略を含む比喩である。その省略によって意味がうまく伝わらないことがある。

．．

3　提喩は上位概念で下位概念を伝えることがあり、その使用で意味がぼやけることがある。

．．

4　とくに日常的な表現では、換喩や提喩の存在に敏感になり、意味が伝わりにくい表現に適宜補足的な表現を加える必要がある。

配慮のある表現

「話し合っても無駄です。」

断定を避ける言い回し

Q 駄目なものは駄目だとはっきり伝えたほうがよいですか？

A はっきり伝えたほうがよいですが、言い方には気をつける必要があります。

拒絶を感じる表現

　ネガティブな言い回しは読み手を突き放し、不快にさせるものです。「無理だ」「無駄だ」「できない」「不可能だ」という気持ちになることは誰でもありますが、それを直接書くと、一方的なコミュニケーション拒否と受け取られてしまい、事態が好転する可能性は下がります。

Before

▶ 課長を説得するのは<u>無理です</u>。

▶ 話し合っても<u>無駄です</u>。

▶ このタイミングでのスケジュール変更は<u>できません</u>。

▶ こんな時代に人を増やすのは<u>不可能です</u>。

　こうしたときに役立つのが、遠回しに言いたいことを伝える婉曲表現です。もう少し穏やかに書いて、コミュニケーションの可能性にかけてみるほうがよいでしょう。上の例文は次のように言い換えることが可能です。

▶ 課長を説得するのは<u>至難の業</u>です。

▶ 話し合っても議論は<u>平行線</u>をたどりそうです。

▶ このタイミングでのスケジュール変更は<u>厳しい</u>です。

▶ こんな時代に人を増やすのは<u>きわめて困難</u>です。

　このように、「できない」「不可能だ」とまでは言いきらずに、「厳しい」「困難だ」と断定を弱めることになります。もちろん、実質的には「できない」「不可能だ」と言っているのに等しいのですが、**言いきりを避けることで話し合いの可能性が生まれ、そこに事態が好転する余地が生まれます。**

安請け合いする表現

　一方で、「大丈夫だ」「問題ない」「できる」「簡単だ」と安請け合いするのも考えものです。業務上、あとでうまく行かなくなることがしばしばあります。その場合、できると言ったではないかと責められるおそれが生じます。

▶ 今週の金曜日の納品で<u>大丈夫</u>です。

▶ 来週は毎日在宅勤務で<u>問題ありません</u>。

▶ その日は空いているので、当直なら<u>できます</u>。

▶ R を使った統計処理なら<u>簡単</u>です。

　言質を取られるのは、ビジネス・コミュニケーションではときには致命傷になります。駄目と伝えるのも、反対に大丈夫と伝えるのも、少し弱めて伝えたほうがよいでしょう。

- 今週の金曜日の納品なら<u>何とか間に合いそうです</u>。
- 来週は毎日在宅勤務でも<u>おそらく問題なさそうです</u>。
- その日は確認してみますが、<u>当直ならできるかもしれません</u>。
- Rを使った統計処理なら、<u>おそらく対応可能です</u>。

「おそらく」「何とか」「〜そうです」「〜かもしれません」などと弱めておけば、あとで事態が悪化したときに、事情が変わってしまっても交渉がしやすくなります。

Point

1　「無理です」「無駄です」のような拒絶を表す表現は、直接表現すると相手の強い反発を招きかねないので、「難しいです」「厳しいです」と間接的に伝えたほうがよい。

2　一方で、「大丈夫です」「問題ありません」のような安請け合いの表現は、あとで困難な状況が出てきたとき断りにくくなるので、「おそらく」や「〜そうです」のような表現を用いて弱めたほうがよい。

「身内に不幸がありまして」
「その後の回復はいかがですか?」

緩急を交えた言い回し

Q 婉曲表現はつねに有効ですか?

A つねに有効とはかぎりません。理解されない可能性があることを頭に入れておく必要があります。

「できかねます」「いたしかねます」

　直前の課で「できない」「無理だ」と言って拒絶するよりも、「難しい」「厳しい」と和らげて言ったほうがよいと述べました。しかし、日本社会ではお客さまと呼ばれる人の立場が圧倒的に強いので、「難しい」「厳しい」と伝えても、絶対にできないということではなく、多少は可能性があるということなのかなと感じて、ねじこまれることもあります。常識的には「できない」「無理だ」と伝えているつもりでも、その常識が通用しないことがあるわけです。

　「できない」ことを言うのに、「できかねます」「いたしかねます」という言い方があり、ビジネスマナーの本ではこうした表現が奨励されることがあります。たしかにていねいで、かつできないことを毅然と伝えられる言い方だとは思うのですが、これが読み手に伝わらないことが現実世界ではけっこうあるようなのです。

Before

　先日ご応募いただいた採用面接、今回はご期待に添いかねる結果となりました。

○○さまの今後の一層のご活躍、心から願っております。

これが不採用通知だとわかる方のほうが多数派だと思うのですが、「ご期待に添いかねる結果」には明確な否定表現がないので、人によっては入社しての活躍が期待されているのではないかと解釈される可能性がゼロではありません。次のように、「ご期待に添えない」とはっきり書くと同時に、前後の文脈で不採用であることが伝わるように工夫したほうがよいでしょう。

After

先日ご応募いただいた採用面接、慎重に選考した結果、まことに残念ではございますが、今回は<u>ご期待に添えない</u>結果となりました。たいへん申し訳ございません。
　○○さまの今後の一層のご活躍、心から願っております。

「お控えください」「ご遠慮ください」

こうした表現でトラブルが多いのが「お控えください」「ご遠慮ください」です。

Before

▶ ロビー内での喫煙は<u>お控えください</u>。
▶ 館内の撮影は<u>ご遠慮ください</u>。

「お控えください」「ご遠慮ください」は禁止という意味だと私は思うのですが、そう思わない人も一部にはいると聞きます。たとえば、「甘いものを控える」を「一切食べない」と受け取る人だけでなく、「できるだけ食べないようにする」「少量に留める」と受け取る人もいますし、「会話はご遠慮ください」を「ひそひそ話ならば大丈夫」「短い話ならば

問題ない」と考える人もいます。つまり、禁止というルールではなく、できるだけしないようにしてほしいというマナーとして考え、少しならば認められると解釈する人が出てきているということです。そうなると、公共の場では配慮よりも正確さが優先ということになり、次のように書かないといけなくなるでしょう。

After

▸ ロビー内での喫煙は<u>禁止</u>です。
▸ 館内の撮影は<u>厳禁</u>です。

ただ、それだとあまりに素っ気ないと感じる向きには、次のように理由を添えて示すこともできるかと思います。

After

▸ <u>受動喫煙対策のため</u>、ロビー内での喫煙は禁止です。
▸ <u>作品の著作権保護のため</u>、館内の撮影は厳禁です。

また、次のような例はどうでしょうか。

Before

▸ お車での来校は禁止です。
▸ お車での来校はお断りいたします。

やはり強い印象を与えてしまうのですが、「お車での来校はお控えください」や「お車での来校はご遠慮ください」では先ほどのパターンと同じになってしまいます。ここでは、発想を変えて、

After

▸ 公共交通機関での来校をお願いします。
▸ 駐車場のご用意はありませんので、ご自身の責任で近くのコイ

などとするのも一法です。

人を選ぶ婉曲表現

　今後はこうした婉曲表現がますます通じない社会になっていくのかもしれません。「応募を見送ります」と言ったはずが、応募書類が出てくるのを待たれていたり、「身内に不幸があった」と言ったはずが、その後の回復はいかがですかと聞かれたりするような事態が出てくるかもしれません。婉曲表現が通じるかどうかは個人差がありますので、はっきり言わないと伝わらない人にははっきり伝えたほうがよいでしょう。

　また、「考えさせてください」「都合がつけばまいります」のような言い方で断ったつもりになるのは、相手にとって迷惑でしょう。行くか行かないかを中途半端な形で伝えるのは、イベントの開催を準備している相手にとって負担になります。行けない可能性が高いのであれば、言いにくくても迅速かつ明確に断ったほうが、おたがいにとってよい結果を生むように思います。

Point

1　婉曲表現は遠回しの表現であるがゆえに読み手によっては伝わらないことがある。

2　「できかねます」「いたしかねます」「お控えください」「ご遠慮ください」などはできないことが伝わらない可能性があるので、文脈を明確にする、ストレートな表現にするなどの工夫が必要になる。

文章の長さと「生き方」の関係

長いメール・短いメール

Q メールは長い文面のほうがよいですか、短い文面のほうがよいですか？

A ケースバイケースですので、緩急織り交ぜる心がけが大切です。

長さと短さの一長一短

　メールは長い文面のほうがよいか、短い文面のほうがよいかは難しい問題です。端的に申し上げて、読み手の好みとしか言いようがない面があります。

　次の文面を読んで、書き手がどのような人だと想像しますか。

Before

> ▶ 本日、担当の鈴木がお休みを頂戴しております関係で、ご質問いただいた内容への回答については、まことに恐れ入りますが、明日以降、改めてご連絡差し上げてもよろしいでしょうか。お待たせしてたいへん恐縮ですが、ご理解のほど、なにとぞよろしくお願いいたします。

　この文面の書き手がていねいな方であることは疑いないでしょうが、好みは分かれそうです。こうしたていねいな長い文面を好む読み手と、もっと簡潔に書いてほしいと望む読み手がいそうです。

　長い文面を好む人は、言葉の感情面を重視し、人間関係に慎重な人が多いように思います。心を込めて何行にもわたる長い文面を書いたのに、

一言だけの1行の文面が返ってきてがっかりした経験のある人もいるでしょう。そうした短い文面に憤りを感じる人もなかにはいるかもしれません。長い文面を書く人は、相手の理解や気持ちを考えて、それだけ読めば確実に理解できるように、失礼がないように書いているからです。

Before

▶ 本日、鈴木が休暇です。ご質問への回答は、明日以降になります。

先ほどの文面を短くしてみました。こちらは反対に、刈りこまれてすっきりしたと感じる人と、そっけなくていねいさに欠けると感じる人に別れそうです。

短い文面を好む人は、言葉の情報面を重視し、人間関係にドライな人が多いように思います。仕事に感情を持ちこむことはナンセンスですし、長い文面を読まされるのは時間の無駄でしかありません。それ以上に、長い文を書く人は本来すべき仕事を差し置いて長いメールを書いているわけで、その送り手が部下の場合、そんなところにコストをかけないでほしいと思うかもしれません。それはそれで合理的な考え方です。

二つのあいだを取った文面にしてみましょう。

After

▶ 本日、担当の鈴木が休暇ですので、ご質問いただいた内容への回答は、明日以降、改めてご連絡差し上げます。お待たせしてたいへん恐縮ですが、ご理解のほど、よろしくお願いいたします。

バランスはよいと思いますが、これよりもていねいな長い文面のほうがよい方も、簡潔なすっきりした文面がよい方もいるでしょう。つまり、読み手に合わせて文面の長さは変えたほうがよいというのが一つの考え方として成り立つわけです。**万人向けの文章というのは存在しません。**

自分らしさと相手の好みの食い違い

　一方、書き手にも書き手の個性と考え方があり、何もすべて読み手の好みに合わせる必要はありません。私たちには一人ひとり自分らしく生きる権利があり、業務上のメールは必要なことだけ書けばよいと思っている書き手が、読み手の好みに合わせて無理をして長くていねいに書く必要はありません。また、業務上のメールであってもていねいに心を込めて書きたいと考える書き手が、読み手の好みに合わせて無理をして要件を事務的に書く必要もありません。

　しかし、読み手のほうが立場が上であって、書き手と明らかに好みが異なる場合に、自分らしさを通すのか、相手との摩擦を避けて相手に合わせるのかで悩むことはあるでしょう。**その選択もまた、書き手自身の生き方の問題**です。

書き手のタイプとその逸脱

　書き手には短い文面を好む人と長い文面を好む人がおり、読み手は日ごろの付き合いのなかで「この人のメールは簡潔でわかりやすい」「この人のメールは量が多くてていねい」というラベルを貼っているものです。つまり書き手はある決まったタイプに分けることができ、そのタイプに応じた振る舞いをすることが期待されています。

　ところが、書き手はときどきそのタイプから逸脱した行動をすることがあります。ふだん短いメールしか送ってこない人が長いメールを書いてくると、それだけでありがたい気持ちになりますし、ふだん長いメールばかり送ってくる人が一言だけのメールをよこしたら、何か機嫌を損ねてしまったのではないかと深読みしたくなります。

　そうした印象を逆手に取って、とくに重要な内容を伝える場合には、**自分のふだんの振る舞いとは異なる行動を選択するのも戦略上有効**になります。自分は長いメール、あるいは短いメールしか書かないと決めてしまわずに、緩急を使い分けることが、効果的なメールを書くうえで重

要になってくると思われます。「たまには気分を変えて」が奏功することもありますので、文章を書くということを柔軟に考える感性をもつことも必要です。

Point

1 長いていねいな文面も、要点だけの簡潔な文面も、長所と短所を備えている。

2 長いていねいな文面、要点だけの簡潔な文面、いずれを選ぶかは、書き手の好みと読み手の好みによる。

3 書き手の好みを優先して自分らしくすることも、読み手の好みを優先して両者の摩擦を減らすこともそれぞれの生き方の問題である。

4 ふだんの書き手の行動と異なる行動を取ると、読み手に強い印象を与えることができる。

「こちらこそ(以下同文)」

コピペに見える文面

Q 返信をするときに心がけることはありますか?

A 相手の表現を参考にしつつ、コピペに見える文面を変えることです。

コミュニケーション同調理論

　言語学の理論に**コミュニケーション同調理論**(Communication Accommodation theory, CAT)と呼ばれる理論があります。CATでは「収束(convergence)」、すなわち、自分が相手との差異を減らそうと、相手のコミュニケーション行動に合わせる戦略と、「発散(divergence)」、すなわち、自分が相手との違いを際立たせようと、相手のコミュニケーション行動からあえて離れる戦略があります。

　空気を読むとも呼ばれ、相手に合わせることが期待される**日本語のコミュニケーションでは、相手との関係をよくするために「収束」の戦略を採ることが多く見られます。**その一つとして、たとえばメールにおいて、相手の文面にある表現を自分の返信のなかに積極的に取りこみ、同調を示そうとします。それがうまくいけば、相手から肯定的な承認が得られ、相手との社会的距離が縮まります。

変化球で同調する

　しかし、そうした戦略が過度に進むと、相手のメールの文面と似たようなものになってしまいます。その結果、過剰におもねっているような、

ときには手を抜いているような印象を与えてしまうことがあるため、注意が必要です。

Before

（「早速のご返信、ありがとうございました。」というメールにたいし）

▶ こちらこそ、早速のご返信、ありがとうございました。

これでもコミュニケーションは成り立ちますが、オウム返しに近くなります。もちろん、これで関係がよくなる相手もいるかもしれませんが、違和感を抱く相手もいそうです。自分の文面をコピペして、それに「こちらこそ」をつけただけと感じられるからです。

そこで、相手の内容に「収束」しつつ、表現を変えて「発散」を行い、

After

（「早速のご返信、ありがとうございました。」というメールにたいし）

▶ こちらこそ、迅速なお返事、感謝申し上げます。

After

（「早速のご返信、ありがとうございました。」というメールにたいし）

▶ 速やかなご対応をいただき、たいへん助かりました。

のようにすると、ひと手間加わったよりていねいな表現になり、感謝の気持ちが適切に伝わります。相手に同調しながらも自分らしい言葉遣いを大事にする。これが信頼感を育むコミュニケーションの基本かもしれません。

1　メール等、双方向のやりとりをする場合、相手の送信にたいし、似たよ
　うな内容を送ると共感が伝わるが、まったく同じ内容を送ると逆効果に
　なることもある。

2　相手の送信には、内容を合わせつつも、表現にひと手間加えることで共
　感が適切に伝わり、信頼感を維持することができる。

配慮のある構成

「ご理解」の押しつけ
誠意に欠ける紋切り型

Q メールを送るとき気をつけることはありますか？

A メール本文に合わない紋切り型を避けることです。

紋切り型の限界

　仕事上、メールをたくさん書く人の場合、同じ文を1日中繰り返し使っていないでしょうか。たとえば、次のような文です。

- お世話になっております。
- よろしくお願いいたします。
- 今野と申します。
- ご連絡ありがとうございました。

　繰り返し使えるだけあって、いずれも、相手に失礼にならないために、必要なものでしょう。

　しかし、どんな相手なのか、どんな状況なのかを考えずに、こうした手垢の付いた文を使い回していると、反対に相手に失礼になることがあります。

Before

> （久しぶりにメールをする相手にたいして）
> ▶ お世話になっております。今野です。

久しぶりにメールをしたわけですから、「お世話になっております」
はおかしいように思います。

After

> （久しぶりにメールをする相手にたいして）
> ▶ ご無沙汰しております。今野です。

　間が空いたことを「ご無沙汰しております」と明確に示すことで、相
手に合わせたメールになるでしょう。同じようなことは、**たいしてお世
話になっていない、初対面に近い間柄の人にたいする「お世話になって
おります」**も起こりがちで、読み手に「とくにお世話した記憶はないけ
ど……」と思わせてしまうでしょう。それが紋切り型の怖いところです。
　メールの末尾につく「よろしくお願いいたします」にも注意が必要で
す。「よろしくお願いいたします」はメールを終える決まり文句のよう
でありながら、「これでメールの文面は終わりです」という意味ではあ
りません。依頼であることを結末で確認しており、そもそもお願いする
内容がない場合に入れるのは不自然です。

Before

> ▶ 出席者は最終的に 25 名となりました。
> よろしくお願いいたします。

　この例は何をよろしくお願いされているのかがわかりません。もし確
認のお願いであれば、そのことがわかるようにしたほうがよいでしょう。

After

> ▶ 出席者は最終的に 25 名となりましたので、ご報告いたします。
> ご確認のほど、よろしくお願いいたします。

最近気になるのは、メールに限らず、**不都合な内容を押しつけて、ご理解をもとめる姿勢**です。

▶ 定期点検のため、全館停電となります。ご理解のほど、よろしくお願いいたします。

　相手に迷惑をかけているわけですから、せめて言葉だけでもお詫びの姿勢を見せておかないと、クレームの対象となってしまいます。

▶ 定期点検のため、全館停電となります。ご不便をおかけして申し訳ありませんが、ご理解のほど、なにとぞよろしくお願いいたします。

　もちろん、紋切り型がすべてダメだということはありませんが、メールの本文に述べられている内容を踏まえた言葉遣いにしておかないと、読み手には不誠実に見えてしまうことがあり、注意が必要です。

「ご連絡」を書き分ける

　表現の使い回しは相手に違和感を与えることがあります。状況におうじて細かく書き分ける必要があります。

（ふだんメールをする相手にたいして）
▶ お世話になっております。今野と申します。

　こちらもまた、不自然なように思います。今度は「お世話になっております」ではなく、「今野と申します」に違和感があります。「今野と申

します」という名乗りは初対面か、初対面に近い間柄でこそ有効であり、何度も会っていて、それなりに親しい関係になってきている相手に使った場合、あらたまりすぎで、よそよそしい印象を与えかねません。「今野です」で十分でしょう。

After

（ふだんメールをする相手にたいして）
▶ お世話になっております。今野です。

また、「ご連絡ありがとうございました」は万能のように見えますが、かならずしも万能ではありません。

Before

（自分の出した質問メールに返事をもらえたときに）
▶ ご連絡ありがとうございました。

返事をもらえたときに「ご連絡ありがとうございました」では、相手の手間をおもんぱかっていないように思えます。「ご返信」として初めて気持ちが伝わります。

After

（自分の出した質問メールに返事をもらえたときに）
▶ ご返信ありがとうございました。

「ご連絡」は万能ですが、そのぶん、使い回し感がつきまといます。相手のメールの内容に合わせて、「ご連絡」を「ご報告」「ご依頼」「ご提案」のように具体的な用件に変えたほうが、謝意がより明確に伝わります。

1 「お世話になっております」「よろしくお願いいたします」のような紋切り型の文は、便利な半面、使いすぎてかえって不自然になることがある。

2 紋切り型の文は、ほんとうに「お世話になっている」のか、何を「よろしくお願い」しているのかを意識し、とくにお世話になっていなかったり、何もお願いしていない場合は、別の表現を使うほうがよい。

3 「○○と申します」「ご連絡ありがとうございました」のような紋切り型の文も、「○○です」「ご返信ありがとうございました」など、状況におうじて細かく書き分ける必要がある。

メールの負担を減らす 「三手の読み」

返信を終わらせるタイミング

Q メールは何往復で終わらせるべきですか？

A 業務メールの場合は、一往復半が原則です。

メール負担の公式

　業務上、メール、あるいはチャットツールなど、それに類似するシステムで業務上のやりとりをする方は多いでしょう。そこで問題になるのがメールなどを書く手間です。一般に、メールは無駄を省くために短いほうがよいとされますが、自分が短く書くと、相手が長く書かなければいけなくなることもあり、1通のメールの長さだけを議論しても実のあるものにはなりません。たとえ1通のメールが短くても、それが何往復もすればかえって負担が大きくなるのです。そこでメールを書くときは、次のようなメール負担の公式、

（メールの負担）＝（メールの長さ）×（メールの往復数）

を考えておくとよいでしょう。

　メールは会話と同じキャッチボールですから、相手に投げて終わりというものではなく、相手から返ってくることも計算して投げることが必要です。そのためには、**自分の書いたメールにたいして相手の返信のパターンを予測して、相手が返信しやすいような文面で書く**ことが大事です。これさえ心がけておけば、無駄なメールの往復がなくなり、印象も

よく、負担感も少ないメールのやりとりが可能になるはずです。

将棋とメールの共通点

　教室での教師と学生のやりとりを研究する教室談話の研究において、IRE/IRFというパターンがよく用いられます。

　教師の発話（Initiation）
→学習者の応答（Response）
→評価／フィードバック（Evaluation/Feedback）

　という一往復半のやりとりを一つの単位として考えるわけです。「英語で雪は何と言いますか」⇒「ええと、snowですか」⇒「正解です。よくできました」のようなやりとりです。「英語で雪は何と言いますか」⇒「雪は冷たいからiceですか」⇒「残念。iceは氷で、正解はsnowです」のようなやりとりも同じです。メールならば、「お願いします」⇒「承知しました」⇒「ありがとうございます」のようなやりとりがIRE/IRFになります。

　将棋の世界では「こう指す」⇒「そう行く」⇒「ならば、こう打つ」のような「三手の読み」が基本になり、これができると、将棋が強くなると言われます。メールでもこの「三手の読み」が基本であり、このパターンを事前にイメージしてメールを書けば、トータルで互いに快適なメールのやりとりができるでしょう。

選択肢を設ける

　相手からの返信を明確なものにし、メールの往復を少なくするためには、漠然とした聞き方は避け、選択肢を示したほうが効率的です。

▶ 来週の朝のミーティング、30分程度を予定していますが、いつがよろしいですか。

このようにすると、メールを受け取った側がスケジュールの候補を示すことになり、メールの往復回数が増えるだけでなく、先方に候補を示す手間をかけさせ、それだけスケジュール調整が遅れる可能性があります。そこで、次のように選択肢を示します。

After

▶ 来週の朝のミーティング、こちらは以下であれば、調整可能です。ご都合はいかがでしょうか。
①水曜日の 9:00 〜 9:30
②木曜日の 9:30 〜 10:00
③金曜日の 9:30 〜 10:00
もしこのどれもご都合が悪ければ、再度調整させてください。

こうしておけば、受け取った側が「②でお願いします」で済みますので、たがいの負担が軽減されます。

Point

1 メールのやりとりでは、1通のメールの長さを短くして無駄を省いたつもりでも、トータルのやりとりがかえって増えてしまうことがある。

2 メールのやりとりの総量を考える場合、最初にメールを送る人が「三手の読み」で、「自分がこんなメールを書く」⇒「相手がこんな対応をする」⇒「それにたいして自分がこう返信する」というセットを考えておくとよい。

3 相手に何かを尋ねる場合、相手の負担を考えて選択肢で聞くと、相手の返信の負担が減り、結果としてメールの往復回数を減らせることが多い。

「返信しない」という返信

どう書いてもだめなときの選択肢

Q メールの返信をどう書いても意図がうまく伝わらないと感じられたときはどうすればよいですか？

A 返信をしないことです。

文章には限界がある

　上手な文章の書き方を知っていれば、それだけ説得力の高い文章を書くことができる。この前提自体は間違ってはいません。しかし、そこには一つの大きな落とし穴があります。それは、文章の書き方をいくら改善しても、文章の説得力には限界があり、**相手が拒絶しているときはどう書いても説得できない**という厳しい現実です。

　たとえば、何か相手に依頼したいことがあり、どうしても「うん」と言わせたいとします。しかし、相手がその依頼を受け入れるつもりがまったくない場合、文章をどのように書いてもうまくいくことはありません。**文章の書き方によって相手が心を動かされ、「うん」と言う可能性があるのは、その依頼を受け入れる可能性が相手に多少でもある場合に限られます。**

　まったく好みでもタイプでもない相手から来たラブレターの文面が、どんなに感動的なものであろうとも、お付き合いに発展することはないでしょう。一方、一途に思いつづける相手から来たラブレターであれば、どんなに文面が稚拙でも、お付き合いに発展するはずです。もちろん、まったく意識したこともなかった相手から届いたラブレターの言葉に感動し、送ってくれた相手のまっすぐな気持ちを意識するようになり、お

付き合いに発展することはあるでしょうが、まったく脈のない相手から届いたラブレターの場合、文章の巧拙にかかわらず効果は見こめません。言葉には人の心を動かす力はありますが、その力は万能ではありません。

　文章が万能でない以上、文章をどのように書くかだけでなく、文章を**書くか書かないか**という観点で見る必要があります。書いても効果が得られない文章は書いても無駄に終わりますし、文章を書いてしまったことで事態がかえって悪い方向に進むことさえあるからです。

返信を出さないほうがよい場合

　このように、文章を書かないという選択肢を考慮することもまた、文章技術の一つと言えます。とくに、文章を書くか書かないかを考える必要があるのがメールの返信です。ここでは、メールの返信を出さないほうがよい場合を考えてみましょう。メールの返信を出さないほうがよいのは、次の四つの場合です。

● 返信を出さないほうがよい場合
①ネガティブな返信：返信を出すことで、かえって人間関係の悪化が予想される場合
②気を遣わせる返信：返信を出すことで、忙しい相手を煩わせる可能性がある場合
③確認不十分の返信：書き手が忙しくて、十分な返信を出すことが難しい場合
④無言の返信：返信を出さないことが、ある種の返事となる場合

ネガティブな返信

　まず、①「ネガティブな返信」です。ネガティブな内容の返信は人間関係を損ねます。返信の内容がネガティブにならなければよいのですが、文面を書きはじめると、避けたくても、相手に耳の痛い内容になりがち

です。とくに攻撃的な内容のメールを受け取ったときは、売り言葉に買い言葉の感情的な返信になるものです。

　では、感情的な返信でなければよいのか。それもまた逆効果です。理路整然と自己の正当性を語ることは、相手を否定することになり、相手の感情を逆なですることになります。

Before

▶ おっしゃっていることは事実誤認です。どなたからお聞きになったのか存じませんが、私が会議の場でそのようなことを申し上げた事実はありません。

　もちろん、このようにきっぱり言わざるをえないこともあるでしょうが、これで相手が自分の事実誤認だと認め、人間関係が改善するようなことはまずありません。これについては、すでに述べたように、冷却期間を置くことが必要です。批判的な内容のメールはできるだけ書かないようにし、書く必要がある場合でも冷却期間を置き、お互いの頭が冷静になってからやりとりするのが賢明です。

After

▶（返信はしない）

気を遣わせる返信

　つぎに、②「気を遣わせる返信」です。これは、上司、先輩、お客、ゲストなど、書き手が上の立場のときに気をつけるべき返信になります。次の例は、田舎に住む両親に元気な顔を見せたいので休暇を取らせてほしいとメールを書いてきた直属の部下にたいし、許可をする返信を送ったところ、お礼のメールが届いたという設定です。

（部下からの休暇の許可へのお礼にたいして）

▶ 忙しいのに、わざわざお礼メールをありがとう。ご家族のこと
は大事です。せっかくの休暇ですから、この間しっかりとご実
家で親孝行をしてください。

　別に書いて悪いメールではないのかもしれませんが、書くとかえって
恩着せがましい気もします。それより、もらった部下がもう一度上司に
メールを送る必要があるかもしれないと悩んでしまうかもしれません。
メールは用件がある側が送り、それに対応する側が返信を送ったら、お
礼などのフィードバックをするという一往復半が基本です。**二往復させ
てしまうと、そこには異なるメッセージを含んでしまうおそれもあるた
め、問題がなければ一往復半に留めておくほうがよいでしょう。**

　メールでのやりとりはキャッチボールですが、下の立場の者からは終
えづらく、上の立場の者が返信をやめないと、メールの往復が延々と続
くことになります。上の立場の者から返事を切りあげて、下の立場の者
に返信の手間をかけさせないこともまた、上の立場に立つ者の仕事です。

（部下からの休暇の許可へのお礼にたいして）

▶ （返信はしない）

確認不十分の返信

　③「確認不十分の返信」は、読み手側の要因ではなく、書き手側の要
因です。多忙な状況下で相手の文面を読まずに返信を出すくらいなら、
返信を出さないほうがましということは少なくありません。

　相手から送られてきた文面を最後まで読まなかったり雑に読んだりし

て返信をすると、中途半端な理解に基づく返信になってしまい、相手の信頼を損ねます。また、時間のないなかで急いで文面を書くと、文面自体がどうしても粗くなり、誤字脱字が増えたり、構成が整わなかったりして、粗末に扱われたような印象を相手に与えてしまいます。

　もちろん、至急返信が求められている場合、粗くても返信優先というケースもありますが、気持ちにゆとりのあるときに出したほうがミスは少なくなります。

無言の返信

　最後の④「無言の返信」は、**返信を出さないことが、ある種の返事として機能する場合**であり、とくに断りの返信の場合は、出さずに済ませたほうがよい場合もあります。

Before

> （「日本語の専門家である石黒先生に質問です。実際の日本語では疑問文の終わりに終助詞「か」がつくことが少ないのに、教科書では「か」をつけるように教えます。なぜですか。」という質問を受けて）
> ▶ ご質問ありがとうございました。面白いところに気づきましたね。ただ、あなたがどのようなお立場の方で、なぜこのようなご質問をしてこられたのかがわからないと、このご質問には回答のしようがありません。まずは、そこから教えていただけないでしょうか。

　私のところにはときどきこうした質問が届きますが、それにお答えすることはしていません。それは、私のするべき仕事ではないからです。

After

（「日本語の専門家である石黒先生に質問です。実際の日本語では

疑問文の終わりに終助詞「か」がつくことが少ないのに、教科書では「か」をつけるように教えます。なぜですか。」という質問を受けて）

▶（返信はしない）

ホームページ上にメールアドレスを公開している人はもちろん、SNSをやっていれば知らない人からの問い合わせや依頼が来るものです。もちろん、問い合わせや依頼に回答したほうが親切ではあるのですが、知らない人からのメールには本来、回答する義務はありませんし、回答するにしても断ることになりがちです。**いずれ断るのに、返信という形で先方とのやりとりのチャネルを作ってしまうと、労力だけ使って結局はお互い気まずくなることも少なくありません。**それであれば、返事をしないことに気持ち悪さを感じても、最初から無視してしまったほうがよいと思います。

いい加減な部下には、届いたメールには返信する義務があると教えたほうがよいでしょうが、真面目すぎる部下には、届いたメールすべてに返信する義務はないと教えたほうがよいでしょう。返信をしないということもまた返信であり、**対面のときの沈黙が話を終わらせる合図になるように、メールにおける無返信もやりとりを終わらせる合図となります。**無理に言葉にしてやりとりを切断するよりも、無返信によって自然にやりとりを終わらせたほうがよいということも頭に置く必要がありそうです。

Point

1 メールを受け取った場合、返信しないことも返信の一種であり、とくに次のような場合、返信を書かないほうがよいことも多い。

2 ネガティブな返信を出すことで、かえって人間関係の悪化が予想される場合は、返信しないほうがよい。

3 返信を出すことで、忙しい相手にさらに返信を要求する可能性がある場合は、返信しないほうがよい。

4 書き手が忙しくて、十分な返信を出すことが難しい場合は、返信しないほうがよい。

5 返信をする義務がなく、返信をしないことである種の返事となる場合は、返信しないほうがよい。

会って話したほうがよいとき

メールを選ばない

Q メールでの返信を避け、対面やオンライン会議システムを用いた
ほうがよいのは、どのようなときですか？

A 話が複雑になりそうなときです。

メールの利点と欠点

　メールというメディアには利点と欠点があります。対話と比べた場合
の利点としては、大きくは二つあるでしょう。一つは、**相手の時間を拘
束せずに済むこと**です。忙しい時間に来たメールは後回しにし、時間が
できたときに読み、返信できるのが、メールの利点です。また、**やりと
りの記録が残ること**も、メールのメリットです。「言った」「言わない」
が起きませんし、忘れかけている内容でも書かれた記録を確認して、そ
のうえで判断や議論ができます。

　しかし、メールには欠点もあります。欠点も、大きくは二つありそう
です。一つは、**相手が目の前にいないこと**です。そのため、相手の理解
をすぐに確かめられず、誤解が生じたまま、話が進むことがあります。
また、相手の反応もわからないので、言葉が強くなりがちで、感情的な
もつれも起きやすい傾向があります。もう一つは、**話し合いに向かない
こと**です。書き手と読み手のあいだを行き交うのがメールですので、
ボールを投げたら投げっぱなしになり、話し合いや相談には向きません。
メール審議というのも行われますが、メール審議で建設的な議論が生ま
れることは少なく、確認と承認のためと考えておいたほうがよいでしょ
う。

話が複雑になりそうな三つの場面

　そうしたメールの欠点を踏まえ、メールで連絡を受けても、対面やオンライン会議システムといった対話型コミュニケーションに切り替えたほうがよい場合も少なくありません。それは、「話が複雑になりそうなとき」で、次の三つに分かれます。順に見ていきましょう。

● **話が複雑になりそうなとき**
①情報がうまく伝わらなさそうなとき
②話がこじれそうなとき
③相手の本音を聞きたいとき

　①「情報がうまく伝わらなさそうなとき」は、読み手に理解してもらうのが難しい話をしようとしているときです。よく「話したほうが早い」と思うことはないでしょうか。入り組んだ話を特定の相手に伝えようとするのに文章は向いていません。

Before

▶ 今回の決定についてはご納得いただけないところもあると存じます。こうした決定に至った経緯はかなり複雑です。以下、長文になってしまいますが、順を追って説明させてください。

　目の前に相手がいれば、相手の理解を確かめつつ、相手がわかっていることは省略し、相手が知りたいことだけをピンポイントで伝えることができます。しかし、メールではそれがしにくいのです。複雑な内容を相手に伝えようとするときは、対話型コミュニケーションに切り替えましょう。

After

▶ 今回の決定についてはご納得いただけないところもあると存じ

ます。こうした決定に至った経緯はかなり複雑です。恐れ入り
ますが、こちらから直接伺ってご説明いたしますので、お話し
するお時間を取っていただけないでしょうか。

②「話がこじれそうなとき」は、書き手の伝えようとする内容で読み
手の感情を害しそうなときです。とくに相手にたいしてネガティブな内
容を伝えたつもりがなくても、ネガティブに伝わってしまうのがメール
の怖いところです。相手にとって都合のよくない事実を含むだけで、相
手を責めているという誤解が生じがちですし、相手にとって必要な情報
が抜けていたり、相手にとって余計な情報が入っていたりすると、誤解
は増幅します。知っている顔が目の前にあると、相手にできるだけ寄り
添おうとする傾向が人間にはあるので、話がこじれそうなときは対話型
コミュニケーションに切り替えたほうが安全です。

③「相手の本音を聞きたいとき」は、建設的な議論をしたいときです。
打ち合わせや会議では、議論が発展するという現象が見られます。誰か
がふと言いだした発言に刺激を受け、それを起点に次から次へと面白い
アイデアが生まれる現象です。それが、独創的な発想を生みだし、研究
開発や商品開発につながることがあるわけです。メールはこうしたイン
スピレーションが湧きにくいメディアです。創造性の高い活動をしたい
とき、新たなことを始めるさいのブレイン・ストーミングがしたいとき
は、対面で自由に話すという場が重要になりますので、対話型コミュニ
ケーションを大事にすることをお勧めします。

Point

1 書き言葉によるやりとりは、相手が目の前にいないため、相手の理解や
反応を確かめられず、話し合いに向かないという欠点がある。

2 そのため、情報が複雑で伝えるのが難しいとき、相手の感情を害して話
がこじれそうなとき、相手の意見を聞いて建設的な議論をしたいときに
は、対面によるやりとりに切り替えたほうがよい。

「ご自身の送信履歴の確認が
先ではないでしょうか。」

責めるメールへの返信

Q 私を責めるような内容のメールが届きました。抗議のメールを返そうと思うのですが、**冷静になったほうがよいのでしょうか？**

A あなたを責めているかどうかわかりませんので、返信には慎重になることをお勧めします。

「売り言葉に買い言葉」でいいことはない

　感情的な内容の返信は人間関係を損ねます。一旦損ねた人間関係は取り戻すのに時間も手間もかかります。取り戻せず、しこりとして残ることもあるでしょう。そこで、感情的な内容の返信を書きたくなった場合、立ち止まって考えることをお勧めします。

　たとえば、こんなメールを受け取ったとします。

● ○○です。

　こうした件は、私にではなく、経理の担当者に直接確認してください。

　こうしたメールを受け取り、腹が立つことはないでしょうか。とくに腹が立たないという方もいらっしゃるでしょうが、人によっては、この件を○○さんに送ったのは、私はこの方を担当者だと判断したからであり、あたかもそれを間違いであるかのように責められる筋合いはないと思うのではないでしょうか。

　次のように書いてもらえれば、そうした悪感情を抱くことはありません。

● お世話になっております。○○です。ご連絡ありがとうございました。こちらの件は、予算の使途に関わるものですので、私には判断しかねます。恐れ入りますが、経理の担当者に直接ご確認いただけますか。

　○○さん自身が扱えない理由も書いてありますし、経理の担当者に確認するようにという指示もていねいだからです。最初のような失礼なメールが来たら、虫の居所が悪いときは、私なら次のような返信を書いてしまいそうです。

Before

> 石黒です。
> 先ほどの件、経理の担当者にいきなりご確認するのは失礼だと考え、まずは○○さんに確認しました。先日、経理の担当者に私から直接確認したときに○○さんからクレームが来たので、今回は○○さんをとおしてお願いした次第です。今回のやり方のどこが悪いのでしょうか。経理の担当者への確認は、○○さんからしてください。

　しかし、先のメールの文面を冷静な頭で読み直すと、むっとするほどのことではないのかもしれません。○○さんはきっと多少ぶっきらぼうなだけで、悪意はないはずです。責められていると感じる私が過敏だったのであり、一日経てばきっと忘れるレベルです。人間関係を損ねてまで指摘することではなく、そうした指摘をしてしまうと人間関係の修復に時間も手間もかかり、仕事に支障を来します。相手がそう言う以上、一旦は承服した旨のメールを出し、おとなしく経理の担当者に直接確認するのが賢明でしょう。

After

> 石黒です。

承知しました。先ほどの件、経理の担当者に直接確認させていただきます。

もちろん人間ですから、こうした頭ごなしのメールが積み重なると、腹も立つでしょう。そうした場合は抗議をしてよいと思うのですが、その場合、○○さんの側に明らかに問題がある場合に限定し、感情的にならないよう、○○さんの上司など、第三者も交えて話し合ったほうがよいと思います。

自らの落ち度の可能性も考慮しておく

また、次のようなメールを受け取って、いらっとすることもあるでしょう。

● すでにお送りした懇親会のご案内、ご返信がいただけていません。予約の都合もあり、これ以上お待ちすることは難しい状況です。折り返し、ご出席になれるかどうか、至急ご返信をお願いします。

もし自分が返信を忘れていたら、すみませんという気持ちで返信を書くでしょうが、そもそも懇親会の案内メールそのものが届いていないこともあるでしょうし、返信はしたけれども先方に返信が届いていないこともあるでしょう。こちらの落ち度でもないのに、なぜ責められなくてはいけないのかと思うと、返信の語気も荒くなりそうです。

Before

▶ 送ってくださった懇親会のご案内、まだ私の手元には届いていません。いつお出しになったのか、ご自身の送信履歴の確認が先ではないでしょうか。

▶ 懇親会の出欠、すでに一週間前にお送りしたはずです。それな
のになぜ、再度返信を要求されるのか、理解に苦しみます。

この二つの返信はいずれも私は悪くない。悪いのはあなただという含
意があります。しかし、よく調べてみたら、受信トレイではなく、スパ
ムメールのフォルダに相手のメールが振り分けられていたり、送信した
はずのメールが送信済みトレイではなく、下書きトレイに入っていたり
したということもあるかもしれません。

当初受け取ったメールは非がこちらにあることを前提に送られてきた
わけですが、自分が送ったメールも相手に非があることを前提に送って
いるため、売り言葉に買い言葉になってしまっています。

メールにトラブルはつきものです。**自分のせいではないということを
主張しつづけると、負の連鎖が続いてしまい、人間関係が悪化します。**
自分にも落ち度がある可能性があるという形でメールを送ることが肝要
です。

▶ 送ってくださった懇親会のご案内、まだ私の手元には届いてい
ないようです。スパムメールのフォルダも調べてみたのですが、
見つかりませんでした。メールのトラブルかもしれませんので、
恐れ入りますが、私の個人アドレス XXXXXXXX@gmail.
com も CC に入れて再度お送りいただけないでしょうか。

▶ 懇親会の出欠、すでに一週間前にお送りいたしました。そのと
きにお送りした文面も合わせてお送りします。なお、メールの
トラブルが最近頻発しており、このメールも不着の可能性があ

ります。たいへんお手数ですが、お手元に届いていたら折り返し受理のご返信をいただけないでしょうか。

1　相手が自分を責めるようなメールを送ってきた場合でも、相手にそうした意図がないこともあるので、売り言葉に買い言葉の返信は避ける。

2　自分の落ち度がないにもかかわらず、相手が自分の落ち度を前提にメールをしてきた場合、自分に気づかない落ち度があったり、いずれのせいでもない可能性があることを考慮して対応する。

怒り・抗議・攻撃・非難への対処法

怖いメールへの返信

Q 怖いメールが届いたときはどうすればいいですか?

A 少し時間を置きましょう。

怖いメールはしばらく寝かせる

　怖いメールが届くことがあります。怖いメールと一口に言ってもさまざまですが、読み手に強く抗議する内容、読み手に怒りをぶつけてくる内容、読み手を個人攻撃する内容、別の誰かを非難する内容などが考えられます。こうしたメールを見てしまうと、読み手としても心穏やかにはいられなくなります。そうした場合、どのように対処したらよいでしょうか。

　まずは、すぐには対処しないことです。相手は感情が高ぶっているわけですので、すぐに返信すると火に油を注ぐことになり、よいことはありません。人の気持ちは時間が経つと落ち着いてくるものですので、しばらくは怒りが冷めるのを待ちましょう。とくに深夜という時間帯は、ふだん人が隠している心の裏の面がひょっこり顔を出して来ることがありますので、深夜の時間帯のやりとりは避けることが賢明です。相手の高ぶった感情はこちらにも飛び火するものですので、自分の心を落ち着けるためにも一晩寝て、翌日に返信したほうがよいでしょう。

返信自体も慎重に

　つぎに、考えたいことは返信するかどうかです。80課で述べたとおり、返信せずに無視するというのも立派な返信の一つです。また、メールという媒体がお互いの心の溝を深めるおそれがあります。人は通常、相手と対面する場では相手の反応によって行動を変える傾向があります。直接会って話したり、電話やオンライン会議システムで話したりするなど、別の媒体によって話すことをメールで提案するのも有力な方法です。

　返信の必要があり、返信するにしても、どのような文面で返信するのかを考えます。**感情的になっている相手にたいして感情的な態度で応戦すると傷を深めることが必定**です。しかし、感情を抑えて過度に論理的になって説得を試みても通じることはおそらくないでしょう。できるだけ感情を抑えた筆致で、相手がどのような反応をするかを想定しつつ、短く、しかしはっきりと返信するのがよいと思います。

　また、そうしたやりとりは記録として残り、後日、第三者がそうしたトラブルを仲介する場合に判断の材料となる可能性があります。その意味でも、できれば信頼できる周囲の人に相談し、こうしたメールが送られてきたという事実を共有し、**このように自分が書いたら相手はどう受け取るかというアドバイスを得るようにする**とよいでしょう。当事者が文面を書くと、そこにはどうしても自己防衛のバイアスがかかり、かえってトラブルを増幅する内容になってしまうこともあるからです。他者の目を入れて、冷静な判断を仰ぐことでトラブルが収束に向かうことも少なくないものです。

Point

1　読み手を攻撃する内容や別の誰かを非難する内容のメールを受け取ったときはすぐに返信するのは避ける。

2　返信するかどうかの検討も必要で、返信する場合でも第三者に相談しつつ、冷静に返信する必要がある。

謝罪の仕方を始末書に学ぶ
謝罪に欠かせない要素

Q 謝罪するときに大事なことは何ですか？

A 事実の確認、真摯な反省、再発防止策の提示です。

始末書に必要な要素

　始末書という文書を書いたことがありますか。できれば一生書かずに済ませたい文書ですが、ミスによるトラブルが起きたときには書く必要に迫られます。口頭による注意で済めばよいのですが、ミスが大きいと会社によって判断されたとき、懲戒処分の一つとして始末書の提出が求められることがあります。

　始末書には、事実の確認、真摯な反省、再発防止策の提示が求められます。会社としては、ミスによるトラブルは社会の信頼を損ね、大きな損失につながりますので、未然に防ぐようにする必要があります。そのため、ミスという事実を当事者が認めて反省し、再発防止策を示すことで、こうした事実が二度と起こらないように努めるわけです。これが謝罪の基本であり、始末書を書くまでには至らない案件であっても、正式な謝罪が必要な場合、**事実の確認、真摯な反省、再発防止策の提示**という、始末書と同じ三点セットを示すことが重要になります。

謝罪のはずが言い訳に

　次の文章は謝罪になっているでしょうか。

> お約束の日は実際には水曜日だったにもかかわらず、木曜日と
> 勘違いし、お約束の時間に伺うことができませんでした。水曜
> 日と木曜日、字の形が似ており、近視の私には認識がつらいこ
> とがあります。なぜ、こうした似たような字が連続する曜日に
> 使われているのか、ただ恨めしく思うばかりです。

　事実の確認はできていますが、真摯な反省は見られません。きちんと
した謝罪がなく、かわりに言い訳だけが示されています。書いた当人は
言い訳という気持ちはないのかもしれませんが、自分の責任ではなく、
文字のせいにしているため、申し訳ないという気持ちは伝わってきませ
ん。さらに、再発防止策も示されていないので、この謝罪を受け取った
人は、この人はきっとまた同じことをするのではないかと感じ、信用を
落とすのではないでしょうか。
　以上の点を改善すると、一例として次のようになりそうです。

> 先日は、お約束の日を間違って覚えており、お約束の時間に伺
> うことができず、まことに申し訳ありませんでした。（謝罪）
> 実際には水曜日だったにもかかわらず、よく確認せず、木曜日
> と勘違いしてしまいました。（事実の確認）
> 大事なお約束であり、もう一度ていねいに確認しておけば、こ
> うした間違いをして、長い時間お待たせすることもなかったわ
> けで、重ねてお詫び申し上げます。（真摯な反省）
> 今後は、きちんと確認することに加え、数日前にリマインダー
> をお送りすることで、大事なお約束の日時を確認するように努
> めます。（再発防止策の提示）

　文章にはその目的におうじてかならず入れなければならない要素があ

ります。次の課で見る感謝もそうですし、依頼でも、報告でも、忠告でも、その目的に応じた要素を考え、それを満たした文章を書くようにします。

　謝罪という目的の場合は、事実の確認、真摯な反省、再発防止策の提示という三つがその必須要素になり、それによって謝罪が形になります。謝罪の文面では、かならずその三つの要素が揃っているかどうかを確認のうえ、送付する必要がありそうです。

Point

1 正式な謝罪では、事実の確認、真摯な反省、再発防止策の提示の三つの要素を入れることが必要になる。

2 三つの要素を満たさない謝罪は言い訳になり、逆効果になりかねないので注意したい。

Section
85 配慮のある構成

これはきっと使い回しだな……

感謝に必要な具体性

Q 感謝を示すときに大事なことは何ですか？

A 定型文にひと手間加え、具体的な内容を盛りこむことです。

速やかに感謝を示す

　感謝を示すことは大事なことです。日本では、食事をごちそうしてもらった場合、翌日以降にごちそうしてくれた人に会った場合、昨日は（先日は）ありがとうございましたということがあります。海外では、その場でお礼を言って終わりという文化圏は少なくありませんし、日本でも過剰な気遣いはかえって仰々しいと思われることもあります。それでも、お礼を言われて喜ぶ人はいても、不快に思う人はほとんどいないでしょう。その意味で、お礼を言って損なことはないと思います。

　一方、お礼がなくて失礼と感じられることもあります。たとえば、偉い先生に講演をお願いして、ていねいに段取りをして当日を迎え、ためになる話をしてもらったとしても、それで終わりでとくにお礼なども言わなかったとしたら、次回また依頼しようとしても、ぎくしゃくすることが多いのではないでしょうか。

　人間関係の良好な継続を考えた場合、お礼を言うにこしたことはありません。それも、忘れたころにしても効果が半減しますので、できるだけ速やかにすることが大事です。**適切な感謝を示そうと思って時間をかけて文案を考えるよりも、速やかに感謝を示すこと自体を優先したほうがよいでしょう。**

感謝の文面に加える「ひと手間」

　とはいえ、まったく工夫しない文面で送るのは逆効果です。感謝の文面を書き慣れていない人はいわゆる文例集を参考に、感謝の文面をコピペしてくるのではないでしょうか。参考にすること自体は問題ないのですが、コピペはしないほうが賢明です。ありきたりの文面になってしまい、感謝の気持ちが伝わらないからです。

　たとえば次のような文面はどうでしょうか。

Before

> ▶ 昨日はご多忙のなか、弊社主催のオンライン・セミナーにご出講くださり、まことにありがとうございました。
> 業界でも著名な〇〇さまに弊社のセミナーでお話いただけたこと、望外の喜びでした。
> 今後もこのようなセミナーを定期的に開催する予定でございますので、ぜひ、引き続きご指導・ご助力のほど、よろしくお願い申し上げます。

　そつのない文面ですが、ただそれだけです。もっとも大きな問題は定型文であり、コピペ感が高いことです。コピペ感が高い文章は、相手にかかわらず送れるという特徴があります。つまり、どのような講演者にたいしても同じ文面を使い回せるような内容になっており、**受け取った講演者が、きっとこの文面は使い回しなのだろうと感じてしまいます。**

　もちろん、講演者が変わるたびに一から文面を書いていたら業務効率も悪く、他の仕事が進みませんので、感謝の文面のひな形を作っておくこと自体は悪いことではありません。ただ、その場合でも、**今回の講演者の今回のテーマにたいしてのみ感じた率直な印象と感謝を伝えるスロットを作っておき、そこに具体的な内容を入れる**ことで対応すれば、業務効率もさほど下がらず、かつ読み手の心に届くメールを書けるようになると思います。先ほどのメールの文面の中央部にそうした内容をつ

けてみましょう。

After

▶ 昨日はご多忙のなか、弊社主催のオンライン・セミナーにご出講くださり、まことにありがとうございました。
業界でも著名な〇〇さまに弊社のセミナーでお話いただけたこと、望外の喜びでした。
参加希望者も通常よりもはるかに多い 120 名に上り、参加者から大きな反響もいただけました。とくに、「ビジネス文書執筆のさいの有益な指針が得られた」「いただいた資料を手元に置いて今後も活用したい」といった声が数多く寄せられました。
また、私個人としても、読み手が見るデバイスを想定して見やすい文書を作成すべきという観点はまさに目から鱗であり、たいへん参考になりました。
今後もこのようなセミナーを定期的に開催する予定でございますので、ぜひ、引き続きご指導・ご助力のほど、よろしくお願い申し上げます。

　こうした具体的な内容を盛りこむことで、定型文が読み手の心に届くものに変わりますので、ひと手間を惜しまないようにすることをお勧めします。

Point

1　感謝のメールはできるだけ速やかに出すことで、謝意が伝わる。

2　感謝の文面は、使い回しの文面を流用するにしても、今回にしか当てはまらない点に言及することで使い回し感が和らぐ。

Part

4

工夫を凝らした文章

文章は長く、書くのに時間がかかるものなので、書いているうちに書くこと自体が目的になりがちです。ですが、文章は人に読んでもらうために書くもので、ほんとうの目的は最後まで読んでもらうことです。最後まで読みつづけてもらって、文章は初めてその役割を完結します。そのために必要なのは、自分の書いた文章を読んでくれる読み手を具体的に想像することです。読み手が自分の文章をどのように理解していくか、その心の動きに沿って文章が書けるようになれば、文章技術は確実に上達します。

　読み手の理解にとって大事なことを本書では、①「正しく理解する」、②「素早く理解する」、③「気持ちよく理解する」、④「楽しく理解する」の四つに分けて整理しています。

　①「正しく理解する」、すなわち読み手が間違って理解することのないように、Part 1 で「正確な文章」の書き方について考えました。また、②「素早く理解する」、すなわち読み手が引っかからずに円滑にできるように、Part 2 で「わかりやすい文章」について検討しました。さらに、③「気持ちよく理解する」、すなわち読み手が読んでいて不快感を覚えないように、Part 3 で「配慮のある文章」について議論しました。

　そして、この Part4「工夫を凝らした文章」では、④「楽しく理解する」、すなわち読み手が退屈せずに読みすすめられる文章の書き方について学びます。読み手が文章の内容に興味を持ちつづけられるようにするには、文章の世界に入りこんでもらう工夫が必要です。単調さを避けて起伏を設けること、それでいて文章の筋がぶれないような一貫性を保つこと、それが「工夫を凝らした文章」には求められます。

　ここで扱うのは、四つの章のなかでもっとも高度な上級者向けの技術です。だからこそ、ここまでで文章を書く基礎ができあがった読者のみなさまにはぜひチャレンジしていただきたい内容が詰まっています。本章を熟読玩味することで、読み手を飽きさせないレトリックの技術をぜひ身につけてください。

主語がないから読みやすい

人物の同定を複雑にしない

Q SNS で読み手に抵抗感なく文章を読んでほしい場合、どのように書けばよいですか？

A 省略を活用することです。

日本語は省略が普通

日本語という言語は主語が比較的自由に省略できる言語です。26課で見たとおり、どんな主語が省略されているか、文脈から復元可能であれば、原則として省略できます。とくに省略しやすいのは、一人称の「私」と二人称の「あなた」です。

Before

> A：あなたは学生さんですか。
> B：いえ、私は社会人です。

これが不自然であることは一目瞭然でしょう。次のように省略して初めて自然な日本語になります。会話の場合、話し手の「私」と聞き手の「あなた」が存在することは自明だからです。

After

> A：学生さんですか。
> B：いえ、社会人です。

次の文章を読んでください。野球のドラフト候補として挙がっている選手という想定です。

■山田三郎（写真付き）

　<u>山田三郎</u>は今年の高校球界を代表する左のスラッガー。<u>山田</u>は不知火高校では、5期連続で甲子園大会に出場し、20本のホームランを放つ。<u>山田</u>は高校日本代表のキャッチャーとして、U-18侍ジャパンにも選ばれた。<u>山田</u>は足は遅いが、遠投120mを記録する強肩で、守備も機敏。<u>山田</u>は身長175cm、体重は85kg。

日本語として間違っているわけではないのですが、「山田は」の繰り返しが煩わしいのではないでしょうか。次のようにすべて省略しても文章として自然です。

■山田三郎（写真付き）

　今年の高校球界を代表する左のスラッガー。不知火高校では、5期連続で甲子園大会に出場し、20本のホームランを放つ。高校日本代表のキャッチャーとして、U-18侍ジャパンにも選ばれた。足は遅いが、遠投120mを記録する強肩で、守備も機敏。身長175cm、体重は85kg。

このように、主語が「〜は」として一貫して書かれていると、省略しても読んでいて違和感がありません。**SNSなどで写真付きの記事を載せるときは、写真自体が「○○は」の役割を果たすように主語を統一し、**省略してしまったほうがよいでしょう。

まとめて省略する

次は、『日刊スポーツ』の実例です。

● **ピッチングニンジャ**

Youtubeやツイッターで有名な投球分析家ロブ・フリードマン氏のハンドルネーム。ツイッターアカウントはフォロワー数37万人超え。本職は弁護士だったがMLB公式サイトや専門局ESPNなどでも投球分析を行っており、野球界で最も優れたSNSアカウントとも呼ばれる。ダルビッシュ投手ら選手ともたびたび対談しており、対談動画も公開。彼の動画がきっかけでMLB球団と契約した選手もいる。(https://www.nikkansports.com/baseball/mlb/news/202209250000526. html)

省略されている主語を復元すると、次のようになります。〔 〕内が省略された主語を補った部分です。よく見ると「ピッチングニンジャ」というハンドルネームと「ロブ・フリードマン氏」という本名の両方が主語や主語の一部になっていますが、それで不自然というわけではありません。むしろ、省略することでその違いがなくなり、読みやすくなっていたとみることもできるでしょう。

● **ピッチングニンジャ**

〔ピッチングニンジャは〕Youtubeやツイッターで有名な投球分析家ロブ・フリードマン氏のハンドルネーム。〔ピッチングニンジャの〕ツイッターアカウントはフォロワー数37万人超え。〔ロブ・フリードマン氏は〕本職は弁護士だったがMLB公式サイトや専門局ESPNなどでも投球分析を行っており、〔ピッチングニンジャは〕野球界で最も優れたSNSアカウントとも呼ばれる。〔ロブ・フリードマン氏は〕ダルビッシュ投手ら選手ともたびたび対談しており、対談動画も公開。彼の動画がきっかけでMLB球団と契約した選手もいる。

以上から、**何かを紹介しようとする場合、紹介しようとするものを主語として一貫させ、文脈からわかるものは省略してしまう**ことが日本語では大事であることがわかります。ブログ、フェイスブック、インスタグラムといったSNSで、とくに写真付きの記事を投稿するさいには欠くことのできない技術です。

Point

1　日本語では文脈からわかる主語は省略して問題がない。

2　紹介記事を書く場合、紹介するものを一貫して主語に立てて省略すると、読みやすい記事となる。

「書類の提出期限にギリ間に合う。」
話し言葉の混入を見抜く

Q 私の書いた文章にたいし、上司から大人の表現になっていないと言われました。何を直したらよいですか？

A カジュアルな話し言葉の表現をフォーマルな書き言葉に直すことです。

漢語→漢語の言い換え

　言語は、手や指、顔の動きを使って表現する手話は別に考えると、音声による話し言葉と文字による書き言葉の二つに分かれます。話し言葉はその場で考えた内容がすぐに表現され、話した言葉は消えてしまうのにたいし、書き言葉は考えた内容を時間をかけて推敲でき、書いた言葉は記録に残るという違いがあります。この違いは文の構造や語彙の選択に影響を及ぼします。前者、すなわち話し言葉の文の構造は、表現が断片的であったり、文が切れずに続いたり、倒置が起きたりするところに特徴がありますが、こうした特徴が書き言葉に入ると、書き手はすぐに気づいて直せますので、問題になることはあまりありません。一方、後者、すなわち**語彙の選択は話し言葉的な表現が書き言葉に混ざり、文章を読む人に違和感を与えることはよくありますので、注意が必要です。**

　たとえば、次の文を読んで感じることはありませんか。

Before

▶ 元気な生活のためには、早寝早起きとご飯の量を腹八分目にすることが大事だ。

読んでみて意味はよくわかりますが、表現が話し言葉的で、フォーマルな書き言葉が求められる文章のなかの1文として考えると不十分な印象です。書き言葉らしい文にすると、次のようになります。

After

▶ 健康維持のためには、<u>規則正しい生活</u>と<u>食事</u>の量を<u>控えめ</u>にすることが<u>重要</u>だ。

　「元気な生活」を「健康維持」に、「早寝早起き」を「規則正しい生活」に、「ご飯」を「食事」に、「腹八分目」を「控えめ」に、「大事」を「重要」にそれぞれ変えることで、大人の文章になりました。

　話し言葉的な語彙を書き言葉らしい言葉である文章語に直すコツは、日常的で具体的な語彙を、硬質で抽象的な語彙に置き換えることです。上の文では、「元気」⇒「健康」、「ご飯」⇒「食事」、「大事」⇒「重要」のように漢語から漢語への言い換えが目立ちます。このような漢語から漢語への言い換えの一覧を表にまとめておきましょう。

漢語⇒漢語の言い換え例

漢語	漢語の言い換え	漢語	漢語の言い換え	漢語	漢語の言い換え
医者	医師	近所	近隣	天気	天候／気象
会社	企業	行儀	作法	電車	鉄道
火事	火災	元気	健康	電話	通話
勘定	精算	ご飯	食事	道路	車道／歩道
簡単	容易	掃除	清掃	飛行場	空港
給料	給与／俸給	大事	重要	勉強	学習

和語→漢語の言い換え

次の例を見てください。これも話し言葉的な表現が目立つ文です。

Before

▶ 私の趣味は本を読むことと絵を見ることだ。

その点を修正すると、次のようになります。

After

▶ 私の趣味は<u>読書</u>と<u>絵画鑑賞</u>だ。

「本を読むこと」が「読書」に「絵を見ること」が「絵画鑑賞」になっています。これらは和語を漢語にする例です。一般に和語よりも漢語の

和語→漢語の言い換え例

和語	漢語の言い換え	和語	漢語の言い換え
家	住居／住宅	がっかりする	落胆する／失望する
生き物	生物	きまり	規則／ルール
入れ物	容器	薬屋	薬局／ドラッグストア
打ち合わせ	会議／ミーティング	くだもの	果実／フルーツ
絵	絵画	車	自動車／乗用車
お金	現金／硬貨／紙幣	言葉	言語
お金持ち	資産家／富裕層／ブルジョア	子ども	児童／生徒
		食べ物	食料／食事
大人	成人	床屋	理髪店／美容院
お店	店舗／ショップ	友だち	友人
お店の人	店員／販売員／スタッフ	名前	氏名
思いやり	配慮	速さ	速度／スピード
おもちゃ	玩具／ホビー	引っ越し	転居
おやつ	間食	道	車道／歩道

ほうが文章語になりやすい傾向があります。和語⇒漢語も表にまとめておきました。外来語の文章語があるものも合わせて示しています。

副詞の言い換え

　品詞によっては話し言葉と書き言葉の違いが明確なものがあります。その代表が副詞と接続詞です。まずは副詞から考えます。次の例文で話し言葉的な表現を書き言葉に直してください。

Before

　▶ 自宅をわりと早く出発したが、事故渋滞の影響で到着が遅れ、始業時間にぎり間に合った。

　話し言葉的な表現は「わりと」と「ぎり」です。「わりと」は「それなりに」とすることもできますが、より硬い「比較的」がふさわしく、「ぎり」も「ぎりぎり」や「何とか」と直すことができますが、さらに硬い「かろうじて」「間一髪」がふさわしいでしょう。

After

　▶ 自宅を比較的早く出発したが、事故渋滞の影響で到着が遅れ、始業時間にかろうじて／間一髪で間に合った。

　以下の表に、副詞の言い換え例をまとめて示します。

副詞の言い換え例

副詞	言い換え	副詞	言い換え
いきなり	不意に／ふと	ずっと	絶えず／長らく
ぎりぎり	かろうじて／間一髪で	ちょっと	多少／わずかに
きちんと	整然と／適切に	なるべく	できるかぎり
だんだん	徐々に／次第に	もっと	さらに／一層
どんどん	一層／急速に	わりと	比較的

副詞の場合、名詞や動詞とは異なる不思議な現象が見られます。それは、漢語よりも和語のほうが、文章語らしい副詞が多いという現象です。つまり、くだけた漢語副詞に要注意ということです。次の例で確認してみましょう。

Before

▶ 速攻作れて、絶対うまくいくパラパラ炒飯のレシピをご紹介します。

　この例では「速攻」と「絶対」が引っかかります。「速攻」は「すぐに」、「絶対」は「かならず」ぐらいがよさそうです。

After

▶ すぐに作れて、かならずうまくいくパラパラ炒飯のレシピをご紹介します。

　以下に、漢語よりも和語のほうが書き言葉にふさわしい漢語副詞の一覧を掲げておきましたので、ご参照ください。

漢語副詞の言い換え例

漢語副詞	言い換え	漢語副詞	言い換え
案外	思いのほか	全然	まったく
一応	念のため	全部	すべて
一番	もっとも	速攻	すぐに
一杯	数多く	大体	およそ
結構	とても	大抵	ほぼ
随分	かなり	断然	はるかに
絶対	かならず	多分	おそらく

接続詞の言い換え

　副詞に続いて接続詞も検討します。接続詞も話し言葉的な表現が出やすいところです。接続詞の場合、文頭に来て目立つことが多いので、とくに注意が必要です。

Before

> でも、それではプレゼンテーションが失敗に終わる可能性が高い。だって、根拠となるデータが不足していて、説得力に欠けるからだ。

　この文では「でも」と「だって」が問題です。「しかし」と「なぜなら」に変えることで、文章語らしくなります。

After

> <u>しかし</u>、それではプレゼンテーションが失敗に終わる可能性が高い。<u>なぜなら</u>、根拠となるデータが不足していて、説得力に欠けるからだ。

接続詞の言い換え例

接続詞	言い換え	接続詞	言い換え
あと	そして	じゃあ	では
逆に	かえって	じゃないと	さもないと
けど	だが	それから	また
だから	したがって	それで	それゆえ
だって	なぜなら	でも	しかし
ていうか	むしろ	なので	このため
とにかく	いずれにせよ	なのに	にもかかわらず

工夫を凝らした文章

接続詞についても、話し言葉的なものを文章語にした一覧を直前の
ページに示しておきました。実際に文章を書くさいのチェックリストと
してお使いください。

Point

1　フォーマルな文章を書くさいに、話し言葉的な表現が入ると、読み手に
　違和感を与えやすい。

2　名詞や動詞では、和語に話し言葉的な表現が多いので、和語に注意する。

3　副詞や接続詞では、話し言葉的な表現と書き言葉的な表現の使い分けが
　明確なものが多く、とくに副詞の場合は名詞や動詞とは反対に漢語に話
　し言葉的な表現が多いので、漢語副詞に注意する。

「本稿では『私』の言い換えを論じます。」
「私」を避ける方法

Q 論文・レポートで「私」という表現を避けるにはどうしたらよいですか?

A 論文・レポート自体を主語にすることです。

「する」表現を「なる」表現に

　ここでは、論文・レポートといった学術的な文章について考えます。学術的な文章では「私」を使わないのが基本です。論文・レポートは、主観的な「私」の思いではなく、客観的な事実に基づく主張を扱う文章だからです。個人の主観を表す「私」という表現はできるだけ使わないように心がけます。

　「私」を避ける方法としてまず考えられるのは、「する」表現を「なる」表現にすることです。

Before

> ▶ 今回の調査をとおして、<u>私は</u>、中堅・ベテランの教員であっても、生徒指導の負担が蓄積して疲弊してくると、離職願望を抱くようになることを<u>明らかにした</u>。

　上記の文例では、「私は〜を明らかにした」となっていますが、「〜が明らかになった」とすれば「私」を消すことが可能です。

> ▶ 今回の調査をとおして、中堅・ベテランの教員であっても、生徒指導の負担が蓄積して疲弊してくると、離職願望を抱くようになることが明らかになった。

「私」を「本稿」に

しかし、現実にはどうしても「私」という表現を使いたくなるときがあります。たとえば、次のような場合です。

Before

> ▶ そこで、私は、近年急速に多様化するハイフレックス型の授業について、教育効果という新たな観点から整理し、その課題と可能性を検討したい。

「私は」という表現は主観的ですが、なくすと唐突に感じられます。「私」を「筆者」「論者」に置き換えることもできますが、根本的な解決にはなりません。そうした場合、「本稿では」とすることをお勧めします。内容によって**「本論文」「本報告」「本レポート」「本発表」とアレンジすることも可能**です。

After

> ▶ そこで、本稿では、近年急速に多様化するハイフレックス型の授業について、教育効果という新たな観点から整理し、その課題と可能性を検討したい。

次のような場合はどうでしょうか。

Before

▶ そこで、私は、アクティブ・ラーニング研究の一環として、初年次教育のレポート作成支援授業において、インタラクティブな授業実践を試みた。

今度は「私」は人間そのものであり、文章に置き換えることができないので、「本稿」や「本論文」とすることができません。その場合は、「本研究」とするとよいでしょう。

After

▶ そこで、本研究では、アクティブ・ラーニング研究の一環として、初年次教育のレポート作成支援授業において、インタラクティブな授業実践を試みた。

こちらも、**「本調査」「本実験」「本授業」**などとアレンジすることが可能です。ただし、気をつけたいのは「本」というのは「この」という意味だけでなく、「準備」にたいする「本番」も意味するということです。「研究」の場合は問題が起きないのですが、「調査」の場合、「本調査」と書くと、「この調査」という意味だけでなく、「予備調査」にたいする「本調査」の意味で解釈されるおそれがあるという点は頭に入れておき、誤解されそうな場合には**「この調査」**とする必要があるでしょう。

論文・レポートは客観性を重んじ、「私」を消すことが求められる文章なので、「本稿」などの文章、「本研究」などの活動を主語に立てることで、「私」の使用を控えることが可能になります。

1 論文・レポートは客観性が大事なので、「私」という表現を避けるのが
基本である。

2 「私は〜を明らかにした」のような「する」表現は、「〜が明らかになった」
のような「なる」表現にすることで「私」を消すことができる。

3 「する」表現を「なる」表現にしにくい場合には、「私は」を「本稿では」
「本研究では」などに変えることで「私」を消すことができる。

学術共通語の利用法を考察する

論文らしい表現

Q どのような言葉選びをすれば、論文らしい表現になりますか?

A 学術共通語を使いこなすことです。

便利な学術共通語一覧

　学術的な文章を書きなれていない人にとって、大学や大学院で書く論文・レポートの表現は難しく感じられます。最近では、高校、早いところでは中学校でもこの種のレポートを書かされることもある一方、企業に入ってからも、報告書・レポートを書くことが求められることもあり、学術的な文章の執筆、すなわちアカデミック・ライティングのノウハウの習得の必要性はますます高まっています。

　論文・レポートらしさを支える表現の代表は学術共通語です。典型的には、論文でよく使われる次のような二字漢語です。

代表的な二字漢語の学術共通語

「研究」	「背景」	「目的」	「課題」
「定義」	「文献」	「引用」	「資料」
「収集」	「方法」	「分類」	「整理」
「調査」	「観察」	「実験」	「分析」
「結果」	「考察」	「検討」	「結論」

これらの用語は、学術的な文章ならどのような分野でも共通してよく使われます。こうした二字漢語が必要におうじてすっと出てくるようになれば、この種の文章を書くのがぐっと楽になります。

動詞として使う学術共通語

　とくに気をつけたいのは**動詞として使う学術共通語**です。私たちはつい慣れた日常的な和語を使いがちですが、そこで上述のような二字漢語を使うと、論文らしい文体となります。次の文を見てください。

Before

- ▶ 週40時間を超える労働時間を長時間労働と<u>決めた</u>。
- ▶ 過去3年間の都内の高校生のスマホ使用実態を<u>調べた</u>。

　上の文の「決めた」というのは、この論文・レポートの記述を進めていくうえでそう決めた、すなわち定めたという意味で使っていると思われます。ただし、「決めた」だと、漠然とした意味にしかなりませんので、限定性の強い「定義した」が学術的文章らしいでしょう。

　下の文の「調べた」は、この表現で問題はありません。しかし、「調べた」だと、その調べ方が軽く感じられ、片手間でやったような印象もあります。本格的に調べたことを示す「調査した」が学術的文章にふさわしそうです。

After

- ▶ 週40時間を超える労働時間を長時間労働と<u>定義した</u>。
- ▶ 過去3年間の都内の高校生のスマホ使用実態を<u>調査した</u>。

　次の文も見てください。

▶ 人間とロボットが対話する様子を<u>見た</u>。
▶ 180 枚のデジタルカラー画像を<u>集めた</u>。

　上の文の「人間とロボットが対話する様子を見た」では、見ているのは確かでしょうが、意味が広すぎて「眺めている」のか「見つめている」のかわかりません。研究のために注視していることを示す「観察」という二字漢語を使うと、学術的な印象が得られます。

　下の文の「180枚のデジタルカラー画像を集めた」では、「集めた」という動詞が引っかかります。集めていることは間違いないのですが、手近にあるものを手当たり次第集めているような乱暴な印象を持つ人もいるでしょう。計画性を持って集めていることを表す「収集した」のほうが落ち着きが良さそうです。

▶ 人間とロボットが対話する様子を<u>観察した</u>。
▶ 180 枚のデジタルカラー画像を<u>収集した</u>。

　さらに、次の文も見てください。

▶ 大学生の睡眠習慣を、睡眠時間と就寝・起床時間に基づく四つのパターンに<u>分けて</u>、<u>整えた</u>。
▶ 本稿では、外国人への排外意識の改善に、外国人とのどのような接触体験が有効かを<u>考えた</u>。
▶ この結果は賃金よりも職場の人間関係が離職により大きな影響を<u>与える可能性</u>を<u>示している</u>。

　上の文の「四つのパターンに分けて、整えた」のうち「分ける」は

「分類する」、「整える」は「整理する」ですので、「四つのパターンから分類・整理した」とすることが可能です。ただし、「分類・整理する」ことを学術共通語では「分析する」と言いますので、「四つのパターンから分析した」と、さらに言い換えることが可能です。

真ん中の文の「考えた」は「考察した」「検討した」のいずれかに直すことが可能です。**なぜそうなったかというWhyを聞くときは「考察」、どのようにそうなったのかというHowを聞くときは「検討」が向いています。**この文脈では「検討した」のほうがよさそうです。

下の文の**「可能性を示している」は「示唆している」という便利な学術共通語があります。**断定はできないけれども、そうした可能性が考えられるというときに使われる言葉です。それを使うと、より学術性が高まる効果が得られます。

After

▶ 大学生の睡眠習慣を、睡眠時間と就寝・起床時間に基づく四つのパターンから分析した。

▶ 本稿では、外国人への排外意識の改善に、外国人とのどのような接触体験が有効かを検討した。

▶ この結果は賃金よりも職場の人間関係が離職により大きな影響を与えることを示唆している。

このように、学術共通語の意味を十分に理解し、学術的文章のなかで適切に使えば、論文・レポートを書くときの説得力が上がるでしょう。

Point

1 論文・レポートといった学術的な文章を書く場合、「目的」「課題」「結果」「考察」といった二字漢語の学術共通語に精通する必要がある。

2 名詞だけでなく、動詞にもこうした学術共通語を適切に用いると、学術的文章としての説得力が増す。

文章に名前をつけるということ

タイトル・件名のつけ方

Q タイトルのつけ方のコツは何ですか？

A その文章の目的に合ったタイトルをつけることです。

メールの件名

　タイトルは、文章の究極の要約と言われます。本文の内容を忠実に反映した、いわば内容の鏡のようなタイトルが基本になりますが、その基本だけでもなかなか難しいものです。この課では、タイトルのつけ方全般について検討しますが、まずは、メールの件名を例に、タイトルの付け方について考えます。次のようなメールを書いたとき、どのような件名をつけたらよいでしょうか。

木村さま

お世話になっております。佐藤です。

3月に木村さまにご登壇いただくシンポジウム、現在、広報のためのポスターを作成しております。お忙しいところ、まことに恐縮ですが、ポスターに掲載するためのお写真があると助かります。お写真を画像データとして添付ファイルでお送りいただけませんか。

お手数をおかけしますが、よろしくお願いいたします。

そこで、考えてみたタイトルは次の三つです。

▶ 佐藤です

▶ シンポジウム

▶ 写真

この三つのなかで、もっともよさそうなのは「写真」ですが、メールをもらった木村さんは、佐藤さんという名前と「写真」という件名から、内容についてどのぐらい見当がつくでしょうか。「写真」だけだと、シンポジウムの広報のために作成するポスターの電子画像を送ってほしいという情報とかなり距離があり、情報が不足していると思われます。

まずは、「写真」を「お写真」とすることでよくなると思います。それによって、「写真」という漠然としたものが「あなたの写真」に限定され、なおかつ敬語にもなるからです。しかし、「お写真」だけでは、「お写真」をどうするのかがわかりません。

そこで、「お写真のお願い」とすることを考えます。そうすることで、依頼の文面であることがわかります。ところが、「お願い」だけではどんなお願いかがわかりません。お願いの中身を考慮し、「お写真ご送付のお願い」とお願いの具体的内容を加えるとよさそうです。

▶ **お写真ご送付のお願い**

もっと正確にするには、目的を加え、「シンポ広報用のお写真ご送付のお願い」とすることもできそうです。ただ、そこまですると、メールの件名としては長すぎ、一目でパッと捉えにくくなります。**見ているデバイスによりますが、10文字前後が一つの目安かと思われます。**「お写真ご送付のお願い」は10文字、「シンポ広報用のお写真ご送付のお願い」だと17文字です。

メールの件名を例に、タイトルのつけ方を考える場合、

- **文章の中心的メッセージに直結するタイトルにすること**
- **文章の中身を読まなくても、だいたいの内容がわかること**
- **長さはできるだけ短くすること**

という三つの条件を満たす必要がありそうです。

学術論文の題目

　次に、学術論文の題目、いわゆるタイトルについて考えます。学術論文のタイトルで重要なことは、どんな内容が書かれているか、中身を読まなくても、専門家であればおおよその検討がつくことです。学術論文は、ほんとうに興味のある読者だけが自分の文章を手に取って読んでくれればよい、いわば読者を選ぶ文章です。ですから、筆者としては**必要な読者を確実に捕捉できるようなタイトルにする必要があります**。最近、私が書いた2本の論文のタイトルを例に検討しましょう。

　一つは、『日語学習与研究』という中国随一の日本語研究雑誌に寄稿した学術論文のタイトルです。

Before

▶ 文章研究の歴史

After

▶ 日本語研究における文章論の成立と展開

　内容は「文章研究の歴史」なのですが、なぜ「日本語研究における文章論の成立と展開」というタイトルにしたか、簡単に説明します。

　この論文は、中国の学術雑誌から日本語学の「文章論」という分野に

ついて紹介してほしいと言われて書いたものです。文章論というと、文章について論じる学問分野、いわゆる「文章研究」に相当する一般的な意味もあるかと思うのですが、日本語学の「文章論」は、1950年に時枝誠記という研究者が提唱したことによって発展した、海外の談話分析に相当する、すでに確立した学術領域です。その意味で「文章論」という名称は外せません。また、「文章論」は世界に先駆けて行われ、日本固有の文脈のなかで発展したところに特徴があります。単に「歴史」とせず「成立と展開」と名づけたのは、そうした理由からです。また、「日本語研究における」と加えたのは、中国の雑誌に中国語に翻訳して載せるものであることにくわえ、文学など他の領域の一般的文章研究と差別化を図るためでもありました。

　もう一つは、『社会言語科学』という社会言語学の学術雑誌への寄稿論文です。

Before

▶ 世界の辞書の引き方

After

▶ 世界の日本語学習者の辞書ツール使用事情

　こちらは、私が国立国語研究所で現在取り組んでいる調査を紹介したものです。現在、世界各地の大学に日本語を学ぶ学習者がいるのですが、彼らは教室に辞書を持ってきません。むしろ、紙の辞書を持つ学習者自体がきわめてまれだということが調査からわかりました。なぜなら、スマホさえあれば、いくらでも辞書のかわりになるからです。しかし、そうした学習者がどんなふうに辞書を引いているのか、辞書を引いた結果、自分の知りたい情報にきちんとアクセスできているのかなどは、教えている先生も含め、誰も把握していない状況でした。そこで、私は世界の日本語学習者がスマホで辞書を引く画面の動画を収集・分析してその実

態を明らかにし、彼らの日本語学習の支援に役立てることを考えました。『社会言語科学』の読者はかならずしも日本語教育に詳しい人ばかりではないので、専門語の使用はできるだけ控えてわかりやすくしました。おそらく本書をお読みになる方でも、タイトルを見て、ある程度内容の見当がつくのではないでしょうか。

　学術論文のタイトルの場合も、メールの件名とさほど変わりません。最後の一つがメールの件名と異なる点だと言えるでしょう。

- **文章の中心的メッセージに直結するタイトルにすること**
- **文章の中身を読まなくても、だいだいの内容がわかること**
- **必要な読者に確実に捕捉してもらえる学術用語を選ぶこと**

一般書の書名

　最後にもう一つ、一般書の書名についても考えてみましょう。書店に売られている本は、どれもタイトルが凝っています。凝っていないように見えるタイトルでも、凝っていないように見えることを含めて凝っています。本にかぎらず、商品名は売上げを大きく左右するものですので、各メーカーの商品開発者は必死でネーミングを考えます。

　本書のタイトルは『ていねいな文章大全──日本語の「伝わらない」を解決する108のヒント』ですが、ここに落ち着くまでには紆余曲折がありました。メインタイトルは、本書の企画段階から『ていねいな文章』を本線で行きたいと編集者の今野良介さんから伺っていたので、そこはぶれていません。

　一方、副題のほうは大きく変わりました。当初、今野さんから提案があったタイトルは、次のタイトルでした。

Before

▶ ていねいな文章大全
　──日本語の「伝わらなさ」を解決する 108 のヒント

しかし、これには私が納得できず、別案を提案しました。理由は「伝わらなさ」という日本語の拙さが本書の価値を下げるように思ったからです。そこで、私は次のような提案をしました。

After

- ▶ ていねいな文章大全
  ——「日本語の問題」を解決する 108 のヒント
- ▶ ていねいな文章大全
  ——「伝わる日本語」を身につける 108 のアプローチ
- ▶ ていねいな文章大全
  ——「伝える力」を高める 108 のアイデア
- ▶ ていねいな文章大全
  ——「日本語のコミュニケーション」を極める 108 の実践術
- ▶ ていねいな文章大全
  ——「日本語力アップ」につながる 108 のステップ
- ▶ ていねいな文章大全
  ——「日本語のプロフェッショナル」を目指す 108 の方法

ここでの提案は、一番上を除き、いずれも「長所を伸ばす」型だということです。もともとのタイトル「日本語の『伝わらなさ』を解決する」や一番上のタイトル「『日本語の問題』を解決する」は「短所を直す」型です。「短所を直す」型は本書の「Before」に着眼するタイプ、「長所を伸ばす型」は本書の「After」に着眼するタイプであり、一長一短なのですが、「短所を直す」型のタイトルは作ってみるとバリエーションが少なく、「長所を伸ばす」型がお勧めのように私は思いました。

しかし、今度は今野さんが納得しません。「短所を直す」型のタイトルこそ、本書にふさわしいと考えていたからです。そこで、私は選択肢を増やして、さらに次のような提案もしました。

After

▶ ていねいな文章大全
　　――日本語をみがく 108 のトレーニング
▶ ていねいな文章大全
　　――表現に磨きをかける 108 のアプローチ
▶ ていねいな文章大全
　　――言葉を研ぎ澄ます 108 のステップ

　それでも、今野さんの信念は揺るがなかったために、当初の提案に戻って、「伝わらなさ」に向きあい、家の者からもヒントをもらい、次の案を提案しました。

After

▶ ていねいな文章大全
　　――日本語の「伝わりにくさ」を解決する 108 のヒント

　そこで、話し合いが急速にまとまりはじめ、今野さんからは、

After

▶ ていねいな文章大全
　　――日本語の「伝わりづらさ」を解決する 108 のヒント

　も提案されました。そして、最終的に決まったのが、

After

▶ ていねいな文章大全
　　――日本語の「伝わらない」を解決する 108 のヒント

　であり、これに意見がまとまりました。「伝わりにくさ」「伝わりづら

さ」よりもシンプルであり、「伝わらない」だけがそのまま心の声にもなるという意味で「　」にふさわしいと考えたからです。

　このようにいろいろと検討した結果、決まったタイトルですが、よく考えてみると、今野さんの当初案「伝わらなさ」の「さ」が「い」に変わっただけなのです。それでも、少しでも売れそうなタイトルにするために、これだけの議論を尽くしたのでした。

　一般書のタイトルも、メールの件名や学術論文のタイトルと大きな違いがあるわけではありませんが、最後の1点だけは決定的な違いと言えるでしょう。

- 文章の中心的メッセージに直結するタイトルにすること
- 文章の中身を読まなくても、だいたいの内容がわかること
- 訴求力が高く、読者が手に取ってみたくなるタイトルであること

Point

1　タイトルは文章の究極の要約であり、本文の内容を忠実に反映した、いわば内容の鏡である。

2　タイトルは、文章の中心的メッセージに直結するタイトルにすることが大事である。

3　タイトルは、文章の中身を読むまえに、タイトルだけでだいだいの内容の見当がつくことが大事である。

4　タイトルは、メールの件名では短さが重要、論文の題目では適切な学術用語を含めることが重要、一般書では読者にたいする訴求力の高さが重要など、文章の目的に合わせた配慮が必要になる。

助詞の原則とその破り方

「てにをは」を操る

Q 正しい日本語を使うように心がけたほうが、気持ちが伝わりますか？

A かならずしもそうとはかぎりません。誤りすれすれの日本語で、効果的に伝える方法もあります。

モノが主語なら「に」 コトが主語なら「で」

ふだんあまり意識されませんが、外国語と同様に、日本語にも文法があります。文法を考えるうえで大事な要素の一つが助詞です。文法上の微妙な違いは助詞、いわゆる「てにをは」に表れます。

- 東京に皇居がある。
- 東京で東京オリンピックが2度あった。

上の例文の助詞が入れ替わり、「東京で皇居がある」や「東京に東京オリンピックがある」では日本語として不自然になるでしょう。直感的にはすぐにわかるのですが、なぜか、その理由はわかりますか。

その答えは主語にあります。「皇居」という主語は建物ですのでモノ、「東京オリンピック」というのは出来事ですのでコトになります。**モノが主語の場合の場所は「に」、コトが主語の場合の場所は「で」というルールになっているのです。**

また、日本語では、複数の助詞が使えるケースも少なくありませんが、それでも、どの助詞を選ぶかでニュアンスは微妙に異なります。次の例

を見てください。

- 平和の訪れを喜ぶ人々。
- 株価の上昇で喜ぶ企業。
- 初勝利に喜ぶ選手たち。

「喜ぶ」の場合、「を」「で」「に」のどれでもいけそうです。「を」はもっとも典型的で、目的語を取る「を」らしく、対象というニュアンスが強そうです。「平和の訪れを喜ぶ人々。」であれば、「平和の訪れ」という出来事を人々が対象として主体的に喜んでいる感じが出ます。

一方、「で」は、限定というニュアンスを感じます。「株価の上昇で喜ぶ企業。」で言えば、企業が喜んでいるのはわかるけど、なんで喜んでいるのだろうという疑問にたいし、理由が示された感じです。

また、「に」は、原因というニュアンスを帯びています。「初勝利に喜ぶ選手たち。」で考えると、初勝利を手にしたのは自分たちの努力の結果のはずですが、思いがけないプレゼントを外から与えてくれた勝利の女神の働きを感じます。

対象の「を」、限定の「で」、原因の「に」という区別は、喜怒哀楽を表す動詞の助詞を考えるときには有効です。

「遊ぶ」の「てにをは」

私たちがふだんよく使う「遊ぶ」という動詞を考えてみましょう。動詞「遊ぶ」は、遊ぶ場所を助詞「で」で表すのがルールです。

- 園児が砂場で遊んでいる。

同じように次の文を考えてもよいでしょうか。

> ▸ やっと手に入れた5連休で、東京で遊ぶ。
> ▸ 歴史のふるさと、京の都で遊ぶ。

　日本語としては正しく、もし私が日本語を習いはじめたばかりの留学生に助詞は何がいいですかと聞かれたら、「で」と答えます。

　しかし、「で」は正しいのですが、いかにも陳腐です。他の助詞の可能性はないでしょうか。「を」を使ってみましょう。

> ▸ やっと手に入れた5連休で、東京を遊ぶ。
> ▸ 歴史のふるさと、京の都を遊ぶ。

　「で」の陳腐さから解放された気がします。とくに、「東京を遊ぶ」のほうは、「で」の連続を避けられてよい印象です。実際、「東京を遊ぶ」で検索してみると、多くのサイトがヒットします。それらはいずれも、東京めぐりを意識したサイトです。「遊びつくす」という動詞にすると、「で」よりも「を」のほうが正しく感じられるように、**「を」が場所を取る場合、場所のなかをあっちこっち移動できる感覚があり**、そうした効果を狙った「を」の使用とみることができます。

　さらに、京都の例はこんなふうにできます。

> ▸ 歴史のふるさと、京の都に遊ぶ。

「に」を使う場所は、日常世界と異なる別世界というニュアンスが出ます。「夢の世界に遊ぶ」「桃源郷に遊ぶ」「天空に遊ぶ」という感じです。あるいは、現実世界であっても、「渓谷に遊ぶ」「里山に遊ぶ」「渚に遊ぶ」のような豊かな自然が残る場所になるでしょう。俗世とは隔絶され

Part

1
2
3
4

工夫を凝らした文章

431

た雅（みやび）な世界という雰囲気を出すのに「に」が使われています。**いわば、「に」は詩的な使い方ができるわけです。**文学作品のなかでも、私小説の出発点とされる田山花袋『蒲団』に、「に」を使ったこんなフレーズが出てきます。

● 芳子は恋人を得た。そして上京の途次、恋人と相携えて京都嵯峨に遊んだ。

次の例を見てみましょう。

Before

▶ そのはんかちは、苗子の涙でぬれていた。
▶ 冷たい時雨で苗子の袖がぬれていた。

日本語としてはどこも間違いはないのですが、詩的な感じが薄いようです。どうすれば、詩的な感じが出せるでしょうか。

ポイントは、やはり「で」を「に」に変えることです。その結果、次のように変えることができます。

After

▶ そのはんかちは、苗子の涙にぬれていた。（川端康成『古都』）
▶ 冷たい時雨に苗子は袖をぬらしていた。

見てのとおり、原典は川端康成『古都』です。京都を舞台にしたこの小説は、助詞「で」ではなく、助詞「に」でないと雰囲気が出ないことがわかるでしょう。

日本語としては、やや不自然なように思えても、じつは文脈によっては自然で、かえって味わい深い効果があるものがあります。文学作品には、明らかに誤りと思えるものでも、その誤りゆえに目を惹く表現が使われることがあります。最後にそうした例を二つ、紹介しておきましょ

う。一つは、谷崎潤一郎『羹（あつもの）』の冒頭です。

● 汽車は沼津を出てから、だんだんと海に遠ざかって、爪先上りの裾野
　の高原を進んで行くらしかった。

「海に近づく」のならばわかりますが、「海に遠ざかる」というのは見
かけません。日本語として正しいのは「海から遠ざかる」です。しかし、
「海に遠ざかる」という表現を見るとき、海を基準にそこから近いか遠
いかを判断しているように感じられ、丹那トンネルがなかった当時、海
から一時的に遠ざかるルート（現在の御殿場線）を選択せざるをえなかっ
た当時の東海道線の様子が、かえって味わい深く感じられます。
　もう一つは、国語の教科書でも見られる中島敦『山月記』です。

● 虎は、既に白く光を失った月を仰いで、二声三声咆哮（ほうこう）し
　たかと思うと、又、元の叢に躍り入って、再びその姿を見なかった。

李徴は、科挙に合格した優秀な官吏でしたが、詩への執着心から自ら
の詩を歴史に残したいと詩作に励みます。しかし、詩作はうまくゆかず、
ついには発狂して友人の前に虎となって現れ、自らの思いを語るという
のが『山月記』のあらすじです。虎となった李徴は自らの思いを語りお
えたあと、友人たちのまえに一度だけ姿を現します。そして、この最後
の文によって作品は閉じられます。
　しかし、「元の叢に躍り入って、再びその姿を見なかった」という接
続助詞「て」による結びつきは日本語として不自然です。理屈で考える
ならば、

● 虎は、既に白く光を失った月を仰いで、二声三声咆哮したかと思うと、
　又、元の叢に躍り入った。そして、一行は、再びその姿を見なかった。

とするか、接続助詞「て」をどうしても使いたいのなら、

● 虎は、既に白く光を失った月を仰いで、二声三声咆哮したかと思うと、又、元の叢に躍り入って、再びその姿を見せなかった。

　とすべきでしょう。しかし、原文は日本語として不自然でも、いな、不自然だからこそ力があります。こうした表現はもはや「誤り」とは呼べず、「破格」の表現とでも呼ぶべきものかもしれません。

Point

1　日本語の助詞、いわゆる「てにをは」の使い方には文法というルールがある。

・・・・・・・・・・・・・・・・・・・・・・・・・・・・・・・・・・・・・・

2　文法というルールを守るのは基本だが、それがときには凡庸な表現に見える原因ともなる。

・・・・・・・・・・・・・・・・・・・・・・・・・・・・・・・・・・・・・・

3　文学性の高いジャンルでは、誤りすれすれの「破格」とでも呼べる表現を使うことで、詩的な効果を得たり、インパクトを与えたりすることができる。

「文末表現については次項を参照。」

文脈参照表現

Q 前後の文脈を参照するときに便利な表現はありますか？

A あります。先行文脈を参照するときは「上」「前」「先」の付く表現が、後続文脈を参照するときは「下」「後」「次」の付く表現が便利です。

先行文脈を指す表現

　論文・レポートといった長い文章を書く場合、似た内容の繰り返しが避けられません。文章は連続する文を関連付けながら書いていくものなので、文章が長くなれば、それだけ前後の文脈を参考にする必要が出てくるからです。

　同じ内容の繰り返しという印象を読み手が持たないためにも、すでに読んだ内容と関連させて読み手が理解できるようにするためにも、すでに出てきた内容を参照する場合、どこに似た内容が出てきているのか、出てきた位置を示す参照表現を使いこなすことが必要です。

　よく使われるのは「これは」「それについて」のような指示語「これ」「それ」ですが、**「これ」「それ」の弱点は、離れた文脈を大きく指すことが難しいということ**です。そこで、「既述」「上記」のような二字漢語を使います。次の下線部を二字漢語の参照表現に直してみてください。

Before

▶ <u>先に述べたように</u>、国際語化は英語化と同義で使われることが

多いが、はたしてそこに問題はないだろうか。

▶ これまで述べてきたように、今回設定した評価尺度はいずれも有用であることが確認された。

▶ 在来種の保護については、上に書いた観点を踏まえて慎重に行う必要がある。

▶ 多文化主義の定義については、すでに挙げた論文を参照。

▶ 直前の節において検討した結果を踏まえ、この節では考察を行う。

　上の例はすべて先行文脈を指す例ですが、先行文脈を指す場合、「上」や「前」、あるいは「先」の入った二字漢語を使うのが基本です。

　「先に述べた」を短く言うと「先述」で、すでに書いた内容を指すときに使います。似た言葉に「上述」と「前述」があり、**「先述」は比較的遠い位置で述べた内容を指すのにたいし、「上述」は比較的近い位置で述べた内容を、「前述」は「先述」と「上述」の中間的な位置で述べた内容を指す**のに使います。「既述」という言い方もあり、「先述」と同じように使えます。

　「これまで述べてきたように」をひと言で言うと「以上のように」となります。**「以上」は、それまでに述べてきた内容全体を指すのに向いており、文章の末尾で使いやすい表現です。**

　「上に書いた」を短い名詞にすると、「上記」となります。「上述」にたいする「上記」、「前述」にたいする「前記」はよく使いますが、「先記」や「既記」は言葉自体はあるものの、あまり使いません。「上述」と「上記」は、**「上述」のほうが比較的長い内容を指すのにたいし、「上記」のほうは比較的短い内容を指すのに使う**という違いがあります。

　「すでに挙げた」の意味でよく使うのは「前掲」です。論文・レポートでは「前掲書」「前掲論文」という書き方がよく見られます。「上掲」というのも「前掲」ほどではありませんが、使われます。「前掲」「上掲」とも「掲げる」わけですから、図や表を示すのにも適した表現であり、「前図」「上図」や「前表」「上表」と言い換え可能です。

「直前の節」は**「前節」**でしょう。**「前節」**は**「章―節―項」**という階層構造のうち**「節」**にたいして使うもので、**「章」**であれば**「前章」**、**「項」**であれば**「前項」**となります。この場合は「上」は使いません。

　なお、直前のものの繰り返しを避ける表現に「同」があり、表彰状を読みあげるときの「以下同文」のように表現の経済性を重んじるときに使われます。「以下同様」「同上」「同前」なども文字数を減らしたいときに便利です。

After

▶ <u>先述</u>のように、国際語化は英語化と同義で使われることが多いが、はたしてそこに問題はないだろうか。

▶ <u>以上</u>のように、今回設定した評価尺度はいずれも有用であることが確認された。

▶ 在来種の保護については、<u>上記</u>の観点を踏まえて慎重に行う必要がある。

▶ 多文化主義の定義については、<u>前掲</u>論文を参照。

▶ <u>前節</u>において検討した結果を踏まえ、<u>本節</u>では考察を行う。

後続文脈を指す表現

　一方、これから出てくる内容を参照させたい場合はどのような表現を使うのがよいでしょうか。

Before

▶ <u>あとで述べる</u>ように、今回中国・四国地方を襲った豪雨に伴う被害は、広島県、岡山県、愛媛県の3県に集中している。

▶ <u>ここから先では</u>、乳児期において言語理解をどのように獲得していくかについて、意図理解の観点から論じる。

▶ 詳しい情報は、<u>下</u>に示したWebサイトにおいて最新版が入手

可能である。

> のちに掲げる表2にあるとおり、ベトナムの市場占有率が高い。
> 具体的な症例については、<u>次に続く節</u>で詳しく検討することにしたい。

先行文脈は「上」「前」「先」で指すのにたいし、**後続文脈は「下」「後」「次」で指すのが基本です。**

「前述」の対義語は「後述」であり、「あとに述べるように」は「後述のように」となります。「下述」や「次述」という表現はありますが、あまり使いません。

「ここから先」という表現には「以下」「以降」があります。**比較的短い記述の場合は「以下」、長く続く記述の場合は「以降」が好まれます。**

「下に示した」は「下記」です。「後記」という表現もありますが、「後記」は「編集後記」のように本論が終わった最後の付け足しとして「付記」と同じように使います。

「のちに掲げる」は「後掲」がもっとも一般的です。（ ）付きで「（後掲）」と使われるのも目立ちます。**「後掲」を使う場合は、めくった先のページなど、比較的離れたところのものを指すことが多く、同じページのすぐ目に入るところにある場合は「下掲」のほうが普通です。**「次掲」も使われますが、頻度は低めです。

直前の節を指す場合は「前節」ですが、**直後の節を指す場合は「後節」ではなく「次節」が一般的です。**「次章」「次項」などもよく使われます。

After

> 後述のように、今回中国・四国地方を襲った豪雨に伴う被害は、広島県、岡山県、愛媛県の3県に集中している。
> 以降では、乳児期において言語理解をどのように獲得していくかについて、意図理解の観点から論じる。
> 詳しい情報は、<u>下記</u>Webサイトにおいて最新版が入手可能で

ある。

▶ 後掲の表 2 にあるとおり、ベトナムの市場占有率が高い。

▶ 具体的な症例については、次節で詳しく検討することにしたい。

　なお、「上」「下」は横書きの場合であり、縦書きでは「右」「左」となります。横書きを縦書きに、あるいは縦書きを横書きに変換したさいには注意が必要です。

Point

1　前後の文脈を指すときには、「これ」「それ」といった指示語だけでは、参照先を明確にしきれないことがある。

2　先行文脈を指すときには、「上」「前」「先」という語の付く表現を適切に使うことで、参照先を明確にすることができる。

3　後続文脈を指すときには、「下」「後」「次」という語の付く表現を適切に使うことで、参照先を明確にすることができる。

工夫を凝らした文章

「した」と「する」のカメラワーク
「〜した。」の続く単調な文末

Q 「〜した。〜した。」と続く文末の単調さは、どうすれば防げますか？

A 段落の途中で「〜する。」を交ぜることです。

「〜した。」の続く単調さを改善する

　SOVという語順に並ぶ日本語は、文末が動詞で終わるため、文末が単調になりやすい宿命があります。とくに、過去のことを述べる文章の場合、過去形の「〜した。」ばかりが並ぶため、一見して単調な印象を読み手に与えてしまいます。どうしたらそうした単調さを防ぐことができるでしょうか。

　次の文章を読んでください。

Before

　昨晩、公園の近くを運転していたら、突然、道の前方に黒いものが飛びだしてきた。ネコかもしれないと思い、慌ててブレーキを踏んだ。すると、その黒い動物は、立ち止まってじっとこちらを見つめていた。ヘッドライトに照らされた目が光った。ずんぐりした身体にふさふさした尻尾。タヌキだった。こちらが停車したことを確認すると、タヌキは何事もなかったかのようにゆうゆうと道を横断し、反対側の茂みに消えていった。

　この文章がどこか変ということはないのですが、「飛びだしてきた。」

「ブレーキを踏んだ。」「見つめていた。」「目が光った。」「タヌキだった。」「茂みに消えていった。」と「〜した。〜した。」と続いていく単調さがやや気になります。

　こうした文章の**最初と最後は過去形の「〜した。」にし、中間部を現在形の「〜する。」にすると、緩急が出る**ようになります。長い文章の場合は、段落の冒頭と結末だけを「〜した。」にするのも有効です。

After

> 　昨晩、公園の近くを運転していたら、突然、道の前方に黒いものが飛びだしてきた。ネコかもしれない。そう思い、慌ててブレーキを踏む。すると、その黒い動物は、立ち止まってじっとこちらを見つめている。ヘッドライトに照らされた目が光る。ずんぐりした身体にふさふさした尻尾。タヌキだ。こちらが停車したことを確認すると、タヌキは何事もなかったかのようにゆうゆうと道を横断し、反対側の茂みに消えていった。

　過去の出来事を現在の時制で表すことを歴史的現在と言いますが、**歴史的現在は臨場感を出すときに有効です**。人が過去の経験を語るとき、最初は思い出しながら語る回想視点になるので「〜した。」で始めますが、語っているうちに話に夢中になってその場にいるような臨場感が出て現場視点の「〜する。」に変わります。しかし、話を閉じようとする段階になると、また回想視点に戻り、「〜した。」になるのです。

カメラのズームの使い分け

　このような歴史的現在をうまく応用すると、カメラワークのズームインとズームアウトの使い分けをすることも可能です。

　次の文章も「〜した。〜した。」が続く文章です。

Before

　健太は、夏の朝早く、日の出るまえに起きて雑木林に入り、カブトムシのデパートと呼んでいるいつものクヌギの樹に行ってみた。いたいた。樹液の甘酸っぱいにおいに誘われて、たくさんの昆虫たちが集まっていた。樹液がよくしみでる特等席にはカブトムシが鎮座して絵の具の筆のような口で樹液を吸っていた。そのまわりではノコギリクワガタが周囲を警戒しながら樹液をなめていた。3匹のカナブンが仲良く並んで幹の穴に顔を突っこんでいた。チョウたちもストローのような口を幹の隙間に器用に差しこんで樹液を吸っていた。健太はそうした虫たちを慣れた手つきで捕まえては虫かごに入れていった。

　この文章も同様に、最初と最後を「～した。」とし、中間部を「～する。」にしてみましょう。

After

　健太は、夏の朝早く、日の出るまえに起きて雑木林に入り、カブトムシのデパートと呼んでいるいつものクヌギの樹に行ってみた。いるいる。樹液の甘酸っぱいにおいに誘われて、たくさんの昆虫たちが集まっている。樹液がよくしみでる特等席にはカブトムシが鎮座して絵の具の筆のような口で樹液を吸っている。そのまわりではノコギリクワガタが周囲を警戒しながら樹液をなめている。3匹のカナブンが仲良く並んで幹の穴に顔を突っこんでいる。チョウたちもストローのような口を幹の隙間に器用に差しこんで樹液を吸っている。健太はそうした虫たちを慣れた手つきで捕まえては虫かごに入れていった。

　そうすると、最初の文と最後の文は健太が主語なのにたいし、途中の文は昆虫たちが主語になっていることに気づきます。つまり、途中の文

は健太の目をとおして見た昆虫たちの様子であるのにたいし、最初と最後の文は健太の目ではない別の誰かの目から見た光景になっているわけです。ビデオカメラに例えて言うと、最初の文と最後の文はカメラを引いたズームアウトであり、健太とクヌギの樹を遠くから撮影していますが、健太が虫たちに夢中になると、カメラが近づいたズームインとなり、カメラのレンズが健太の目と重なり、クヌギの樹に群がる昆虫たちだけがカメラのレンズに映るわけです。**「〜する。」と「〜した。」の使い分けで、このような視点の操作が可能になる**ことも日本語の面白さと考えられるでしょう。

Point

1 日本語は動詞が文末に来る言語であるため、過去の出来事を語る場合、「〜した。」が連続し単調になりやすい傾向がある。

....

2 「〜した。」の連続による単調さを防ぐには、段落の途中の「〜した。」を「〜する。」に置き換えると変化がつく。

....

3 「〜した。」に「〜する。」を交ぜると、カメラのズームインの効果が得られる。

工夫を凝らした文章

「次節では『交ぜ書き』について述べる。」
文章展開と時間表現

Q 論文を書くとき、時間をどのように使い分ければよいですか？

A 書き手がこれから書くことはスル形、書き手がすでに書いてきたことはシタ形、誰かがすでに書いたことはシテイル形にすることです。

現実に流れる時間

　私たちが話すときは、今の時間を基準に時制の表現を使います。動詞の場合、昨日のことにはシタ形を、明日のことにはスル形を、今のことにはシテイル形を使います。つまり、現在の時点からの過去、未来、現在によって時間を使い分けるわけです。未来のことはスル形という終止形で表すのが基本ですが、もちろん、「だろう」「と思う」などの推量の表現を使うことも可能です。

　現在の時点から時間を考える考え方は書くときでも基本的に同じです。自分の身の回りで起きたことやこれから起きることを書くときは、話すときと同じように過去、現在、未来によって時間表現の使い分けを行います。

論文・レポートに流れる時間

　ところが、論文・レポートのような学術的な文章では、時間はそのなかで閉じています。そこでは執筆の時間が流れており、論文・レポート

でよく使う「述べる」「論じる」「明らかにする」「調査する」「分析する」「考察する」「主張する」「指摘する」「紹介する」などの動詞では、通常の時間の基準とはまったく異なります。

　次の三つの文を見比べてください。「述べる」「述べている」「述べた」のうち、どれが入ればよいでしょうか。

> ▸ 以降では、日本の少子化政策とその課題について {述べる／述べている／述べた}。
> ▸ それに先行する鈴木 (2023) では、日本の少子化政策とその課題について {述べる／述べている／述べた}。
> ▸ 以上、本稿では、日本の少子化政策の論点を整理し、その課題について {述べる／述べている／述べた}。

「述べる」というスル形を使った場合、これから先の文章で、日本の少子化政策とその課題について述べることを予告しています。論文・レポートの冒頭で文章全体の構成をあらかじめ説明するときによく使われる形で、上掲の最初の例文に適しています。

「述べている」というシテイル形を使った場合、自分の考えではなく、他の人がすでに書いた考えの引用であることを示しています。論文・レポートの先行研究の紹介のところで、他者の論点を引用するときによく使われる形で、上掲の2番目の例文と相性がよさそうです。

「述べた」というシタ形を使った場合、それまで書いた文章で述べた内容について言及していることを表しています。論文・レポートの末尾で文章全体の内容をまとめるときによく使われる形で、上掲の最後の例文で使うと落ち着きます。文章の冒頭の予告では「述べていく」のようなシテイク形がよく使われますが、文章の末尾のまとめでは「述べてきた」のようなシテキタ形の落ち着きが良さそうです。

▸ 以降では、日本の少子化政策とその課題について<u>述べる</u>。
▸ それに先行する鈴木 (2023) では、日本の少子化政策とその課題について<u>述べている</u>。
▸ 以上、本稿では、日本の少子化政策の論点を整理し、その課題について<u>述べた</u>。

このように、論文・レポートにおける動詞の時間表現は文章のなかを流れる執筆時間と連動しており、**これから書く内容にはスル形を、これまで書いてきた内容にはシタ形を、誰かが書いた内容を引用するときにはシテイル形を使うのがルールです**。また、そのルールを意識することで、読み手は文章構成をつかみやすくなるのです。

Point

1　論文・レポートのような学術的な文章では、現実の時間ではなく、文章を書く執筆の時間が重要になる。

2　これから書く内容には「する」を、これまで書いてきた内容には「した」を、誰かが書いた内容を引用するときには「している」を使うのが基本的なルールである。

Section
95

先生、なぜ作文は「です・ます」 じゃなきゃダメなんですか

丁寧形と普通形を交ぜる

Q 丁寧形と普通形の交ぜ書きはできますか？

A できます。積極的に活用すれば、書き手の気持ちが伝えられます。

交ぜ書きの勧め

「です」「します」という丁寧形、「だ」「する」という普通形。この二つを交ぜてはいけないと、学校ではよく教えられますし、多くの人はそれを信じているでしょう。しかし、誰がそのようなことを決めたのでしょうか。日本語には交ぜてはいけないというルールはなく、現実世界では交ぜ書きが使われています。SNSの世界ではよく見かけますし、後ほど紹介するように、夏目漱石も使っていました。古くから使われている自然な文体であり、うまく使えば、高い表現効果を発揮します。**学校で教わったから駄目だと決めつけてしまうと、自分自身の表現世界を狭める**ことになります。

「交ぜてはいけない」と教わる理由

では、なぜ学校教育では交ぜてはいけないと教えられるのでしょうか。おそらく理由は三つです。**一つ目は、交ぜてもよいという事実を知らない学校の先生がいるから。二つ目は、交ぜることを知っていてもどのように交ぜてよいか方法がわからないから。三つ目は、交ぜてはいけないジャンルがあるから**です。

学校の先生が交ぜてもよいという事実を知らないとしたら、残念です。日本語には文末が揃ってしまい、単調になるという宿命があります。文末に動詞が来る言語だからです。その単調さを避け、話に起伏を作りだす力が交ぜ書き文体にはあります。しかし、その事実を先生が知らず、子どもたちの作文を矯正してしまうとしたら、子どもたちが自然に生みだす作文の勢いをそぎ落としてしまうことになるでしょう。

　しかし、もし教えるのであれば、どのように交ぜ書きをすればよいかも教える必要があります。交ぜ書きをするときの勘どころは三つありますので、ここではそれを説明します。

　ただし、文章によっては「交ぜるな危険」というタイプもありますので、まずはそこから確認しておきましょう。「交ぜるな危険」の代表は、論文・レポートのような学術的文章です。論文・レポートは、「である」「する」の文末となるいわゆる「である体」で書かれます。**「である体」は内容勝負の文体で、誰が書いても同じように書くのが基本**です。日本語に丁寧形と普通形の選択があるのは、話し手と聞き手との社会的な関係を言葉に反映させるという区別が日本語にあるからですが、論文・レポートのような内容勝負の文体ではそうした区別がかえって邪魔になります。そのために開発された文体が「である体」です。法律の条文や取り扱い説明書の箇条書きがやはり丁寧形にならないのも、書き手と読み手の社会的関係を反映させず、内容を正確に伝えることに集中したいという理由によります。**交ぜ書き文体が有効なのは、気持ちを描くことの多い文章や、読み手の存在を強く意識する文章です。SNSがそうですし、エッセイ、解説などでも有効**です。

交ぜ書き三つの勘どころ

　さて、交ぜ書きの勘どころを三つ紹介していきましょう。ここでの交ぜ書きは、全体として丁寧形で書かれた文章にところどころ普通形を交ぜることを前提としています。一つ目の勘どころは、**心の内面を描写するところは普通形にする**というものです。次の文はどちらが自然でしょ

うか。

▶ 今日の会議はお休みしますと言います。

▶ 今日の会議はお休みしますと思います。

　もちろん、上の文が自然で、下の文が不自然です。「言う」のほうは引用の「と」のなかが丁寧形でも問題ありません。話し手が丁寧形で話しているのをそのまま引用しているだけだからです。しかし、「思う」のほうは引用の「と」のなかは丁寧形にすることはできません。心のなかの言葉は、相手に向けられた言葉ではないので丁寧形にしないという日本語のルールがあるからです。

▶ 今日の会議はお休みしますと言います。（変更なし）

▶ 今日の会議はお休みすると思います。

　これを逆手に取ると、**丁寧形で書かれた文章のなかに普通形を交ぜると、その部分が心のなかの言葉であるかのように見える**という話法を日本語では作りだせます。次の文はすべて丁寧形の文末です。どこを普通形に変えられるでしょうか。

▶ 突然、玄関のチャイムがなりました。お客さんが家のなかに入ってくるかもしれません。思わず、そわそわしました。お母さんは玄関に行きましたが、誰も入ってきませんでした。ああよかったです。ほっとしました。

　心のなかの言葉を普通形に変えられるので、直すとしたら「かもしれません」「よかったです」の部分でしょう。

▶ 突然、玄関のチャイムがなりました。お客さんが家のなかに入ってくるかもしれない。思わず、そわそわしました。お母さんは玄関に行きましたが、誰も入ってきませんでした。ああよかった。ほっとしました。

さらに、「そわそわしました」「ほっとしました」の部分を気持ちと考えれば、次のようにも直せます。

▶ 突然、玄関のチャイムがなりました。お客さんが家のなかに入ってくるかもしれない。思わず、そわそわ。お母さんは玄関に行きましたが、誰も入ってきませんでした。ああよかった。ほっとした。

交ぜ書き文体の二つ目の勘どころは、**注目してほしいところを普通形に変える**という方法です。次の文章、日本語としておかしいわけではないのですが、何となく読みにくいです。読みやすくなるように、一部の文末を丁寧形から普通形に変えてみてください。

部下を指導するとき、うまく伝わらない場合はどうしますか。伝わるまで同じ言葉を繰り返します。これでは伝わりません。まず、相手は何がわからないかを想像します。ここから伝える言葉を変えてみます。そのうえで、変えた言葉に相手がどう反応しているかを観察します。ここから自分の言葉が伝わったかどうかがわかります。相手の理解の想像と行動の観察、この二つがコミュニケーションの基本です。

コツは、「これでは」「ここから」のように指示語で始まる文の直前を普通形に変えることです。つまり、**指示語で受け直している文は、情報として重要なので普通形にして目立たせる**のです。次のようになります。

After

　部下を指導するとき、うまく伝わらない場合はどうしますか。伝わるまで同じ言葉を繰り返す。これでは伝わりません。まず、相手は何がわからないかを想像する。ここから伝える言葉を変えてみます。そのうえで、変えた言葉に相手がどう反応しているかを観察する。ここから自分の言葉が伝わったかどうかがわかります。相手の理解の想像と行動の観察、この二つがコミュニケーションの基本です。

　交ぜ書き文体の三つ目の勘どころは、**事実の文を普通形に変える**という方法です。事実の文というのは「〜する」「〜した」のように文末に何も付かない文のことです。こうした文は普通形に変えられます。

　次の文章は夏目漱石『こころ』からの抜粋で、文末だけ丁寧形に揃えてあります。夏目漱石になったつもりで、一部の文末を普通形に直してみてください。

Before

　貴方は現代の思想問題に就いて、よく私に議論を向けた事を記憶しているでしょう。私のそれに対する態度もよく解っているでしょう。私はあなたの意見を軽蔑までしなかったけれども、決して尊敬を払い得る程度にはなれませんでした。あなたの考えには何等の背景もなかったし、あなたは自分の過去を有つには余りに若過ぎたからです。私は時々笑いました。あなたは物足なそうな顔をちょいちょい私に見せました。その極あなたは私の過去を絵巻物のように、あなたの前に展開してくれと逼りました。私はその時心のうちで、始めて貴方を尊敬しました。あなたが無遠慮に

私の腹の中から、或生きたものを捕まえようという決心を見せたからです。私の心臓を立ち割って、温かく流れる血潮を啜ろうとしたからです。その時私はまだ生きていました。死ぬのが厭でした。それで他日を約して、あなたの要求を斥ぞけてしまいました。私は今自分で自分の心臓を破って、その血をあなたの顔に浴せかけようとしているのです。私の鼓動が停った時、あなたの胸に新らしい命が宿る事が出来るなら満足です。

「〜する」「〜した」のように文末に何も付かない事実の文を普通形にするということは、反対に言うと、**「でしょう」「ようです」「そうです」といった推量の形式や、「のです」「からです」「わけです」といった判断の形式が付く文は丁寧形にしたほうがよい**ということです。そのように修正したものが下記のものです。それがそのまま、夏目漱石『こころ』の原文になります。

After

　貴方は現代の思想問題に就いて、よく私に議論を向けた事を記憶しているでしょう。私のそれに対する態度もよく解っているでしょう。私はあなたの意見を軽蔑までしなかったけれども、決して尊敬を払い得る程度にはなれなかった。あなたの考えには何等の背景もなかったし、あなたは自分の過去を有つには余りに若過ぎたからです。私は時々笑った。あなたは物足なそうな顔をちょいちょい私に見せた。その極あなたは私の過去を絵巻物のように、あなたの前に展開してくれと逼った。私はその時心のうちで、始めて貴方を尊敬した。あなたが無遠慮に私の腹の中から、或生きたものを捕まえようという決心を見せたからです。私の心臓を立ち割って、温かく流れる血潮を啜ろうとしたからです。その時私はまだ生きていた。死ぬのが厭であった。それで他日を約して、あなたの要求を斥ぞけてしまった。私は今自分で自分の心臓を破って、その血をあなたの顔に浴せかけようとしているのです。

私の鼓動が停った時、あなたの胸に新らしい命が宿る事が出来る
なら満足です。

1 「です」「します」という丁寧形と「だ」「する」という普通形は交ぜ書
　き可能である。

2 学校で交ぜてはいけないと教える理由は、交ぜ書き可能という事実を先
　生が知らないという理由を除くと、交ぜ書きをするには高い技術が必要
　であり、交ぜ書きができないジャンルがあるからである。

3 交ぜ書きの使い分けは、行動などの外的描写は丁寧形、心理などの内的
　描写は普通形という使い分け、通常の語りは丁寧形、注目してほしいと
　ころは普通形という使い分け、推量や判断は丁寧形、事実は普通形とい
　う使い分けの三つに分けることができる。

体言止め。うまく使いたいですね。
体言止めの活用

Q SNSでリズムよく書くにはどうしたらよいですか？

A 体言止めを活用することです。

体言止めはSNSと相性がよい

　SNSはスマホで読まれることが多いもの。スマホの場合、ベタな文章で長く書きこまれると、画面が小さいこともあり、読んでいて負担になります。短い表現の連続で、サクサク読み進められるように情報を配列するのが、読んでもらうためのコツです。

　そこで活躍するのが、体言止め。文末の述語に「です」「ます」といった長くなる要素を付けず、名詞、形容動詞の語幹、オノマトペなどを独立させて情報を並べていくことで、リズムよく読んでもらえます。

　次の文は、レストランのレビューサイトに投稿された記事を模して書いたものです。

Before

　注文してから10分経つと、焼豚炒飯が到着しました。5mm幅にカットされた焼豚がゴロゴロ入っています。米は新潟産コシヒカリが使われています。玉子と刻みネギのシンプルな構成です。塩コショウの加減が絶妙に感じられます。焼豚を噛むと中から肉汁がジュワと染みだしてきます。盛りも多くてすっかり満腹になりました♪

細かいところまで書きこまれており、書いてあることはわかりますが、文章全体がややベタッとした重たい感じがします。そこで、「ます」の付いた動詞や「です」を削っていくことで軽快な印象にしてみましょう。

After

注文してから 10 分、焼豚炒飯が到着。5mm 幅にカットされた焼豚がゴロゴロ。米は新潟産コシヒカリ。玉子と刻みネギのシンプルな構成。塩コショウの加減が絶妙。焼豚を噛むと中から肉汁がジュワ。盛りも多くてすっかり満腹♪

これでかなりすっきりし、情報量を減らすことなく、書き手の伝えたいことが十分に伝えられます。

体言止めと「です」「ます」を交ぜて書く

ただし、体言止めだけで書くと、リズミカルになるものの、メモ書きのようなやや軽い印象を与えるため、もう少していねいに書きたい場合は、体言止めと「です」「ます」を交ぜる方法もあります。**実際に書くときは「です」「ます」を間引く感じです。**次の文から「です」「ます」を間引きます。体言止めにしにくい箇所は、文末に体言が来るように語順を入れ替えてみてください。

Before

車を運転していると、人里離れた淋しい風景に心細くなりそうな信州・蓼科の山中に入ります。そこにひっそりと佇む1日1組限定のレストランがあります。知る人ぞ知るイタリアンの名店、リストランテ・ダイヤモンドです。
まばゆいばかりの原生林が窓から見えます。店内は温かく落ち着いています。運ばれてくるお料理の一つひとつが珠玉の味わい

です。
　なかでも忘れられないのがジビエの鹿肉です。ロースは厚切りでも柔らかいです。モモは噛みごたえがあります。どちらもしっかりとした赤身の味わいで、想像のはるか上を行く美味しさに、心の震えが止まりませんでした。

体言止めを駆使すると、次のようになります。

After

　車を運転していると、人里離れた淋しい風景に心細くなりそうな信州・蓼科の山中。そこにひっそりと佇む１日１組限定のレストラン。知る人ぞ知るイタリアンの名店、リストランテ・ダイヤモンドです。
　窓から見えるまばゆいばかりの原生林。温かく落ち着いた店内。運ばれてくるお料理の一つひとつが珠玉の味わいです。
　なかでも忘れられないのがジビエの鹿肉。厚切りでも柔らかいロース。噛みごたえのあるモモ。どちらもしっかりとした赤身の味わいで、想像のはるか上を行く美味しさに、心の震えが止まりませんでした。

　うまくできたでしょうか。段落を一つの文に見立て、段落の最後の文にだけ「です」「ます」をつけて段落を引き締めるというリズムです。とくに、段落の最後のところに、読み手が感じた印象を置くと、その印象がより効果的に伝わります。
　こうした文体は、SNSやブログのような個人発信の媒体でよく見かけるもので、私自身は「点描文体」と呼んでいます。書店に並んでいるものでも、グルメ雑誌、ファッション雑誌や生活雑誌など、雑誌類にも幅広く用いられている文体です。

1 日本語の「です」「ます」は文章をていねいにする半面、読んでいて無
  駄に重い印象を読み手に与える。

2 文末を軽くするには、「です」「ます」を省き、名詞などで文を終える体
  言止めの文体で書くとよい。

3 体言止めだけだと文末が軽くなりすぎることもあるため、その場合は、
  段落の終わりに「です」「ます」を交ぜて書く方法もある。

「安易な可能表現は
避けるべきだと言える。」
自発表現の活用

Q　論文・レポートを書くときに「思う」を使っていいですか？

A　「思う」は個人的な思いのニュアンスが強いので、「思われる」が
お勧めです。

「思う」と「思われる」

　論文・レポートを書くときに「思う」は基本的に使いません。省略されていたとしても、「思う」には主語「私が」が隠れているからです。すでに88課の「『私』を避ける方法」で紹介したように、論文・レポートは個人的な思いを書くのではなく、誰もが納得できる社会的な思いを書くものですので、「私」に関わる表現はできるだけ避けます。その意味で「私」が主語に立つ「思う」はふさわしくないわけです。

　たとえば、次のように書いてしまうと、書き手だけがそう思っていると解釈されてしまい、読み手はそうは思わないと感じるかもしれません。

Before

　▶ ソーシャルサポートは、児童生徒のメンタルヘルスの維持に一
　　定の役割を果たすと思う。

　この場合、断言できるのであれば「と思う」全体を削除して言い切りの形にしたほうがよいでしょうし、断言が難しければ「ように思われる」と緩めたほうがよさそうです。

> ▶ ソーシャルサポートは、児童生徒のメンタルヘルスの維持に一
>   定の役割を果たす。（断言）
> ▶ ソーシャルサポートは、児童生徒のメンタルヘルスの維持に一
>   定の役割を果たすように<u>思われる</u>。（推量）

「考える」と「考えられる」

「思う」だけでなく「考える」においても事情は同じです。次の文は個人の考えを示します。

Before

> ▶ 高地トレーニング法は、陸上選手のみならず、競泳選手のパ
>   フォーマンス向上に有効であると<u>考える</u>。

この場合も、断言できるのであれば「と考える」自体を削除できますし、断言しにくいのであれば「と考えられる」と緩めることをお勧めします。

After

> ▶ 高地トレーニング法は、陸上選手のみならず、競泳選手のパ
>   フォーマンス向上に有効である。（断言）
> ▶ 高地トレーニング法は、陸上選手のみならず、競泳選手のパ
>   フォーマンス向上に有効であると<u>考えられる</u>。（推量）

そのほか、「私」を避ける意味で、**「と見られる」「と言える」**などが推量表現としてしばしば使われます。

可能表現と自発表現

　論文・レポートは客観的な表現を好むジャンルですので、可能表現よりも自発表現のほうが落ち着きます。次の例では「期待できる」「示唆できる」「推定できる」と可能表現が用いられています。

Before

▶ 統計的なアプローチによる新たな分析方法の出現が<u>期待できる</u>。
▶ この結果からAとBには強い相関があることが<u>示唆できる</u>。
▶ この石器は縄文時代以前に使われていたものと<u>推定できる</u>。

　しかし、可能表現を使うと、論文・レポートで求められる客観的に認めるという枠をはみだし、自分の思いを込めて積極的に認めるという願望表示までいってしまいます。自発表現の「期待される」「示唆される」「推定される」のほうが客観的であり、論文・レポートにふさわしいと思われます。

After

▶ 統計的なアプローチによる新たな分析方法の出現が<u>期待される</u>。
▶ この結果からAとBには強い相関があることが<u>示唆される</u>。
▶ この石器は縄文時代以前に使われていたものと<u>推定される</u>。

Point

1 論文・レポートなどの学術的な文章では「私」を主語とする「思う」「考える」よりも「思われる」「考えられる」が好まれる。

2 「期待できる」のような可能表現は、期待がこもるニュアンスがあるため、「期待される」のような受身表現のほうが論文・レポートには向いている。

工夫を凝らした文法

「本書は良書ではないだろうか。」

慎重な姿勢を示す否定

Q 学術的な文章において文章の説得力を高めるためには、どのような文末表現を選べばよいでしょうか？

A 慎重な判断を示すことができる否定表現が効果的です。

名詞述語文の否定

　否定文は、情報量がゼロに等しい表現です。そのことは、名詞を述語とする否定文を観察するとよくわかります、次の文を見てください。

- 私は今、20歳だ。
- 私は今、20歳ではない。

「私は今、20歳だ。」という文は一定の情報量を持っています。人間の年齢はさまざまですが、それを「20歳だ」と限定することによって、活動的な年齢にある若者として「私」という人物をイメージすることができます。

　一方、「私は今、20歳ではない。」という文は情報量がゼロに等しいと考えられます。というのは、「20歳」ではないということは、19歳以下か21歳以上ということであり、そこには平均寿命から考えて80歳以上の幅があり、何も言っていないに等しいからです。つまり、文の意味だけで考えれば、「私」が小学生であっても、中年であっても、高齢者であってもよいのです。

　しかし、現実にそこまで極端なことを考えないのは、「20歳ではない」

と否定しているということは、それに近い年代なのだろうと読み手が想像するからです。たとえば、まだお酒の飲めない18歳であるとか、若くは見えるけれども大卒3年目の25歳であるとか、そうした文脈で言われているだろうと見当をつけて初めて、「私は今、20歳ではない。」という文が意味を持つわけです。

　ここで押さえておきたいポイントは、**名詞を述語とする否定文は、ありそうな可能性を否定することで初めて存在意義を持つようになること**です。このため、名詞述語の否定文は、英語の"not A but B"という構文に相当するときに、とくに力を発揮します。次の文を見てください。

Before

> ▶ この18金のネックレスは、自分へのごほうびだ。
> ▶ トイレを掃除しているのは、うちの会社の社長だ。

　この二つの文はそれなりにインパクトのある内容ですが、そのインパクトが読み手にうまく伝わっているとは言えません。そこで、否定文を挿入することを考えてみましょう。

After

> ▶ この18金のネックレスは、親しい人へのプレゼントではない。自分へのごほうびだ。
> ▶ トイレを掃除しているのは、入社したばかりの新入社員でも、清掃業者からの派遣でもない。うちの会社の社長だ。

　このように、ありそうな可能性を示したうえで、それを否定してみせることで、意外な情報を読み手に強く印象づけ、説得力を高めることができます。

形容詞述語文の否定

　形容詞を述語とする否定文は、名詞を述語とする否定文とは異なり、情報量がゼロに等しいということはありませんが、それでも肯定文よりは意味の幅が広くなる傾向があります。たとえば、「外は暑くない」と言うとき、「涼しい」という場合と「暑くも寒くもない」という場合の両方を含むからです。こうした意味の幅の広さを活用すると、文に説得力を与えることが可能です。

Before

▶ 昔も今も、高校に行かずに、大検（高卒認定試験）に合格してから入試を受け、大学に入る若者が多い。
▶ 暗いニュースを毎日見ることによる精神的ダメージは<u>大きい</u>。

「多い」「大きい」というのはかなり積極的な述べ方で、書き手が自分の考えを断定しているように見えます。否定文を使ってより慎重に言うと、次のようになります。

After

▶ 昔も今も、高校に行かずに、大検（高卒認定試験）に合格してから入試を受け、大学に入る若者が<u>少なくない</u>。
▶ 暗いニュースを毎日見ることによる精神的ダメージは<u>けっして小さくない</u>。

「多い」「大きい」と主張するためには、程度の甚だしさを証明する必要があります。しかし、何％あれば「多い」「大きい」と言えるのかは人によって異なりますので、十分な量のデータをもとに統計的に論じる必要が出てきます。一方、「少ない」や「小さい」という常識を否定することはかならずしも甚だしい必要はなく、その意味で**「多い」**よりも**「少なくない」**、**「大きい」**よりも**「小さくない」**のほうが嘘になりにく

い傾向があります。読み手がもし反論するのであれば、「少ない」「小さい」ことを証明しなければならず、それは読み手にとって困難だからです。その意味で、論文・レポートで重宝する表現だと言えそうです。

不可能述語文

　形容詞述語文だけでなく、可能性を否定する不可能述語文もまた、事実にたいする慎重な姿勢を表すことができ、論文・レポートでよく使われます。事実を認定する肯定表現は、その事実にたいする直接的な根拠がないと使いにくいものですが、事実を否定できないとする不可能表現は、事実にたいする示唆的な根拠でも使うことができるので、論文・レポートで好まれる傾向があります。たとえば、「院内で虐待があった可能性が認められる」とするよりも、「院内で虐待があった可能性は否定できない」としたほうが、嘘になりにくいわけです。

Before

▸ 収入が不安定で貧困に悩むシングルマザーは少なくなく、日本における母子家庭にたいする支援は<u>不十分であると言える</u>。
▸ 調査の結果、数的処理能力にかんして男子と女子のあいだに<u>有意な差はなかった</u>。

　「不十分であると言える」や「有意な差はなかった」とするのは強い断定表現です。事実として誤りではないかもしれませんが、慎重さに欠く印象を読み手に与える可能性はありそうです。

After

▸ 収入が不安定で貧困に悩むシングルマザーは少なくなく、日本における母子家庭にたいする支援は<u>十分であるとは言えない</u>。
▸ 調査の結果、数的処理能力にかんして男子と女子のあいだに<u>有意な差は認められなかった</u>。

「十分であるとは言えない」や「有意な差は認められなかった」が、「不十分であると言える」や「有意な差はなかった」と内実としてどれほど差があるのかと問われると、差はさほど大きくないように思うのですが、学術的な文章のなかで使う場合、前者のほうが後者よりもはるかに読み手に抵抗なく受け入れられる表現であるとは言えるでしょう。

論理的必然感を出す否定文

　論文・レポートは客観的に論理を展開させることが重要です。AとBの二つの対立する主張があった場合、Bが優れているのでBを支持するという論法は主観的であり、学術的ではありません。Bに一方的に肩入れしているように見えるからです。Aを支持しようとしたが、明確な根拠があってAを支持することはできない。だから、Aと対立するBを支持せざるをえないという論理展開が学術文章では好まれます。そのため、「ざるをえない」のような論理的必然感を出す文末が選好されます。

Before

> ▶ 大小さまざまなストレスを抱えながら学校現場で長時間労働を続ける教員の心の問題は、従来考えられてきた以上に深刻な状態にあると言える。
> ▶ 若い研究者を育てる大学教師は、優れた教え手であると同時に、優れた学び手であるべきだ。
> ▶ サービスが社会に広く行き渡り、売上げで利益が確保できない以上、コスト削減で利益を出すことだ。

「言える」「べきだ」「ことだ」という文末は学術的な文章でしばしば使われる表現ですが、書き手の一方的な主張のように読み手の目には映ります。それを避けるには、これまで見てきたとおり否定表現が有効です。次の例では「ざるをえない」「なければならない」「しかない」といった文末表現を使って論理的必然感を出しています。

- 大小さまざまなストレスを抱えながら学校現場で長時間労働を続ける教員の心の問題は、従来考えられてきた以上に深刻な状態にあると<u>言わざるをえない</u>。
- 若い研究者を育てる大学教師は、優れた教え手であると同時に、優れた学び手で<u>なければならない</u>。
- サービスが社会に広く行き渡り、売上げで利益が確保できない以上、コスト削減で利益を出す<u>しかない</u>。

否定疑問文の活用

最後に、否定文と疑問文を組み合わせた否定疑問文について考えます。

- 世界のグローバル化の流れに過適応し、製造業が工場を海外に移転させすぎたことで、日本のものづくりが弱体化した<u>と思う</u>。
- 日本の大学が海外のアスリートを留学生として積極的に迎え入れるのであれば、留学生の日本語教育の支援体制を整えていく必要がある<u>と考える</u>。

前課で見たとおり、書き手がそれまで述べてきたことに基づいて、自分なりに考えた意見を論文・レポートで文の形で示す場合、「思う」「考える」や、その自発形「思われる」「考えられる」などを文末につけて示すのが一般的でしょう。また、自分の意見を強く断定する場合には、「のである」を使うこともあります。しかし、そうした文末表現は、書き手の意見の押しつけと読み手に受け止められるおそれが否定できません。もう少し慎重な文末表現の候補も考えてみたいところです。

そうした場合によく使われるのは、「のではないか」「のではないだろ

うか」といった否定疑問文の文末表現です。

After

▸ 世界のグローバル化の流れに過適応し、製造業が工場を海外に移転させすぎたことで、日本のものづくりが弱体化した<u>のではないか</u>。

▸ 日本の大学が海外のアスリートを留学生として積極的に迎え入れるのであれば、留学生の日本語教育の支援体制を整えていく必要がある<u>のではないだろうか</u>。

　もちろん、使いすぎてしまうと、どこに書き手の主張があるのかが見えにくくなり、書き手の主張が埋もれてしまう危険性もありますが、**ここぞというところで「のではないか」「のではないだろうか」を使うなら、書き手の主張をすっきりと読み手に伝えることができるでしょう。**

Point

1　学術的な文章では、書き手が自分の考えを示すとき、文末を否定表現にすることで、主張を控えめに示すことができ、論理的必然感を高められる。

2　名詞述語文の否定は、ありそうな可能性を否定することで、意外な事実を強調することができる。

3　形容詞述語文の否定や可能述語文の否定は、主観的な判断を弱めることで、より慎重な書き手の姿勢を示すことができる。

4　論理的必然感を出す否定文「ざるをえない」「なければならない」「しかない」は、書き手の一方的な主張を押しつける印象を和らげ、論理的帰結の必然性を示すことができる。

5　否定疑問文「のではないか」「のではないだろうか」は、文章全体をつうじての書き手の考えを、押しつけがましくなく示すことができる。

「不正に関与させてもらいました。」
受身文の適切な使用

Q 作文の授業で受身文はできるだけ使わないほうがよいと指導されました。それは正しいのでしょうか？

A 正しくありません。伝えたい内容によっては、受身文を積極的に使う必要があります。

2種の受身文

受身文は、多くの人は英語の授業で初めて意識するものかもしれませんが、日本語のなかに根ざした表現です。次の文を受身文にしてください。

Before

▶ 怒った太郎は口答えをした次郎をたたいた。
▶ 聖武天皇は国分寺の総本山として東大寺を建てた。

受身文にする場合、目的語を主語にします。上の文では「次郎」、下の文では「東大寺」です。

After

▶ 口答えをした次郎は怒った太郎にたたかれた。
▶ 東大寺は国分寺の総本山として聖武天皇によって建てられた。

　ここで注目したいのは、上の文では元の主語が「太郎に」と格助詞「に」で、下の文では元の主語が「聖武天皇によって」と複合助詞「に

よって」で表されているという点です。ここからわかることは、この二つの受身文はタイプが違うということです。

「次郎」が主語のものは、人間が主語であることもあり、「次郎」は被害を被ったというニュアンスがある被害の受身文です。これにたいし、「東大寺」が主語のものは、人間ではなく建物が主語であるため、とくに被害を被ったという感じはなく、むしろ中立的に事実を述べている印象がある出来事の受身文です。つまり、人間が主語で格助詞「に」を伴う受身文は、被害を受けたという主観的な受身文であるのにたいし、事物が主語で複合助詞「によって」を伴う受身文は、中立的に出来事を述べる客観的な受身文であるということです。

被害を感じる受身文

まずは、被害を感じる受身文について深掘りしてみましょう。次の文章をご覧ください。

Before

上司は私に指示し、会社の資金を私的に流用する不正行為に関与させました。その結果、私の精神的なストレスは増大し、常に不安と圧力の中で仕事を進めることを余儀なくさせました。こうした不正行為への加担は、私の職業人としての倫理観を根底から揺さぶり、私は深い罪悪感と葛藤のなかで日々を過ごしました。

困難な状況が続くなかで、今回の不正行為が私の倫理観と尊厳を試しているように感じ、最終的に、不正を指示した上司を内部告発する道を選択しました。その過程で、当該の上司は告発をやめるように強要すると同時に、さまざまな圧力をかけてきました。この経験は当時の私にとってたいへんな精神的苦痛でしたが、自分の職業人としての倫理観を再確認する重要な機会となったと今では感じています。

上の例は受身を使わずに書いた文章ですが、上司と「私」の行為が交互に出てくるため、やや読みにくい印象です。視点は「私」にあるのが自然なので、文章全体の主語を「私」に統一して書くと、文章の流れが一貫すると同時に、「私」が不本意なことに関わらされたことがよくわかります。

After

私は上司の指示により、会社の資金を私的に流用する不正行為に関与させられました。その結果、精神的なストレスは増大し、常に不安と圧力の中で仕事を進めることを余儀なくされました。こうした不正行為への加担で、私は職業人としての倫理観を根底から揺さぶられ、深い罪悪感と葛藤のなかで日々を過ごしました。

困難な状況が続くなかで、今回の不正行為によって私は自分の倫理観と尊厳が試されているように感じ、最終的に、不正を指示した上司を内部告発する道を選択しました。その過程で、当該の上司から告発をやめるように強要されると同時に、さまざまな圧力をかけられました。この経験は当時の私にとってたいへんな精神的苦痛でしたが、自分の職業人としての倫理観を再確認する重要な機会となったと今では感じています。

日常会話の雑談で過去の出来事を語る受身文や、小説やエッセイの一人称視点の受身文は、被害を受けたことを表す主観的な受身文と考えてよいでしょう。これが受身文使用の一つの有力な使用動機です。

なお、被害ではなく、むしろ恩恵を受けた場合は「〜てもらう」「〜てくれる」といった授受表現を用います。もし関与できて嬉しかったのであれば、「関与させてもらった」「関与させてくれた」となります。

自己と他者を区別する受身文

被害を感じるというニュアンスがなくても、自己と他者を区別するた

めに受身文が使われることがあります。次の例は、論文・レポートで先行研究を紹介したうえで自己の研究を位置づけるときによく見られる文章展開です。受身文を含まないものから見てみましょう。

Before

> 　日本の水田をめぐる研究は、これまで数多くの論文を発表している。たとえば、鈴木（2018）では、アジアの他地域と比較した日本の水田の特徴について多岐にわたる観点から幅広く紹介している。また、田中（2021）では、水田の灌漑による肥沃な土壌の維持や、水源地としての機能について丁寧に触れている。さらに、渡辺（2023）では、詳細な計算式に基づき、二酸化炭素の吸収源としての水田の役割について詳細に論じている。これらの先行研究を踏まえ、本稿ではこれまであまり論じられてこなかった水田の生物の生息地としての役割について、食物連鎖と生態系のバランスの維持という観点から述べていくことにしたい。

　日本語としておかしいのは冒頭の1文だけで、それ以降は不自然ではないものの、いろいろな人がいろいろなことを述べているという散漫な印象を受けます。そこで、受身文を適当に交ぜてみましょう。

After

> 　日本の水田をめぐる研究は、これまで数多くの論文が発表されている。たとえば、鈴木（2018）では、アジアの他地域と比較した日本の水田の特徴について多岐にわたる観点から幅広く紹介されている。また、田中（2021）では、水田の灌漑による肥沃な土壌の維持や、水源地としての機能について丁寧に触れられている。さらに、渡辺（2023）では、詳細な計算式に基づき、二酸化炭素の吸収源としての水田の役割について詳細に論じられている。これらの先行研究を踏まえ、本稿ではこれまであまり論じられてこなかった水田の生物の生息地としての役割について、食

物連鎖と生態系のバランスの維持という観点から述べていくことにしたい。

他者の発表した論文は受身文で紹介し、自分がこれから書く論文は能動態の文で表現することにより、他者と自己の区別がより明確になり、すっきりと読めるものになっています。こうしたレトリックも、論文・レポートでよく使われますので、押さえておいてよい技法でしょう。

事実を中立的に述べる受身文

最後に、事実を中立的に述べる出来事の受身文を見ておきましょう。ここでも、まず受身文を使わない文章から示します。

Before

> 私たちが日常生活で使っている多くの製品はプラスチックを含んでおり、これらを適切に処理できない場合、海洋へ排出したり投棄したりします。その結果、海洋プラスチックごみ問題を引き起こし、地球全体の生態系に深刻な影響が及びます。
>
> 私たちには、プラスチック製品の使用を減らすこと、リサイクルを徹底すること、そして適切に廃棄することを求めています。また、排出するプラスチック量を減らすためにも、バイオプラスチックなどの新しい素材の開発や、廃棄したプラスチックの再利用技術の進化が必要となります。私たち一人ひとりが行動を変えることで、プラスチックを適切に回収すると同時に、再利用を促進し、海洋プラスチックごみ問題の解決に繋がることを忘れてはなりません。

全体として何となく読みにくい文章になっています。主語となる話題が一貫していないことに原因があるのでしょう。そこでプラスチックごみに関わるものがつねに主語に来るように受身文を適宜交ぜてみましょう。

　私たちが日常生活で使っている多くの製品にはプラスチックが含まれており、これらが適切に処理されない場合、海洋へ排出されたり投棄されたりします。その結果、海洋プラスチックごみ問題が引き起こされ、地球全体の生態系に深刻な影響が及びます。

　私たちには、プラスチック製品の使用を減らすこと、リサイクルを徹底すること、そして適切に廃棄することが求められています。また、排出されるプラスチック量を減らすためにも、バイオプラスチックなどの新しい素材の開発や、廃棄されたプラスチックの再利用技術の進化が必要となります。私たち一人ひとりが行動を変えることで、プラスチックが適切に回収されると同時に、再利用が促進され、海洋プラスチックごみ問題の解決に繋がることを忘れてはなりません。

　プラスチックごみという事物に関わるものが主語として一貫することで、全体として落ち着いた文章になったことがわかります。

　どんな表現にも、存在する以上、存在するだけの意義があります。受身文にも上述のような大事な存在意義があります。受身文を使わないほうがよいという表面的な考え方は排し、どのようなときに受身文を使うべきか、受身文の使用動機をきちんと押さえることが重要です。

Point

1　受身文は人間を主語にするタイプと、事物を主語にするタイプがある。

2　人間を主語にする受身文は、小説やエッセイなどで、主語の意図に反することをさせられ、被害を感じるときに使われる。また、論文やレポートなどで、自己の主張と他者の引用を区別するときにも使われる。

3　事物を主語にする受身文は、事物を主語として一貫させ、事態を中立的に述べるときに使われる。

「人を傷つけない文章」の着地点

意図の示し方

Q 私の書く文章の意図が相手に伝わらないことがあります。どうすればよいですか？

A 自分の意図を意識し、相手に自分の意図がきちんと伝わるようにすることが肝要です。

「わかりやすい文章」と「配慮のある文章」の矛盾

Part 2 ではわかりやすく伝えることを、Part 3 では配慮して伝えることを学びました。しかし、この両者はしばしば矛盾します。わかりやすく書くことははっきり書くことであり、はっきり書くと、ときに読み手を傷つけてしまいます。しかし、配慮して書くことはあいまいに書くことであり、あいまいに書くと、誤解を招きがちです。

次の文章を読んでください。交渉の日時と場所を調整するビジネスメールです。

Before

　ご返信のなかで御社の所在地を詳しくご説明くださり、ありがとうございました。

　ただ、私どもとしては、依頼者であるみなさまが弊社に出向いてくださると思いこんでおり、ご連絡をお待ちしておりました。私どものほうから御社に出向くことが期待されていますか。

書き手は、依頼者である相手方が弊社に出向くべきだと本音では考え

ています。しかし、相手に失礼になることを恐れ、「私どものほうから御社に出向くことが期待されていますか。」と疑問文を使って間接的にその意図を伝えようとした例です。しかし、この文面では「相手のほうから弊社に出向くべきである」という意図は、気を遣いすぎた文面で、うまく伝わらないおそれがあります。

受け取った側は、「御社に出向くことが期待されていますか」という疑問文で送られてきていますので、「弊社にお越しくださることを期待しています」と答える可能性は十分にあります。しかし、こうした返信が戻ってくると、もともとの書き手は予想外の返信に憤りを覚え、次のような抗議のメールを書いてしまいそうです。

> ご返信のなかで御社の所在地を詳しくご説明くださっていますが、なぜ私どもが御社に伺わなければいけないのでしょうか。そもそも最初に依頼をしてこられたのは、みなさまのほうであり、私どもではありません。ビジネスの常識として、依頼者であるみなさまのほうから出向くのが筋ではないでしょうか。再考をお願いいたします。

これは完全に抗議の文面であり、強い怒りのメールです。受け取った側は、今度はいきなりの抗議のメールに戸惑いを覚え、最初のメールは非常にていねいなメールだったのに、2通目が強い怒りのメールになっており、書き手の二面性に不信感を抱きそうです。その結果、最初のメールで書き手は相手を気遣ったはずなのに、結果として互いの溝を深めることになります。そうなるくらいであれば、穏やかな文面で、最初から書き手の意図をはっきり伝えておいたほうがよかったでしょう。

After

ご返信のなかで御社の所在地を詳しくご説明くださり、ありがとうございました。

ただ、申し訳ないのですが、私どものほうからそちらに出向く余裕がないのが実情です。依頼者であるみなさまのほうから弊社

にお越しいただければさいわいです。ご足労をおかけして恐縮ですが、よろしくお願いいたします。

このように、最初から「弊社に来てほしい」という**意図を明確に伝えておくほうがかえっていねいになる**でしょう。

自分の話にすり替わる文章

また、気をつけたいのは**相手に聞かれたことにきちんと答えない場合**です。人間は自分のことにもっとも関心がありますので、知らぬ間に他人の話が自分の話にすり替わってしまう傾向があります。

次の文面は、ある部署の管理職にあるAさんが、その部署にいる、あまり接触のないパート職員のCさんから来たメールにたいして書いた返信です。Cさんの直属の上司は主任のBさんで、上司であるBさんに無視されることが多くて辛いというのが、Cさんの元のメールの内容でした。パート職員のCさんの上司である主任のBさんは、Aさんの直属の部下に当たります。

Before

　　上司のBに話しかけても無視されることが多いとのこと、お気持ちお察しします。

　　私も若いころ、直属の上司にたびたび無視されることがあり、傷ついたことがありました。当時、上司には悪意はなかったのかもしれませんが、きっと上の管理職ばかり見て仕事をしていたために、無視される部下の気持ちにまで思い至らなかったのでしょう。悔しく思った私はいつかきっと見返してやるという思いで仕事を続けました。部下を無視した上司は結局、課長に上がることなく退職し、今や無視された私が管理職です。

　　無視された怒りをエネルギーに変え、いつか見返してやるという気持ちでがんばってください。

このメールの意図は何でしょうか。おそらく管理職のAさんは、Cさんの気持ちはわかるから、くじけずにがんばれというエールを送りたかったのでしょう。

しかし、このメールを受け取ったパート職員のCさんはきっと失望するでしょう。Cさんは、自らが置かれた窮状を改善してほしくてメールを送ったからです。それなのに、Aさんの自慢話を聞かされたうえに自分でがんばれと突き放され、自分の置かれた立場が上司の上司である管理職のAさんにも理解されず、やめるしかないと思いつめるかもしれません。つまり、管理職のAさんのエールを送りたいという意図は、この文面ではパート職員のCさんに理解される可能性は低いということです。Aさんはより意図が明確に伝わるメールを返信すべきだったと思われます。

そこで、意図を明確にしたこんなメールを書くことにします。

Before

　上司のBに話しかけても無視されることが多いとのこと、お気持ちお察しします。

　私も若いころ、直属の上司にたびたび無視されることがあり、傷ついたことがありました。職場でのこうした無視という行為はパワハラにつながる行為であり、けっして許されるものではありません。

　責任を持って私のほうから主任のBに厳しく注意をしておくようにしますので、ご安心ください。

今度は意図がはっきりしたメールです。上司のBさんの非を認めて、管理職のAさんから厳しく注意をしてもらえるのですから、パート職員のCさんも安心ということになりそうです。しかし、私がCさんの立場ならば、むしろ不安になります。このようにAさんからBさんに注意が行くことによって、Bさんに逆恨みされないか、さらにBさんの行動がエスカレートしないかという不安です。

また、もし私が主任のBさんで、たまたまこのメールを目にしたら、上司のAさんの言葉にひどく傷つくことでしょう。Bさんとしては無視したつもりはなかった可能性もありますし、Cさんの事実無根のでっちあげの可能性もあるからです。さらには、無視をしていたのが事実だとしても、Cさんのほうに落ち度があったためのやむをえない措置だった可能性もあります。

　つまり、管理職のAさんの今度のメールは、意図は明確だったのですが、明確だったからこそ関係者の傷を深めるおそれがあります。意図を明確にすると、配慮が足りなくなり、行くところまで行ってしまう不安があるのです。

　では、どうすればよいのでしょうか。私が管理職Aさんであれば、次のようなメールを出しそうです。

After

　上司のＡさんに話しかけても無視されることが多いとのこと、お気持ちお察しします。
　ただ、いただいたメールだけでは詳しい状況もわかりませんし、メールで詳しく伺うような内容でもありませんので、Ｃさんと一度直接お目にかかってお話を伺いたいと思います。今週中、どこかでお時間を取っていただくことは可能でしょうか。

　アドバイスは詳しい状況を聞いてからでも十分間に合います。傷ついた人には寄り添う姿勢を最初に示すことが大事です。

　事実関係をまずはCさんに確認して気持ちを落ち着かせ、そのうえでCさんの希望を聞いておきます。その時点ではCさんの言葉に耳を傾けるに留め、具体的な対応はもう一方の当事者のBさんに聞いてからにする旨を伝えます。そのうえで、Bさんにも事情を聞き、Bさんの目から見た事実関係を確認します。そうして材料を集めたうえで、取るべき方法を考えます。面倒な事態だからこそ、1本のメールですべてを片づけようとせずに、時間をかけててていねいに対処することです。意図は明確

にしつつも、関係者一人ひとりの置かれた状況に配慮して、強い返信は避ける心がけが肝要です。

　工夫を凝らした構成

あなたのことは誰もよく知らない

一人称視点と三人称視点

Q 一人称視点と三人称視点、どちらのほうが優れていますか？

A 一長一短です。一人称視点と三人称視点、それぞれの長所と短所をよく知る必要があります。

目のある文章 目のない文章

　文章には**目のある文章**と**目のない文章**があります。小説は目のある文章、論文は目のない文章です。目のある文章というのは登場人物のいる文章のことです。登場人物がいると、見る登場人物の視点、登場人物が見る先の視点が出てきます。

　「視点」という言葉が難しいのは、このように、見る登場人物の視点（視座）、登場人物が見る先の視点（注視点）の二つがあるからです。視点をカメラにたとえると、見る登場人物の視点（視座）はカメラを持つ撮影者の視点、登場人物が見る先の視点（注視点）はカメラが写す被写体の視点です。

● 佐藤九段は顔を上げて、ちらっと対局相手を見た。

　佐藤九段に視点があるという場合、佐藤九段は撮影者の視点であり、対局相手に視点があるという場合、対局相手は被写体の視点です。ここではまず、見る登場人物の視点、すなわちカメラを持つ撮影者の視点を考えてみましょう。

一人称視点と三人称視点

　カメラを持つ人物の視点は一人称視点と三人称視点に分かれます。一人称視点の特徴は、「私」という一人称が文章のなかに出てくる点です。「僕」「俺」「あたし」「うち」でも同じことです。ここでは、芥川龍之介の『蜜柑』の書き出しを例に挙げておきましょう。

　　或曇った冬の日暮である。私は横須賀発上り二等客車の隅に腰を下して、ぼんやり発車の笛を待っていた。とうに電燈のついた客車の中には、珍らしく私の外に一人も乗客はいなかった。

　この文章は私の目から見た光景が語られています。読み手もまた、私という一人称視点に沿って文章を読みすすめることになります。

　一方、三人称視点はどうでしょうか。三人称視点では、「私」という一人称が文章のなかには出てきません。ここでは、同じ芥川龍之介の『羅生門』の書き出しを例に挙げておきます。

　　ある日の暮方の事である。一人の下人が、羅生門の下で雨やみを待っていた。
　　広い門の下には、この男のほかに誰もいない。ただ、所々丹塗の剥げた、大きな円柱に、蟋蟀が一匹とまっている。羅生門が、朱雀大路にある以上は、この男のほかにも、雨やみをする市女笠や揉烏帽子が、もう二三人はありそうなものである。それが、この男のほかには誰もいない。

　有名な冒頭で、ご存じの方も多いでしょう。『蜜柑』と同じように主人公一人しかいないことを語っていますが、その雰囲気はずいぶん違っており、それは視点の違いに由来していそうです。
　ここで登場するのは下人ですが、カメラは下人を写しているものの、

下人がカメラを持っているわけではありません。下人を含めた羅生門の下全体を離れたところからカメラは写しています。読み手もまた、カメラに写る下人を追いかけるという視点でこの文章を読みすすめることになります。

三人称視点に見せかけた一人称視点

　気をつけたいのは、三人称視点に見せかけた一人称視点の文章です。次の例は、芥川龍之介『トロッコ』の例です。主人公は良平<ruby>良平<rt>りょうへい</rt></ruby>という三人称です。

　　小田原熱海間に、軽便鉄道敷設の工事が始まったのは、良平の八つの年だった。良平は毎日村外れへ、その工事を見物に行った。工事を──といったところが、唯トロッコで土を運搬する──それが面白さに見に行ったのである。
　　トロッコの上には土工が二人、土を積んだ後に佇んでいる。トロッコは山を下るのだから、人手を借りずに走って来る。煽るように車台が動いたり、土工の袢天の裾がひらついたり、細い線路がしなったり──良平はそんなけしきを眺めながら、土工になりたいと思う事がある。せめては一度でも土工と一しょに、トロッコへ乗りたいと思う事もある。トロッコは村外れの平地へ来ると、自然と其処に止まってしまう。と同時に土工たちは、身軽にトロッコを飛び降りるが早いか、その線路の終点へ車の土をぶちまける。それから今度はトロッコを押し押し、もと来た山の方へ登り始める。良平はその時乗れないまでも、押す事さえ出来たらと思うのである。

　読んでみてわかることは、良平という8歳の男の子の視点を取っているという点です。その証拠に「良平」をすべて「僕」で置き換えても、文章は違和感なく読みすすめることができそうです。こうした文章は実質一人称視点と考えてよさそうです。

一人称視点の功罪

　こうした文章を書くときに気をつけたいのは、一人称視点と三人称視点、それぞれの長所と短所です。次の一人称視点の文章を読んでください。

Before

> 　夕方、私は電車に乗っていた。三人掛けの優先席の両端に、80代と見られる高齢者と、10代の若者が座っていて、まんなかは空いていた。私は空いている座席に座るつもりはなかった。ところが、10代の若者が、席が空いているのだから、座るようにとしきりに声をかけてきた。座るか座らないかは個人の自由だし、声をかけられるのは恥ずかしいから、放っておいてほしい。

　ここには、三人の登場人物がいます。優先席に座っている高齢者と若者、そして「私」です。「私」は文脈から考えると、優先席のまえに立っており、若者から空いている席に座るように促されているようです。それにたいし、不満に思う心のなかが描かれています。しかし、なぜ「私」が座るように声をかけられたのか、その理由はわかりません。

　ここに、一人称視点の長所と短所が隠れています。長所は二つあります。一つの長所は、三人の登場人物が読みとりやすいということです。三人の登場人物のうち、一人が「私」に固定されており、描くのは「私」の目から見た高齢者と若者、二人の人物でよくなるので、三人の登場人物が捉えやすくなります。もう一つの長所は「私」の心のなかが描けるという点です。「私」の視点ですので、「座るか座らないかは個人の自由なのだから、放っておいてほしい」という私の心理が描きやすくなります。

　しかし、短所もあります。**最大の短所は「私」がどんな人物なのかがわからない**ということです。それが、「私」が座るように声をかけられた理由がわからないという点にもつながっています。三人の登場人物を

外から描くとこうなります。

After

　　夕方、電車のなかでこんな光景を見かけた。三人掛けの優先席の両端に、80代と見られる高齢者と、10代の若者が座っていて、まん中は空いていた。その前にマタニティマークをつけた妊婦が立っていたが、空いている座席には座らなかった。ところが、10代の若者が、席が空いているのだから、座るようにとしきりに声をかけていた。若者は親切心で声をかけていると思うが、妊婦には何か座りたくない事情でもあるのだろうか。

「私」はじつは妊婦さんだったのです。おなかは大きくなかったのかもしれませんが、マタニティマークをつけているところから、そう推察されたようです。その情報は、外の視点からは捉えやすいのですが、内の視点からは捉えにくく、情報として抜け落ちやすくなります。したがって、一人称視点の良さを生かすためには、妊婦であるという情報を加える必要があります。

After

　　夕方、私は電車に乗っていた。三人掛けの優先席の両端に、80代と見られる高齢者と、10代の若者が座っていて、まんなかは空いていた。そのまえに立っていた私は、マタニティマークはつけているものの、まだ妊娠3ヶ月なので、空いている座席に座るつもりはなかった。ところが、10代の若者が席が空いているのだから、座るようにとしきりに声をかけてきた。座るか座らないかは個人の自由だし、声をかけられるのは恥ずかしいから、放っておいてほしい。

484

1 　登場人物の出てくる文章には視点がある。

2 　視点には、カメラを持つ撮影者の視点と、カメラが写す被写体の視点が
　　ある。

3 　カメラを持つ撮影者の視点に注目すると、撮影者が「私」である一人称
　　視点と「私」ではない三人称視点がある。

4 　一人称視点の場合、登場人物の関係が捉えやすくなり、自身の心理を描
　　きやすくなる長所がある半面、一人称視点がどのような人物かという情
　　報が欠落しやすくなる。そのため、一人称視点を用いる場合は、自分自
　　身の情報を意識して補う必要がある。

「主語と述語」ではなく
「人称と文末表現」の話

文末表現から見た視点

Q 視点を考えるときは人称だけに気をつければよいですか？

A 人称だけでなく、文末表現に基づく視点の一貫性にも注意を払う必要があります。

三つの「視点の寄せ方」

　一人称視点と三人称視点の区別のところでは、見る登場人物の視点（視座）、すなわちカメラを持つ撮影者の視点について考えました。ここでは、登場人物が見る先の視点（注視点）、すなわちカメラが写す先の被写体の視点を考えてみましょう。カメラが写す先の被写体の視点が重要になるのは、複数の登場人物がいる場合です。登場人物が複数いる場合はどちらに視点を寄せるかを考える必要があります。そのときに注意が必要なのは文末表現です。

　視点に関与する文末表現は大きく分けて三つあります。**一つ目は「行く」「来る」の往来表現**です。

- イヌがネコに駆け寄っ<u>ていった</u>。
- イヌがネコに駆け寄っ<u>てきた</u>。

　この二つの文において「イヌがネコに駆け寄った」という事実には変わりありませんが、「～ていく」「～てくる」がつくことによって、視点に違いが見られます。

「イヌがネコに駆け寄っていった」の場合、カメラを持った人物から離れたところにいるネコに視点があり、そちらにむかってイヌが駆け寄ったことを表します。これにたいし、「イヌがネコに駆け寄ってきた」の場合、カメラを持った人物のそばにいるネコに視点があり、こちらにむかってイヌが駆け寄ったことを表します。

　視点に関与する文末表現の**二つ目は「あげる」「もらう」「くれる」の授受表現**です。

- ● 子どもたちはおばあちゃんの肩をもんであげた。
- ● おばあちゃんは子どもたちに肩をもんでもらった。
- ● 子どもたちはおばあちゃんの肩をもんでくれた。

　この三つの文では「子どもたちがおばあちゃんの肩をもんだ」という事実は同じですが、「〜てあげる」「〜てもらう」「〜てくれる」によって視点に変化が見られます。
「子どもたちはおばあちゃんの肩をもんであげた」と「子どもたちはおばあちゃんの肩をもんでくれた」では主語と目的語が同じですが、「もんであげた」では「子どもたち」という主語に視点があるのにたいし、「もんでくれた」では「おばあちゃん」という目的語に視点があることがわかります。一方、「おばあちゃんは子どもたちに肩をもんでもらった」では、主語に視点があるという点では「もんであげた」と同じですが、「もんでもらった」の場合、「もんだ」ではなく「もまれた」という受身の関係になる点で「もんであげた」とは異なります。

　視点に関与する文末表現の**三つ目は、「そうだ」「らしい」「ようだ／みたいだ」といった推量表現**です。

- ● さくらちゃんはおいしそうにご飯を食べている。
- ● 僕はまわりの空気を読まないタイプらしい。
- ● 勇太くんは何をやってもうまくいかない {ようだ／みたいだ}。

「そうだ」「らしい」「ようだ／みたいだ」がつくと、主語に視点がないことを表します。さくらちゃんの例では「さくらちゃん」という三人称からも主語に視点がないことはわかりますが、「おいしそうに」が主語に視点がないことを示すマーカーになっています。

「僕は」で始まる例では「僕」という一人称があるにもかかわらず、主語である僕に視点があるわけではなく、まわりから見てという意味であることが文末の「らしい」の存在からわかります。

勇太くんの例もまた、視点は一人称にないことが「ようだ／みたいだ」という文末からわかります。

視点に一貫性をもたせる

こうした三つの文末表現の処理がうまくなされ、視点が一貫していればよいのですが、実際に文章を書いていると、視点がぶれて視点がぎこちなくなることがあります。次の文章を読んでください。

Before

> 春の日差しがやわらかく注ぐ窓のそばで、僕は気持ちよさそうに寝ていた。そんなときにかぎって、飼い主がちょっかいを出してみる。横になって春の日差しを堪能しているのに、おなかのあたりをくすぐってやる。うっとうしそうに手を前足で払いのける。すると、今度は首のまわりをさすってやる。僕はこれに弱いらしい。次第にまぶたが重くなり、やがて眠りに落ちていった。

この文章では、「僕」という一人称から書かれているにもかかわらず、「気持ちよさそうに」「ちょっかいを出してみる」「くすぐってやる」「うっとうしそうに」「さすってやる」「弱いらしい」といった、外から見た視点の表現が並ぶため、違和感があります。これらが一人称視点に合うように、授受表現や推量表現を外し、往来表現の「〜てくる」を使って統一すると、次のようになります。

After

　春の日差しがやわらかく注ぐ窓のそばで、僕は気持ちよく寝て
いた。そんなときにかぎって、飼い主がちょっかいを出してくる。
横になって春の日差しを堪能しているのに、おなかのあたりをく
すぐってくる。うっとうしい手を前足で払いのける。すると、今
度は首のまわりをさすってくる。僕はこれに弱い。次第にまぶた
が重くなり、やがて眠りに落ちていった。

　もちろん、人称を「うちのネコ」のようにし、文末に合わせて全体を
整えることも可能です。次のようになります。

After

　春の日差しがやわらかく注ぐ窓のそばで、うちのネコが気持ち
よさそうに寝ていた。そんなときには、ちょっかいを出してみる。
横になって春の日差しを堪能しているようなので、おなかのあた
りをくすぐってやる。うっとうしそうに手を前足で払いのける。
そこで、今度は首のまわりをさすってやる。うちのネコはこれに
弱いらしい。次第にまぶたが重くなり、やがて眠りに落ちていった。

　視点は文章全体として一貫するように統一することが肝要です。

Point

1 カメラが写す被写体の視点では、複数の被写体がいた場合、どちらに視
点を寄せるのかが問題となる。

2 視点をどちらに寄せるのかに影響が及ぶ表現には、「行く」「来る」といっ
た往来の表現、「あげる」「もらう」「くれる」といった授受表現、「そうだ」
「らしい」「ようだ／みたいだ」といった推量表現がある。

3 読み手の理解が混乱しないよう、視点は一貫させる必要がある。

Part

1
2
3
4

工夫を凝らした文章

「『しかし』が多すぎるで、しかし」
立場の一貫性

Q 逆接の接続詞「しかし」の多用のせいで文章が読みにくいと言われました。「しかし」を多用することは悪いことでしょうか？

A 逆接の接続詞「しかし」を多用すること自体は問題ありませんが、多用によって文脈がわかりにくくなっている場合は問題です。

「しかし」が多すぎる文章

　次の文章を読んでください。逆接の接続詞「しかし」が多用されている文章です。この文章を読んでどのように感じるでしょうか。

Before

　子ども時代の思い出を記録する場合、ビデオのような動画、写真のような静止画、どちらがよいだろうか。

　動画の場合、動きが見えるという静止画にはない利点がある。赤ちゃんのかわいい仕草も、子どもの運動会も、動きがあって初めて映えるものである。動きがあるところには時間の流れがあり、時間の流れがあるところにはストーリーがある。

　しかし、時間の流れを追うには時間がかかる。思い出のシーンを共有したくても、見たい場面を探すのに手間がかかることも多い。データ量が多いと、それだけ多くのメモリを消費するし、データの保存にも時間がかかる。時代とともに保存形式が変わりやすいのも動画の欠点である。

　しかし、静止画の場合、画像に動きがないことにくわえ、音も

ないという問題がある。赤ちゃんのかわいい声も、運動会のまわりの子どもたちの声援も記録することができない。音楽とともに踊る運動会の出し物も音が記録できないと、記録する意味が半減すると感じる人も少なくないだろう。

　しかし、静止画の場合、動きも音も想像力で補う余地がある。情報がすべて記録されていると、かえって当時の状況を思い出す場合の妨げになることがある。人間の記憶は余白を想像力で補正するようにできている。さほど質のよくない局所的な動きや音が動画として残っていると、かえって人間の持つそうした豊かな記憶の補正能力が発揮されずに終わってしまうおそれがある。

　一家団らんのなかで昔の思い出を共有する場合、一枚の写真をめぐって当時の状況を話すほうが共感が生まれやすい。一枚の写真にまつわる異なる記憶をそれぞれが語り、それを照合させることによって、当時の記憶が家族の共有財産となる。ビデオは大勢で視聴しながら思い出を語り合うのに向いていない点で物足りない。動画には動画の長所もあるが、どちらか一方を選んで記録を残すとしたら、私は写真のような静止画をお勧めしたい。

　この文章は、「しかし」の多用で読みにくくなっている文章です。どのような構造になっているかと言うと、次のとおりです。この構造が文章を読みにくくしています。

　第一段落　（導入:動画と静止画のどちらがよいか）
　第二段落　（動画支持）
　第三段落　しかし、（静止画支持）
　第四段落　しかし、（動画支持）
　第五段落　しかし、（静止画支持）
　第六段落　（まとめ:静止画支持）

「しかし」の多い文章を読みやすくするコツ

この文章を読みやすくするには、三つのコツがあります。

①第一段落に全体の結論を移動させ、最初に筆者の意見を示す。
②「しかし」の後続文脈には、つねに全体の結論に沿った内容が来るようにする。
③「しかし」の前提となる先行文脈は、「たしかに」「もちろん」などの譲歩の副詞を付ける。

そうすると、文章に一貫性が生まれ、読みやすくなります。次の文章を読んで、そのことを確かめてください。

After

　子ども時代の思い出を記録する場合、ビデオのような動画、写真のような静止画、どちらがよいだろうか。動画には動画の長所もあるが、どちらか一方を選んで記録を残すとしたら、私は写真のような静止画をお勧めしたい。

　たしかに、動画の場合、動きが見えるという静止画にはない利点がある。赤ちゃんのかわいい仕草も、子どもの運動会も、動きがあって初めて映えるものである。動きがあるところには時間の流れがあり、時間の流れがあるところにはストーリーがある。

　しかし、時間の流れを追うには時間がかかる。思い出のシーンを共有したくても、見たい場面を探すのに手間がかかることも多い。データ量が多いと、それだけ多くのメモリを消費するし、データの保存にも時間がかかる。時代とともに保存形式が変わりやすいのも動画の欠点である。

　もちろん、静止画の場合、画像に動きがないことにくわえ、音もないという問題がある。赤ちゃんのかわいい声も、運動会のまわりの子どもたちの声援も記録することができない。音楽ととも

に踊る運動会の出し物も音が記録できないと、記録する意味が半減すると感じる人も少なくないだろう。

　しかし、静止画の場合、動きも音も想像力で補う余地がある。情報がすべて記録されていると、かえって当時の状況を思い出す場合の妨げになることがある。人間の記憶は余白を想像力で補正するようにできている。さほど質のよくない局所的な動きや音が動画として残っていると、かえって人間の持つそうした豊かな記憶の補正能力が発揮されずに終わってしまうおそれがある。

　一家団らんのなかで昔の思い出を共有する場合、一枚の写真をめぐって当時の状況を話すほうが共感が生まれやすい。一枚の写真にまつわる異なる記憶をそれぞれが語り、それを照合させることによって、当時の記憶が家族の共有財産となる。ビデオは大勢で視聴しながら思い出を語り合うのに向いていない点で物足りない。

　この文章でも逆接の接続詞「しかし」は2回使われています。それでも読みにくくならないのは、**「しかし」のあとにつねに筆者の意見が来るようにして、対立する意見と筆者の意見の区別がつくようにしているから**です。このようにすれば、「しかし」が複数使われても、文章が読みにくくなることはありません。

Point

1　「しかし」が多く、かつ一貫して使われていない文章は読みにくい。

2　「しかし」が多い文章を読みやすくするコツは、第一段落に全体の結論を置き、最初に筆者の意見を示すこと、「しかし」の後続文脈に、つねに全体の結論に沿った内容が来るようにすること、「しかし」の前提となる先行文脈に、「たしかに」「もちろん」などの譲歩の副詞を付けることの三つである。

どこに連れていかれるのか
不安な文章

メッセージの一貫性

Q 長い文章でメッセージを的確に伝えるために何が必要ですか？

A メッセージに至る文章全体の一貫性です。

説明が足りない文章

　私たちが文章を書くのは、読み手に伝えたいこと、すなわちメッセージがあるからです。メッセージが的確に伝わって初めて、文章はその存在価値を持ちます。そのため、私たちは文章を書くとき、戦略を持って全体の構成を考えます。次の文章を読んでください。

Before

　年収はいくらですか。そう聞かれたとき、どう答えたらよいだろうか。会社から給与をもらう給与所得者の場合、所得税、住民税、社会保険料を引かれるまえの総支給額を答えるか、引かれたあとのいわゆる手取りを答えるか、迷うのではないだろうか。

　たとえば、年収の総支給額が440万円の人で、所得税10万円、住民税20万円、社会保険料65万円の人の場合、実際に自分が生活に使える手取りは345万円になる。440万円と345万円の差は95万円となり、大きな違いである。

　こうした個人のミクロな負担にたいし、国民全体で総支給額と手取りを問題にするマクロな概念に国民負担率がある。国民負担率は、国民所得に占める税金と社会保険料の負担割合のことを指

す。国民所得は個人・法人の所得からなり、税金には給与から天引きされる所得税と住民税だけでなく、法人税、消費税、固定資産税などが広く含まれる。また、社会保険料にも、年金や健康保険、介護保険などの保険料が含まれる。

　財務省は2022年度に国民負担率が47.5％に達する見込みだと発表し、国民に大きな衝撃を与えた。

　日本は高齢化が進むのだから、ヨーロッパ諸国のように50％を越えるのは当たり前だという意見もあるが、これ以上国民負担率が高まると、私たちの生活は立ちゆかなくなる。ヨーロッパ諸国のような高福祉国家であれば、国民生活にかなり還元されるが、日本の場合、そうとは言いがたい現実がある。

　私たち国民は厳しい現実に目を向け、政府によるばらまきに歯止めをかけ、国民負担率を下げるよう、声を上げる必要がある。

　この文章全体のメッセージは、最後の一文にある「国民負担率を下げるよう、声を上げる必要がある」に込められています。ただ、そのメッセージに至るまで、直接は無関係に見える、個人の年収における総支給額と手取りの話になり、そのあとに国民負担率の説明が延々と続きます。つまり、前置きが長すぎるため、私たちが最初にこの文章を読んだとき、どこに連れていかれるのかわからず、読みにくく感じられるのです。その意味で、この文章は**一貫性が不足していた**ように思われます。

> 説明が十分な文章

　先ほどの文章を次のように変えてみましょう。

After

　年収はいくらですか。そう聞かれたとき、どう答えたらよいだろうか。会社から給与をもらう給与所得者の場合、所得税、住民税、社会保険料を引かれるまえの総支給額を答えるか、引かれた

あとのいわゆる手取りを答えるか、迷うのではないだろうか。総支給額を答えるのが一般的かもしれないが、実際に使えるのは、税金や社会保険料を天引きされたあとの額であり、年収は実感とかけ離れると感じる人は少なくないだろう。

たとえば、年収の総支給額が440万円の人で、所得税10万円、住民税20万円、社会保険料65万円の人の場合、実際に自分が生活に使える手取りは345万円になる。440万円と345万円の差は95万円となり、大きな違いである。100万円近い天引き額は大きな負担であり、それ以外にも日々の生活のなかで10%の消費税を取られ、年に1度、固定資産税まで支払うと、個人の使える額はさらに小さくなる。

こうした個人のミクロな負担にたいし、国民全体で総支給額と手取りを問題にするマクロな概念に国民負担率がある。国民負担率は、国民の所得全体に占める税金と社会保険料の負担割合のことを指す。国民所得は個人・法人の所得からなり、税金には給与から天引きされる所得税と住民税だけでなく、法人税、消費税、固定資産税などが広く含まれる。また、社会保険料にも、年金や健康保険、介護保険などの保険料が含まれる。

財務省は2022年度に国民負担率が47.5%に達する見込みだと発表し、国民に大きな衝撃を与えた。所得の半分近くを税金や保険料として徴収されてしまうわけで、私たちの裁量で使えるお金が半分強しかないことになる。

日本は高齢化が進むのだから、ヨーロッパ諸国のように50%を越えるのは当たり前だという意見もあるが、これ以上国民負担率が高まると、私たちの生活は立ちゆかなくなる。ヨーロッパ諸国のような高福祉国家であれば、国民生活にかなり還元されるが、日本の場合、そうとは言いがたい現実がある。また、日本より国民負担率が高い国にはドイツ、スウェーデン、フランスがあるが、日本の場合、2006年は37.0%であり、近年10%以上急激に増えているという点に問題がある。

> 私たち国民は厳しい現実に目を向け、政府によるばらまきに歯止めをかけ、国民負担率を下げるよう、声を上げる必要がある。

　ポイントは、国民個人のレベルでも、国民全体のレベルでも、税金や社会保険料による負担が大きく、生活が圧迫されているという、文章全体のメッセージに直接つながる内容を、第一段落、第二段落、第四段落、第五段落の後半にそれぞれ入れたことです。こうすることで、国民個人の手取りだけでなく、国民全体の国民負担率を見ても、税金や社会保険料の負担が重すぎて、私たちの生活が厳しいので、国民が声を上げる必要があるという文章全体の流れが明確になり、読み手がどこに連れていかれるのかという不安はかなり軽減されたと思われます。

書き手から読み手になる「推敲」の過程

　以上のように、文章全体のメッセージに流れこんでいくように各段落の内容を充実させることで、文章に一貫性が生まれ、説得力が高まります。しかし、書いているときには、どのような情報が足りないか、気づきにくいものです。**気づくのは、書いた文章全体を読み手の目からあらためて見直したとき**です。書いた文章を少し寝かしたうえで読み手の立場から見直し、調整する過程を推敲と言います。公表するまえに、この推敲の過程をかならず確保し、文章の質を高める努力をしてください。

Point

1　読んでみて最後に書き手のメッセージがわかる文章は読みにくい。

2　書き手のメッセージを最後に示すにしても、そこに至るまでに書き手のメッセージにつながる説明を伏線として埋めこんでおくことが大事である。

3　説明の不足は、自分の書いた文章を読み手の立場から見直す推敲という過程で気づくことが多いので、推敲はかならず行う必要がある。

長くても続きが読みたくなる工夫
Web文章の段落の区切り方

Q インターネットに載せる文章の場合、段落はどのように区切ったらよいでしょうか？

A 内容のまとまりで区切るという基本にくわえ、続きを読ませる切り方ということを意識する必要があります。

インターネット時代の段落感覚

　パソコンやスマートデバイスの普及によって、紙ではなくディスプレイで文章を読む機会が格段に増えました。紙の時代では、限られた紙面をいかに有効活用するかという観点から、改行1字下げの比較的長い段落が主流でしたが、インターネットの文章の段落はそれとは異なる次の三つの特徴を備えています。

【インターネットにおける文章の段落の特徴】
①紙の時代の改行1字下げの段落から、1字下げのない1行（ときには数行）空けの段落が主流になっている。
②紙の時代の3〜5文、ときには二桁に及ぶ多くの文を含む長い段落から、2〜3文、ときには1文1段落のような短い段落が主流になっている。
③段落の長さが短くなることに伴い、小さい段落のうえに小見出しをつけた上位の段落を設けることも一般的になりつつある。

　学校教育で習ったわけではありませんが、私たちはこうした段落分け

を見よう見まねで身につけています。紙の節約は気にしなくてよい半面、スマホのような小さな画面のデバイスの場合、見られる範囲は必然的に狭くなります。１画面をページと考えた場合、ページの大きさは狭くなっていますので、段落の単位は小さくする必要があるわけです。

　スマホにおけるスワイプ、パソコンにおけるスクロールが、紙の場合のページをめくる作業になりますが、インターネット上に文章はあふれかえっていますので、読み手は興味がなければスワイプやスクロールをしません。このため、自分の書いた文章を訪問者に読みつづけてもらうためには、スワイプやスクロール、あるいは「続きを読む」ボタンを訪問者が自然に押すように段落を区切る必要があるわけです。そこで、続きが読みたくなるように段落を区切る技術が求められるのです。

内容のまとまりVS続きへの期待

　次の文章をお読みください。この文章は、紙の時代の感覚で段落を区切ったものです。

Before

　接続詞は、論理的な文章に欠かせない存在である。なぜなら、書き手と読み手、双方の頭のなかに共通して存在する論理をなぞり、それによって文章に説得力を持たせる表現だからである。たとえば、「薬を飲めば、頭痛が治る」という論理を、予想どおりになると考えると、「薬を飲んだ。だから、頭痛が治まった」という順接になり、予想と逆になると考えると、「薬を飲んだ。しかし、頭痛が治まらなかった」という逆接になる。ただ、いずれの場合も、薬を飲めば、頭痛が治る」という論理を前提にしている。

　しかし、話し言葉になると、話し手と聞き手、双方の頭のなかに共通した論理がなくても、接続詞が使われるケースが増える。たとえば、雨に濡れて家に帰ってきた子どもに、「だから、傘持っていきなさいって言ったのに」と冷たい声をかけたり、自分の意

図が聞き手に伝わらないことにイライラして、「だから、さっきから言ってるじゃないか」と声を荒げたりすることがある。この「だから」の論理は、話し手の頭のなかだけに存在する。このため、この「だから」を使われた聞き手は、論理を一方的に押しつけられたように感じてしまうのである。

　接続詞は、話し言葉では、論理よりも感情を伝えるものとして働きやすい。というのは、話し手の頭のなかだけで自己完結した論理に従って接続詞を使っているからである。そうした話し言葉の強引な接続詞の使い方が、書き言葉である文章でも見られるようになると、文章の論理性が弱くなってしまう。

　文豪・井伏鱒二がかつて尊敬する某作家の自筆原稿を取り寄せて読んだという。すると、推敲の過程で修正されていた箇所は接続助詞の「が」と接続詞の「そして」「しかし」に集中していたと、エッセイに書き残している。推敲は、書き手が読み手になる作業であり、接続詞は書き手の論理ではなく、読み手の論理に立って吟味して初めて意味を持つことを、文豪の鋭い感覚は見抜いていたのである。

　この文章はパラグラフ・ライティングによって書かれたものですので、各段落の冒頭にトピック・センテンスが来る構造になっており、一つひとつの段落がまとまった内容になっています。段落としては申し分のない構造だと言えるでしょう。

　しかし、現代的な感覚では、段落ごとにまとまった内容を示してしまうと、浮気者の読み手は、まとまりが終わったところで一区切りついたと感じ、別の文章に移動してしまうおそれがあります。そこで、書き手は、パラグラフ・ライティングの感覚では切れないところにあえて切れ目を入れ、続きを読みたくなるように工夫する必要があります。**テレビのバラエティ番組で視聴者が期待する盛りあがる場面になると、そのクライマックスの直前で切り、CMを入れるのと似たような感覚です。**

　そうした感覚で先ほどの文章を切ってみましょう。

After

接続詞は、論理的な文章に欠かせない存在である。〈なぜなら、……〉

なぜなら、書き手と読み手、双方の頭のなかに共通して存在する論理をなぞり、それによって文章に説得力を持たせる表現だからである。たとえば、「薬を飲めば、頭痛が治る」という論理を、予想どおりになると考えると、「薬を飲んだ。だから、頭痛が治まった」という順接になり、予想と逆になると考えると、「薬を飲んだ。しかし、頭痛が治まらなかった」という逆接になる。ただ、いずれの場合も、薬を飲めば、頭痛が治る」という論理を前提にしている。

しかし、話し言葉になると、話し手と聞き手、双方の頭のなかに共通した論理がなくても、接続詞が使われるケースが増える。〈たとえば、……〉

たとえば、雨に濡れて家に帰ってきた子どもに、「だから、傘持っていきなさいって言ったのに」と冷たい声をかけたり、自分の意図が聞き手に伝わらないことにイライラして、「だから、さっきから言ってるじゃないか」と声を荒げたりすることがある。この「だから」の論理は、話し手の頭のなかだけに存在する。このため、この「だから」を使われた聞き手は、論理を一方的に押しつけられたように感じてしまうのである。

接続詞は、話し言葉では、論理よりも感情を伝えるものとして働きやすい。〈というのは、……〉

というのは、話し手の頭のなかだけで自己完結した論理に従って接続詞を使っているからである。そうした話し言葉の強引な接続詞の使い方が、書き言葉である文章でも見られるようになると、文章の論理性が弱くなってしまう。

文豪・井伏鱒二がかつて尊敬する某作家の自筆原稿を取り寄せて読んだという。〈すると、……〉

Part
1
2
3
4

工夫を凝らした文章

501

すると、推敲の過程で修正されていた箇所は接続助詞の「が」と接続詞の「そして」「しかし」に集中していたと、エッセイに書き残している。推敲は、書き手が読み手になる作業であり、接続詞は書き手の論理ではなく、読み手の論理に立って吟味して初めて意味を持つことを、文豪の鋭い感覚は見抜いていたのである。

　上の文章では、あえて接続詞を残すことで次に続く内容にある程度予測が利くようにし、続きを読みたくなる工夫をしています。つまり、〈接続詞＋……〉のところに「続きを読む」ボタンを配置するような感じになり、ここであえて段落に区切るわけです。

　もちろん、こうした手法はやりすぎるとあざとくなるので、バランスが難しいところですし、そうしたあざとさが気になる方は無理に取り入れる必要はないでしょう。しかし、文章をどこで切るかを読み手の立場から考えると、読み手が自分の文章をどのような過程で読んでいるのか、そのプロセスをていねいに追うことになります。自分の文章をそうした読み方で読み返し、推敲すると、自分の書いた文章の質は確実に上がります。こうした点から考えると、**読み手の立場から予測のプロセスを検討することは、推敲の質を高めるうえで必須の作業**と言えるでしょう。

Point

1　インターネット上の文章では、１行空けの見やすい段落、数文あるいは１文のみの短い段落、短い段落を複数含む小見出しつきの上位の段落の併用が一般的になってきている。

2　段落の切り方の面でも、ひとまとまりの内容で区切るだけでなく、話が盛りあがるところであえて切ることで、続きを期待させる切り方をすることが増えている。

3　読み手に続きを読んでもらうために、読み手が次に来る内容にどのような期待を持っているのか、読み手の予測を頭に入れて推敲することが大事になっている。

読み手との対話
文章のなかの疑問文

Q 説明文で読み手に内容を伝えるコツは何ですか？

A 文章を書き手と読み手の対話と考え、疑問文を使いながら、読み手の頭のなかに説明の内容を一つひとつ入れていくことです。

サービス精神に欠ける文章

　文章は、書き手が書きたいように書いてもうまく伝わらないものです。読み手が読みたくなるように書いて初めて、書いてある内容が読み手の頭のなかに入りやすくなります。

　次の文章を読んでください。

Before

> 　**47 都道府県の面積について考えてみましょう。**
>
> 　面積の大きい都道府県の第一位は北海道です。第二位は岩手県、第三位は福島県、第四位は長野県です。
>
> 　一方、面積の小さい都道府県の第四位は沖縄県です。沖縄本島はさほど大きくはなく、もし本島だけならば第一位です。西表島、石垣島、宮古島など、比較的大きな島があり、それらを足して第四位となります。
>
> 　第三位は東京都です。東京都は人口密集地帯であることから、面積がもっとも小さく、人口がもっとも多いと思われがちです。人口はたしかに最大ですし、面積もさほど大きくありませんが、

ほかにもっと小さい都道府県が二つあります。

　第二位は大阪府です。大阪府を最小と考えた人は多いでしょう。1988年に国土地理院が面積の算定法を見直すまで、大阪府が最小の都道府県だったからです。その後も、新関西国際空港の埋め立てによって大阪府は拡大しています。

　第一位は香川県です。比較的小さい四国のなかでももっとも小さい県ではあったのですが、上述の国土地理院の面積の算定法の変更や、埋め立てによる大阪府の拡大で、もっとも小さな都道府県となりました。

　文章構成は明快です。第一段落で文章全体のテーマが述べられ、第二段落で面積の大きい都道府県のランキングが示されます。一方、第三段落以降では、面積の小さい都道府県のランキングが、第四位から第一位まで一つひとつの段落で語られます。しかし、サービス精神に欠け、読みたくなる文章ではありません。**そもそもなぜ47都道府県の面積を唐突に考えさせられるのか、読み手は理解に苦しむでしょう。**

疑問文の活用

　文章には読み手が読みたくなる仕掛けが重要です。その仕掛けとして有効なのが疑問文です。そこで、上掲の文章が読みたくなる文章になるように、疑問文を使って次のように修正してはどうでしょうか。

After

　小学生のころ、都道府県の位置や面積、人口などについて社会の時間に学んだと思いますが、どのぐらい覚えていますか。たとえば、47都道府県の面積について小学生に質問されたら、どのぐらい自信を持って答えられますか。

　面積の大きい都道府県であれば何とか思い浮かびそうです。第一位はもちろん北海道です。第二位以下は、比較的北に集中して

います。第二位は岩手県、第三位は福島県、第四位は長野県です。

　一方、面積の小さい都道府県はどうでしょうか。やはり四つご紹介しましょう。四つすべてわかりますか。

　まず、第四位は沖縄県です。沖縄本島はさほど大きくはなく、もし本島だけならば第一位です。西表島、石垣島、宮古島など、比較的大きな島があるため、それらを足すと第四位となります。

　続いて、第三位は東京都です。東京都は人口密集地帯であることから、面積がもっとも小さく、人口がもっとも多いと思われがちです。人口はたしかに最大ですし、面積もさほど大きくありませんが、ほかにもっと小さい都道府県が二つあるのです。その二つはどこでしょうか。

　そのうちの一つ、第二位が大阪府です。大阪府を最小と考えた人は多いでしょう。1988年に国土地理院が面積の算定法を見直すまで、大阪府が最小の都道府県だったからです。その後、新関西国際空港の埋め立てによって大阪府は拡大しています。

　そして、栄えある第一位が香川県です。比較的小さい四国のなかでももっとも小さい県ではあったのですが、上述の国土地理院の面積の算定法の変更や、埋め立てによる大阪府の拡大で、もっとも小さな都道府県となりました。

　ちなみに、九州でもっとも小さい佐賀県は第6位、東京都と並んで比較的小さい神奈川県は第5位となっており、この六つが2,500㎢を下回るとくに小さな都道府県になっています。

　第一段落で、「どのぐらい覚えていますか。」「どのぐらい自信を持って答えられますか。」という疑問文に出会うと、読み手は答えを自然と考えたくなります。**そこから書き手と読み手の対話が始まります。**疑問文には、読み手に文章の続きを読みたい気持ちにさせる働きがあります。

　次の第二段落では、まず「面積の大きい都道府県であれば何とか思い浮かびそうです。」という文を入れることで文章に溜めを作り、読み手に一旦考える余地を与えてから「第一位はもちろん北海道です。」とい

う答えを示します。いきなり答えを示すよりもずっと対話らしくなります。また、「第二位以下は、比較的北に集中しています。」というヒントで、読み手は後続文脈を予測するでしょう。

　第三段落では、「面積の小さい都道府県はどうでしょうか。」「四つすべてわかりますか。」とやはり疑問文を重ねることで、読み手に立ち止まって考えさせる余地を作っています。これにより、読み手の脳内にある日本の地理に関わる記憶が活性化され、かりに答えが外れていても、脳内に正確な情報を留めるきっかけが生まれます。

　第四段落以降では、「まずは」「続いて」「そのうちの一つ」「そして」と、列挙を明確にする接続表現を使うことで、文章にリズムを生みだしています。列挙の接続表現はカウントダウンの働きがあり、読み手の記憶を盛り上げる役割を果たします。

　第五段落の後半、「ほかにもっと小さい都道府県が二つあるのです。その二つはどこでしょうか。」と疑問文を加えたのも小さな工夫で、読み手との対話を意識させています。また、第八段落の「ちなみに」のところで、読み手が考えたかもしれない都道府県名を挙げて、知識の整理に役立てている点も、かゆいところに手が届く工夫です。

　説明をすることは一方的に伝えることではありません。読み手の頭のなかを想像し、対話をしながら双方的に伝えることで、内容にたいする読み手の理解も記憶も深まります。こうした疑問文の使い方は文章だけでなく、パワーポイントのようなスライドを用いたプレゼンテーションでも有効ですので、ぜひお試しください。

Point

1　文章は、読み手が読みたくなるようにする仕掛けが必要である。

2　疑問文は、読み手が読みたくなる仕掛けとして有効である。

3　疑問を使って読み手が抱きそうな疑問を考え、それを解決していく構造を取ることで、内容にたいする読み手の理解も記憶も深まる。

人間が文章を書く必要は なくなるか？

テキスト生成AIを用いた文章作成

Q ChatGPT や Bard などのテキスト生成 AI を使って文章を作成するとき、どんなことに注意すればよいですか？

A できあがった文章を検討し、内容に嘘がないかどうか、信頼性の高い情報源に当たって内容の真偽を確認し、必要におうじて修正することです。

テキスト生成AIとは

　テキスト生成AI、あるいは大規模言語モデル（LLM）というのを聞いたことがあるでしょうか。文章を作成するAIで、OpenAI社のChatGPTや、Google社のBardなどが知られています。過去の膨大な量のテキストデータでトレーニングされた機械学習モデルであり、質問文を入力するだけで自動的に文章を書いてくれる優れもののAIです。テキスト生成AIで作成された日本語の文章を見ると、日本語としてかなり自然で、その能力の高さに驚かされます。これからは、文章を書くという面倒な作業はテキスト生成AIに任せておけば、人間がしなくて済むようになる。そう感じる人は少なくないでしょう。

　テキスト生成AIはたしかに便利なツールであるうえに、その生成能力は日進月歩です。本書が読者の手元に届くころには、ここで書いた内容が当てはまらなくなっている可能性もあります。しかし、現時点では技術的にまだ不完全なところが多いと思われ、この課では現時点でのテキスト生成AIの問題点について論じます。

　一方、**今後さらにテキスト生成AIが発展したとしても、その設計上、**

テキスト生成AIには人間のテキスト生成能力には及ばない点があると思われます。そうした困難点については、本書全体の最後となる次の課で説明することにします。

形容動詞は存在するか

　現時点でのテキスト生成AIの最大の問題点は内容面での不正確さです。端的に言うと**嘘が多い**ということです。今後改善されることが予想されますが、技術的にはかなり難しい問題も含んでいると思われます。

　例として、私が2023年6月時点でOpenAI社のChatGPT（GPT 3.5）に書かせた文章をご紹介します。質問文としては「形容動詞という品詞は存在しますか。」と入力しました。

Before

> 　形容動詞は、一部の言語学者によっては品詞として扱われる場合もありますが、一般的な言語学の分類では、形容動詞は独自の品詞ではなく、形容詞と動詞の両方の特徴を持つ単語として考えられます。
>
> 　一般に、形容動詞は形容詞の一種であり、名詞や代名詞を修飾する役割を果たします。形容動詞は形容詞のように名詞を修飾する能力を持ちながらも、動詞としての特徴も併せ持っています。例えば、「走る速い車」という文での「速い」は形容動詞とされます。
>
> 　ただし、言語によっては形容詞と形容動詞を明確に区別する場合もあります。例えば、日本語では形容詞としての特徴を持つ単語を「い形容詞」と呼び、動詞としての特徴を持つ単語を「な形容詞」と呼ぶことがあります。
>
> 　言語学においては、形容詞と形容動詞を明確に区別しない場合が一般的ですが、特定の言語や文法体系では形容動詞という概念が存在することもあります。

一段落ずつ内容について検証していきましょう。以下の説明は、あくまでも一人の日本語研究者の主観になることはご容赦ください。

Before

> ▶ 形容動詞は、一部の言語学者によっては品詞として扱われる場合もありますが、一般的な言語学の分類では、形容動詞は独自の品詞ではなく、形容詞と動詞の両方の特徴を持つ単語として考えられます。

形容動詞という独立した品詞が存在すると考える日本語研究者は、現在では多数派であると思われます。また、独立した品詞として認めない場合、意味的な観点からは、形容詞とほぼ同じ働きをするため、形容詞の一種として捉えられ、形態的な観点からは、名詞とほぼ同じ活用をするため（連体形のみが異なる）、名詞の一種として捉えられます。名称からすると、「形容詞と動詞の両方の特徴を持つ」ように見えますが、それは古典文法のナリ活用の名残であり、日本語の現代語として考えた場合、そうした見方は困難です。

After

> ▶ 形容動詞は現代日本語に存在する品詞で、多くの日本語研究者からは独立した品詞として認められています。意味的には形容詞とほぼ同じ働きをし、形態的には名詞に近い活用をします。形容動詞を独立した品詞として認めない立場もありますが、その場合は形容動詞は名詞と同等のものとして扱われます。なお、形容動詞という名称から動詞に近いものと見られることがありますが、それは古典文法のナリ活用の残存であり、現代語では動詞との関連性は認められません。

次の段落に移ります。

▶ 一般に、形容動詞は形容詞の一種であり、名詞や代名詞を修飾する役割を果たします。形容動詞は形容詞のように名詞を修飾する能力を持ちながらも、動詞としての特徴も併せ持っています。例えば、「走る速い車」という文での「速い」は形容動詞とされます。

この段落は削除でよいでしょう。最初の文は正しいと思いますが、他の段落に吸収できる内容です。2文目はすでに指摘したように誤り、3文目の「速い」は形容動詞ではなく形容詞ですので、やはり誤りです。

（削除）

第三段落に移ります。

ただし、言語によっては形容詞と形容動詞を明確に区別する場合もあります。例えば、日本語では形容詞としての特徴を持つ単語を「い形容詞」と呼び、動詞としての特徴を持つ単語を「な形容詞」と呼ぶことがあります。

これ自体はかなり正しいですが、形容動詞は動詞としての特徴は備えていません。「い形容詞」と「な形容詞」は外国人に日本語を教える日本語教育でよく使われる用語であり、そのことも加えておきましょう。

▶ 国語教育では、現代語文法の学習が古典文法への橋渡しという意味もあり、形容動詞という伝統的な名称が使われますが、日

本語教育では、外国人にわかりやすい「な形容詞」という名称が用いられます。「静かな森」のように名詞を修飾するときに「な」を伴うのが名称の由来であり、「うるさい森」のように名詞を修飾するときに「い」を伴う本来の形容詞は「い形容詞」と呼ばれ、区別されます。

最終の第四段落です。

Before

言語学においては、形容詞と形容動詞を明確に区別しない場合が一般的ですが、特定の言語や文法体系では形容動詞という概念が存在することもあります。

これについては、ChatGPTの回答は適切であり、私の質問の仕方が悪かったかもしれません。質問文で最初に「日本語に」を入れておくべきでした。直すとすれば、次のようになります。

After

「な形容詞」と「い形容詞」と呼ばれるように、日本語には形態的に2種類の形容詞が存在するわけですが、世界の言語ではそうした区別は一般的でなく、言語学においては、形容動詞は、広い意味での形容詞として捉えるのが適切であると思われます。

Point

1 テキスト生成AIを用いた文章作成は有力で、今後広まると予想される。

2 テキスト生成AIの文章の最大の問題点は内容に嘘が多いということである。信頼性の高い情報源に当たり、書かれた内容に嘘が混じっていないかどうか慎重に確認し、誤りについてはていねいに修正する必要がある。

あなたにしか書けない文章を
テキスト生成AIの未来

Q **ChatGPT や Bard などのテキスト生成 AI は将来、人間が文章を書くという営みを駆逐するのでしょうか？**

A おそらくそうならないと思われます。真に新しい世界観や独創的な内容は、人間の手から生まれるものだからです。

テキスト生成AIは人間を超えるか

　21世紀に入ったころから、AIが私たちの将来の仕事を奪うという議論が盛んに行われるようになりました。しかし、こうした議論が始まった当初は、文章を書くというのは高度な知的作業なので、まだしばらくは大丈夫と考えていた人も多かったかもしれません。ところが、過去の膨大なテキストのデータベースを参照しながら、連続する語の組み合わせをAIがかなり正確に予測できるようになり、テキスト生成AIは高い精度の文章を書ける力を手に入れました。ここまで精度が上がれば、文章を書くという仕事をAIが取ってかわっても不思議ではないという考え方が現実のものとなったわけです。

　テキスト生成AIに嘘が混じるという107課で述べた現象は、技術革新のなかで解消されるときがいずれ来そうな気がします。そうすると、正確な日本語で正確な内容の文章が書けるテキスト生成AIが誕生するわけで、テキスト生成AIが書く能力で人間を 凌 駕するときがくるのも、時間の問題かもしれません。

　しかし、あらゆるジャンルの文章においてテキスト生成AIが人間を凌駕するかというと、それは違う気がします。テキスト生成AIはたし

かに恐るべき知識量を誇り、その圧倒的な知識量を背景に文章が執筆できるのですが、ビッグデータに依拠するがゆえに、AIが書く文章は最大公約数的なものにならざるをえません。**平均点は高いのですが、抜きんでた文章を書くのは難しいのです。**たとえば、人の心を動かす文学作品が書けるかというと、かつてヒットした作品を利用して大衆的なストーリーまでは組み立てられそうに思うのですが、過去のものの焼き直しとアレンジが基本となるため、過去の作品から飛躍したまったく新しい世界観や、強い個性に基づく不思議で独特な世界観を築くことは難しいように思います。

また、人文・社会科学系の学術論文を書く身としては、数式でクリアに示せるような内容ではなく、言葉を尽くした説明の積み重ねによって構築する論理的な文章もまた、テキスト生成AIが書くことは難しいと考えています。テキスト生成AIが過去の膨大な研究を多様な観点から比較して、どのような観点でどれが優れているかを判断することはできないように思います。テキスト生成AIの現状では、出現数が多いもの、発行年代が新しいもの、有力雑誌に掲載されているものに評価を傾斜配分することまでは可能だとしても、内容を深く理解し、ほんとうに優れた革新的な点を取りだして評価することは不可能に近いと思うのです。ましてや、真に独創的な内容を備え、研究者の心を揺さぶるような論文を書くことは絶望的かと思われます。

ただし、いくつか候補を作って人間に比較させるというのはテキスト生成AIの得意とするところで、評価の得意な人間に比較させてよりよいものを作るという試みはすでに始まっています。今後は、**生成が得意なAIと評価が得意な人間とで協働で文章を作成し、それが新たな発展を遂げる可能性はある**と思います。

本書をテキスト生成AIが書く時代が来るか

本書のような本をテキスト生成AIが書けるのかどうかも微妙です。まず、書くための前提として、テキスト生成AIに書かせたいと思うジャ

ンルに相当数の出版物があることが前提となります。相当量の学習データがないと、テキスト生成AIに書かせることは困難でしょう。

　もし書けるとしたら、『「文章術のベストセラー100冊」のポイントを1冊にまとめてみた。』（日経BP）のような切り口の本だと思います。この本は、よく売れている文章術の本100冊を集め、そこに共通するポイントを取りだしてランキング化したものです。よく売れているということは読者に支持されて役立てられている証ですので、そうした本で共通して多く取りあげられていることほど、文章を書くうえで大事なことだと考えたわけです。なかなか面白い切り口で、まさにAIが得意とするところであり、一定の需要はあるでしょう。事実、売れているようです。

　しかし、私のような日本語の専門家からすると、こうしたアプローチにはいくつか疑問があります。一つは、多くの本に共通して取りあげられていることがほんとうに優れたことかという点です。たとえば、文は短いほうがよいという考え方が多くの本に共通して取りあげられています。これはたしかに正しい場合もありますが、正しくない場合もあることは本書で論じたとおりです。短い文の最大の弱点は、複雑な内容を伝えられないところにあります。複雑な内容を伝えようと思ったら、文を長くするしかないのです。そうした場合、むしろ長くなっても読みにくくならない文を書ける技術こそが大事なのですが、**こうした考え方は残念ながら多数決からは生まれてきません**。このように、科学的に、また経験的に正しくないことであっても、ルールがわかりやすく単純であるために普及する考え方もあるわけです。

　こうした多数決アプローチに疑問を感じるもう一つの点は、あまり取りあげられていないことに新しい重要な指摘が隠れている可能性があるという点です。共通点ばかり取りあげていくと、個性も工夫もなくなります。しかし、世の中でブレークスルーが起きる背景には多様性があります。みんな違ってみんなよく、**他の人が気づかない観点を新たに掘り起こし、それらを競争させてこそ、技術は進歩していく**のです。

　筆者一人ひとりには持ち味があります。文豪と呼ばれる小説家の文章読本にも、新聞社の記者やコラムニストの書く文章指南書にも、固有の

味わいがあります。また、私のような日本語研究者が書くとしたら、本書のような本しかありません。逆に言うと、日本語の実態に即した本書のようなタイプの本は、私のような日本語研究者にしか書けないと自負しており、類似の刊行物が少ない現状では、テキスト生成AIがそれを模倣して生成するのは難しいと思われます。

　最大公約数や共通点が前面に出るようになると、かわりに、この人にしか書けないという個性的な本が徐々に背後に下がり、味気ない世の中になってしまいそうな気がします。たとえて言えば、真のクリエイターが失われ、博識だけれども過去の膨大な蓄積をそつなく切り貼りするだけのエディターがはびこる社会です。一方、真のクリエイターが大事にされる社会では、筆者それぞれの持ち味に基づく多様性のなかで競争と淘汰が起こり、そのなかから優れたベストセラーが誕生することでしょう。その意味で、**今までにない本、この人にしか書けない独創的な本は、今後も人間の手から生みだされつづける**と考えます。

Point

1 テキスト生成 AI の性能は今後も上がると予想され、より正確な日本語でより正確な内容を書くようになると思われる。

2 しかし、実際に書く文章は、過去のビッグデータを背景にした最大公約数的な文章となり、まったく新しい世界観を備えた文学作品や、真に独創的な内容を有する論文を生成することは難しいと思われる。

3 文章が筆者一人ひとりの個性や持ち味から生まれるものである以上、今までにない本、この人にしか書けない本は、今後も人間の手から生まれる可能性が高い。

おわりに

　最後の2つの課にテキスト生成AIについて書きました。ChatGPTやBardなどのテキスト生成AIは、どのような語が続いていくのが自然なのか、膨大な言語データからありそうな語連続の予測確率を瞬時に計算することで、日本語の文章を生みだします。

　私自身はその昔、文が長くつながって文章ができる不思議さに魅了され、文連続の予測確率の博士論文を書きました（石黒圭『日本語の文章理解過程における予測の型と機能』ひつじ書房）。ただし、私の関心の対象は、当時も今もAIではなく、人間です。

　そうした背景から、2003年当時、私が早稲田大学第一文学部で担当していた「日本語をみがく」という授業で、受講生にこんな予測課題を出したことがあります。井上ひさし『ブンとフン』からの引用です。

> 　ところでこの建築家は若くて天才的だったから、これまでのビルのように、土台を作ってから、その土台の上に一階、二階、三階、四階……と積み上げていく建築法をあらためたい、と考えた。
>
> 　たとえば、まず、三十九階を作り、その次に三十八階をこしらえ、その次に三十七階をくっつける、という方法はとれないものだろうか。
>
> 　　　　　　　　{中略}
> 　建築家はありとあらゆるありったけの脳味噌をしぼりつくして考えぬき、ついにある方法にたどりついた。

　読者のみなさまなら、この次にどんな内容が来ることを予測されるでしょうか。ぜひ考えてみてください。おそらく300名ほどいた早稲田の学部生たちはいろいろなアイデアを出してくれました。たとえば、次のようなアイデアです。

地下三十九階の建物を造ればいい。

　いわいとしおさんの『ちか100かいだてのいえ』（偕成社）が出たのが
2009年ですから、それよりもずっと前にこのアイデアを考えた学生さ
んはさすがです。

　　　防水加工を全てにほどこした上で、水中作業という案を建築家
　　が思いつく。

　こちらの例は、地下から水中へと、発想をさらに一歩進めています。
なるほどと思う考え方です。

　　　1階の上が2階という既成概念を捨て、1階の横を2階と呼ん
　　だ。

　たしかにこの方法もあります。筆者の井上ひさしは、実際の作品のな
かでは、1階を39階、2階を38階と名づける方法を紹介しているので
すが、それよりも大胆な考え方かもしれません。
　次のような二つのアイデアも出ました。

　　　逆さに組み立てて完成した後上下をひっくり返す。
　　　手の平サイズの小さい建物にすればいいのではないか。

　いずれも面白いアイデアで、300名もいれば、面白い考え方をする学
生さんもいるものだと感心させられます。
　ところが、一人、まったく変わった回答を書いてきた学生がいました。

　　　そうだ。京都へ行こう。

古都京都の建築を見れば、何かヒントが得られると思ったのでしょうか。なぜ京都なのか、さっぱりわかりませんが、ありきたりでない発想に不思議と惹かれ、授業のなかでこの回答を紹介したことを今でも覚えています。

　もちろん、「そうだ　京都、行こう」はJR東海が1993年から使っているコピーです。退屈で混沌とした日常に追われつづけていると、自分をリセットしたい衝動が訪れるものです。リセットには旅が不可欠ですが、旅の場合、どこに行くかが問題になります。そんなとき私たちのなかには、ふと、長い伝統を持つ、日本人の心のふるさとである京都が思い浮かぶものなのかもしれません。

　しかし、この文脈で「そうだ。京都へ行こう。」はまず思い浮かびません。ChatGPTやBardのようなテキスト生成AIがどんなに進化しても、こうした発想は出てこないでしょう。テキスト生成AIは、過去のデータに照らして、ありそうな答えを予測するようにできているので、ふつうではない答えを導きだすことはできないのです。つまり、テキスト生成AIは多数派の考えを好み、才能のある人間は少数派の答えを好むのです。個人的な文脈に基づく独創的な連想、これが人間のもっとも優れた能力なのかもしれません。

　この「そうだ。京都へ行こう。」を思いつき、2003年に授業のなかで紹介された学生は、本書の担当編集者である今野良介さんです。今野さんはご自分のことを評し、「なんと不真面目な学生なんでしょう……。過去の自分を弁護すれば、おそらく、論理よりも、別の見方で物事を捉える可能性を求めていたのだと思われます。」と、このときのことを振り返っておられます。

　今野さんは、私の風変わりな授業が印象に残っていたからかどうかわかりませんが、2015年に本書の企画を依頼してこられました。それから8年の月日が流れ、ようやく本書が完成しました。その間、忍耐強く待ちつづけてくださった今野さん、ならびにダイヤモンド社のみなさまに心から感謝申し上げます。

私自身は、文章を書くという面倒くさい作業をテキスト生成AIに丸投げするのではなく、人間が地道に続けることを願う者です。個性豊かな人間の地道な営みがこれまでも文化を支えてきましたし、これからも文化を支えていくと信じているからです。テキスト生成AIをうまく活用することも大事ですが、最終的に人間は書くことから離れてはいけないと思います。**「書くことは考えること、考えたことを伝えること」**だからです。独創的な発想は、個性を持つ人間のなかから生まれます。

　本書はそうした「書くこと」「考えること」「伝えること」の質の向上を目指し、日本語研究者の立場から、書くための重要な観点を網羅した本です。あれもこれも入れたいと望んだ結果、500ページを超える、いわゆる「鈍器本」になってしまいましたが、この分厚い本を手元におき、AIに頼らず、自らの力で「ていねいな文章」を地道に書きつづける仲間が増えることを心から願い、筆をおくことにします。

　本書を最後までお読みくださり、ありがとうございました。

2023年9月　SDG

石黒　圭

おわりに

さくいん

[著者]

石黒圭（いしぐろ・けい）

国立国語研究所教授、一橋大学大学院言語社会研究科連携教授。1969年大阪府生まれ。神奈川県出身。一橋大学社会学部卒業。早稲田大学大学院文学研究科博士後期課程修了。博士（文学）。専門は文章論。主な著書に『文章は接続詞で決まる』『語彙力を鍛える』（以上、光文社新書）、『この1冊できちんと書ける！ 論文・レポートの基本』（日本実業出版社）、『よくわかる文章表現の技術Ⅰ～Ⅴ』（明治書院）、『文系研究者になる』（研究社）などがある。

ていねいな文章大全

──日本語の「伝わらない」を解決する108のヒント

2023年9月19日　第1刷発行
2024年1月25日　第4刷発行

著　者──石黒圭
発行所──ダイヤモンド社
　　　　　〒150-8409　東京都渋谷区神宮前6-12-17
　　　　　https://www.diamond.co.jp/
　　　　　電話／03·5778·7233（編集）　03·5778·7240（販売）

装丁────小口翔平＋畑中茜（tobufune）
本文デザイン·DTP─高橋明香（おかっぱ製作所）
イラスト──くぼあやこ
校正────加藤義廣（小柳商店）
製作進行──ダイヤモンド・グラフィック社
印刷────ベクトル印刷
製本────ブックアート
編集担当──今野良介